영유아 정신건강

* 본 저서는 2014년도 한국외국어대학교 교내 학술연구비 지원에 의하여 작성되었다.

영유아 정신건강

Mental Health for the Young Child

이명조 저

동문사

머리말

요즘 영유아들은 행복한가. 생애 초기 어린 영아에게는 엄마가 이 세상의 전부이다. 그런데 엄마는 아침 일찍 직장을 향하고, 말 못하는 아이는 엄마 아닌 타인의 손에 맡겨진다. 어린 아이의 마음이 어떠할지 정말 궁금하다. 최근 소아정신과 환자가 많다는 것은 아이의 마음에 대해 짐작이 간다. 행복과는 분명 거리가 멀 것이다.

이 책은 사람의 성격은 아주 어린 시절 영유아기에 그 기초가 형성된다는 현대 정신분석 접근의 이론들을 영유아 정신건강과 접목하고자 하였다. 여기서 현대 정신분석 이론들이란 프로이트의 고전적 정신분석이론을 근간으로 한 자아심리학, 대상관계이론, 자기심리학, 애착이론 등 정신분석 접근내의 주요 패러다임을 말한다. 이들 대부분의 이론은 정신적 환자를 치료하는 과정에서 도출되어 중요한 임상적인 의미를 제공하고 있다. 뿐만 아니라 이들 이론은 영유아의 정신건강 분야에도 강력한 메시지를 전달하고 있으며, 그 메시지는 다음과 같다.

> "정신병적 취약성을 가지고 있는 사람들은 심리적으로 초기 공생기의 주제에 고착되어 있고, 경계선적 성격 조직을 가진 사람들은 분리-개별화 주제에 집착하며, 신경증적 구조를 가지고 있는 사람들은 오이디푸스적 주제에 머물러 있는 것으로 보인다."(McWilliams, 2008. p. 83)

이와 같이 현대 정신분석 접근의 이론들에 따르면, 신경증-경계선-정신병이라는 정신건강의 수준은 생애 초기 성격발달의 고착에 그 기원을 두고 있다고 본다. 이는 임상뿐만 아니라 영유아 정신건강에도 커다란 의미를 갖는다.

이 책은 크게 3부로 나뉘어 제1부는 1, 2, 3장, 제2부는 4, 5, 6, 7, 8, 9장, 제3부는 10, 11장을 실었다. 제1부는 영유아 정신건강과 그 이론적 기초를 알아보았다. 1장은 영유아 정신건강을 이해하기 위해 그 의미와 역사적 배경 등을 중심으로 살펴보았고, 영유아 정신건강의 이론적 근거를 이루는 현대 정신분석 이론들의 전반적인 흐름을 개관했다. 그리고 2장과 3장 각각에서는 현대 정신분석 이론들의 출발점이 되는 고전적 정신분석이론과 자아심리학을 살펴보았고, 이들 이론과 영유아 정신건강을 위한 교육적 시사점을 제시했다.

제2부에서는 현대 정신분석의 핵심 이론들, 특히 대상관계이론의 대표적인 인물인 클라인, 위니컷, 말러, 코헛, 볼비를 중심으로 한 각각의 이론을 소개했고, 각 이론이 영유아 정신건강을 위한 교육적 시사점 또한 살펴보았다. 특히 코헛의 이론이나 볼비의 이론은 대상관계이론이라는 큰 범주에 속할 수도 있으나 대상관계이론과는 다소 벗어나기 때문에 코헛의 자기심리학, 볼비의 애착이론으로 각각 고찰해보았다.

제3부는 이 책을 마무리하면서 영유아 정신건강과 교사교육에 대해 알아보았다. 10장은 영유아 성격발달이 제대로 이루어지지 않아 고착이 되는 경우, 성격발달의 수준, 즉 정신건강의 수준이 어떤지 고찰하였고, 영유아가 자기를 보호하고 방어하기 위한 방어기제 또한 살펴보았다. 11장은 영유아 정신건강을 도모하기 위한 교사교육의 방안으로 앞서 소개한 현대 정신분석 이론들을 기초로 한 유아교사대상 집단상담 프로그램을 소개했다.

이 책에서 소개한 현대 정신분석 접근의 이론들 마다 영유아 성격 발달과 정신건강에 대해 독특한 관점을 지니고 있다. 고전적 정신분석이론, 자아심리학, 대상관계이론, 자기심리학, 애착이론 등의 서로 다른 렌즈를 통한 이론적 관점들과 정신건강을 위한 시사점들은 영유아들의 내면세계 이해와 그들에 대한 돌봄과 관련하여 새로운 시각을 제공해 줄 것이다. 따라서 이 책은 영유아의 정신적 건강의 도모를 위해 노력하는 그 어떤 사람에게도 도움을 주리라 본다. 어린 아이를 둔 부모를 비롯하여 특히, 영유아 예비교사나 현직교사와 같은 대리양육자들은 이 책을 통해 영유아들의 내면세계에 접함으로써 이들을 이해하는데 새롭고도 폭넓은 시각을 가지게 되면서 영유아 돌봄의 질을 높이는 기회를 가질 것으로 본다. 그러나 부족한 점들도 많을 것이다. 미흡한 점은 앞으로 기회를 통해 계속 보완할 예정이니 많은 조언을 부탁한다.

이 책이 나오기 까지 도움을 준 모든 분들께 감사드린다. 오랫동안 관련 스터디를 하면서 조언과 도움을 아끼지 않았던 김옥이 선생님을 비롯하여 전아영 선생님께 깊이 감사드린다. 그리고 집단상담 프로그램에 참여한 유아교사들의 영유아 정신건강에 대한 관심과 학구적 열정에 감사한다. 무엇보다 필자의 쌍둥이 손자들에 대한 행동 관찰이 이 책에서 소개한 이론들의 정신건강 메시지들을 보다 확고히 할 수 있었다는 점에 특별히 감사한다. 그리고 이 책의 출판을 기꺼이 맡아주신 동문사 사장님과 편집부 여러분께 감사를 전한다.

2015년
이명조 저자

차 례

01 PART

영유아 정신건강과 이론적 기초

Chapter

1 영유아 정신건강과 현대 정신분석 이론

영유아 정신건강에 관한 이론은 현대 정신분석 접근 이론들에 그 기초를 두고 있다. 1장에서는 영유아 정신건강을 전반적으로 이해하고, 영유아 정신건강의 이론적 근거를 이루는 현대 정신분석 이론들의 전체 흐름을 개관하고자 한다.

1 영유아[1] 정신건강의 이해

1) 정신건강의 의미와 배경

정신건강의 의미, 이에 대한 역사적 배경, 그리고 오늘날 정신보건법이 어떻게 제정되었는가를 중심으로 살펴보면 다음과 같다.

(1) 정신건강의 의미

세계보건기구(World Health Organization, 2005)는 정신건강(mental health)을 정신장애가 없는 상태 그 이상의 웰빙(well-being) 상태로서, 정신적으로 건강한 개인의 삶을 다음 네 가지로 정의하고 있다.

1) '영유아'란 엄밀히 말해 영아(출생~36개월 미만)와 유아(36~72개월 미만)를 합친 용어지만, 흔히 '영아', '유아', '영유아'를 구분지어 사용하지 않는다. 이 책에서도 '영아', '유아', '영유아'를 특별히 구별하지 않고 사용할 것이다.

① 자신의 능력을 잘 발휘한다.
② 인생의 정상적 스트레스에 효과적으로 대처한다.
③ 생산적으로 결실을 거두며 일을 한다.
④ 지역사회에 공헌한다.

아울러 정신적으로 건강한 사람의 특성을 다음과 같이 여섯 가지로 규정하고 있다.

① 분명한 자기정체성을 가지고 인생의 목표를 자율적으로 추구해 가는 사람
② 환경의 변화를 잘 수용하고 적응하는 능력이 있는 사람
③ 대인관계에서 상대방의 입장과 요구를 이해하는 공감능력을 지니고 있어서 대인관계를 원만하게 유지할 수 있는 사람
④ 만족스러운 이성 관계를 유지할 수 있는 사람
⑤ 자기 능력의 한계를 현실적으로 받아들이는 사람
⑥ 직업 적응을 잘하며 자기 능력의 실현을 통해 성취감을 경험하는 사람

이상 세계보건기구의 정신건강에 대한 규정에서 알 수 있듯이, 정신적으로 건강한 사람은 정신적인 장애가 없는 것은 물론이고, 인생의 목표를 추구하면서 자신의 능력으로 자주적이고 생산적으로 자기 생활을 영위할 수 있고, 만족스러운 인간관계를 포함하여 환경에 대한 적응력을 가진 성숙한 인간을 말한다. 다시 말해, 정신건강이란 정신적 장애의 부재상태를 넘어서 자기의 능력과 주어진 환경을 잘 활용해서 자기실현을 추구하면서 행복한 삶을 사는 것이라고 할 수 있다.

그래서 정신건강의 영역은 정신장애인의 치료뿐만 아니라 모든 사람의 정신적 건강을 증진시키기 위해 생물학적·의학적·교육적·사회적 면에서 협력하여 성숙한 인격체가 되도록 노력하는 분야이다. '정신건강'이라는 용어는 '정신보건'이라고도 하며, 과거에는 '정신위생'이라 일컬어졌다.

(2) 정신건강에 관한 역사적 배경

오래전 정신건강에 문제가 있는 정신장애인은 고통과 수난의 삶을 살았다. 고대와 중세시대에 이들은 다른 사람으로부터 저주를 받았거나 귀신에 씌었다

고 보았고, 특히 중세시대에 이들은 종교 재판의 대상이 되었으며 사탄이나 악령을 쫓기 위해 온몸이 묶인 채 고문을 당하거나 화형으로 희생되기도 했다. 이러한 비인간적인 대우를 받던 정신장애인에게 프랑스의 내과 의사였던 피넬(P. Pinel: 1745~1826)이 정신장애도 일종의 병이므로 치료해 주어야 한다고 최초로 주장했다. 이렇게 시작된 정신장애인에 대한 인도주의적인 움직임은 서양사회에 확산되었고, 미국에서는 조직적인 정신위생운동으로 전개되어 코네티컷주(州)에서 처음으로 정신위생협회가 탄생하게 되었다. '정신위생'이라는 말은 이때 만들어진 말이며, 그 후 이 말이 부적당하다 하여 '정신건강' 또는 '정신보건'이라는 말로 대체되어 사용되고 있다.

정신건강의 문제에 대해 과거에는 개인의 심리적 문제로 국한하려는 경향이 있었다. 점차 현대사회의 산업 발달과 기계문명의 보급에 따라 정신장애의 발생 원인이 인간관계 악화에 있다는 것을 인식하게 되었고, 아울러 정신장애가 다른 사람, 사회, 경제 등에 미치는 영향에 대해서도 관심을 가지게 되었다.

(3) 정신보건법

최근에는 개인의 정신건강 문제는 가족체제, 사회 심리적 환경, 사회문화적 체제 등과 밀접하게 관련되고, 가정·학교·직장·지역사회 등의 전 사회적 망을 통해 정신건강을 증진하고 각종 정신장애 문제를 예방하고 치료하는 경향이 점차로 강화되고 있다. 국가는 정신보건법을 제정하여 그 실천에 소요되는 예산과 기구를 확보하는 동시에 이에 필요한 인원의 교육과 훈련을 위해서 노력하고 있다.

유럽 각국에서는 약 2백 년 전부터 기초적인 법률을 제정하였고 수차에 걸친 수정을 하여 오늘에 이르렀고, 미국에서는 1948년 국민정신건강법을 제정한 후 1963년 정신보건법이 공포되었다. 한국에서도 국민 정신건강의 증진을 위하여 1995년 12월 30일 정신보건법(법률 5134호)이 제정되었다. 정신보건법(2013.08.06 법률 제11998호)에 따르면, "정신질환의 예방과 정신질환자의 의료 및 사회복귀에 관하여 필요한 사항을 규정함으로써 국민의 정신건강증진에 이바지함을 목적으로 한다. …… 미성년자인 정신질환자에 대하여는 특별히 치료, 보호 및 필요한 교육을 받을 권리가 보장되어야 한다."고 명시되어 있다.

2) 영유아 정신건강의 판단기준

인간의 심리는 복잡 다양하고 주관적이라서 미묘하다고 한다. 그래서 정신적인 정상이나 이상, 혹은 정신적인 건강의 정도를 파악하는 것은 쉽지 않다. 특히 언어 표현력이 부족한 영유아의 경우, 부모는 대개 아이의 행동관찰을 통해 심리적인 현상이나 문제를 판단하게 되는데, 부모의 판단도 객관적이지 못한 경우가 흔하다. 무엇보다 아이의 심리적 현상은 아이의 입장에서 바라보아야 하는데 많은 부모가 자신의 주관을 개입하곤 한다.

다음과 같은 몇 가지 영유아 정신건강 진단 기준은 어느 정도 판단의 객관성을 보장할 수 있는 것으로 알려져 있다(권석만, 2014; 김학룡, 서현아, 2000).

(1) 부적당한 마음의 고통이나 불편감의 부재

부적당한 마음의 고통이나 불편감이 없다면 정신적으로 건강하다. 여기서 '부적당한' 이라는 말은 마음의 고통이나 불편감이 시간적 차원이나 강도 차원에서 지나친 경우를 뜻한다. 장시간에 걸쳐 반복적으로 가해지는 스트레스, 아이가 감당하기 어려워 피하려고 해도 피할 수 없는 스트레스의 반복, 단 한번이라도 아이에게 마음의 상처를 남길 정도로 치명적인 강도의 스트레스 등은 결국 정신적 문제나 질병을 초래한다.

아이 마음이 불편하고 고통스럽다면 가정 내에서 혹은 어린이집이나 유치원의 생활 속에서 나타나고, 이는 타인에게 어려움을 안겨준다. 성인은 이것이 아이 마음에서 연유한다는 것을 제대로 알아차리고 대처해야 한다. 흔히 '자랄 때는 다 그런 것이다.'라는 식으로 지나쳐버려서 아이의 마음에 고통이나 불편감이 쌓여간다면 정신적 문제를 일으키게 된다.

(2) 최적의 정신적 기능 발휘

아이의 다양한 심리적인 측면인 정서, 인지, 동기, 행동, 신체생리와 같은 정신 기능의 모든 하위영역이 서로 조화로우면서 고유한 기능을 발휘하여 이상적 상태의 정신 기능을 유지하는 것이 바로 정신적으로 건강하다는 것을 뜻한다.

성인이 보기에 아이가 더 나은 기능을 발휘할 수 있고 더 잘할 수 있는데 못하는 경우 정신적 기능의 발휘 면에서 어려운 문제를 지니고 있다고 할 수 있다. '저 녀석은 마음만 먹으면 훨씬 잘할 수 있을 텐데…' 하는 식의 생각은 무언가 문제가 있어 제 능력을 발휘 못 하는 것이다. 아무리 타이르거나 혼내도 나아지지 않고 계속 그대로 이거나, 늦장을 부리거나 잘하려고 하지 않는 모습은 정신적 문제가 있다고 보아야 할 것이다.

(3) 통계적인 정상분포상의 중간부분

정신건강이란 통계적 기준에 의해 정상분포에서 양극단이 아닌 중간부분에 속하는 것을 말한다. 많은 사람의 체중이나 지능과 같은 특정한 특성을 측정하여 그 빈도를 분포로 그리면 종을 거꾸로 엎어놓은 것과 같은 모양의 정상분포를 나타내는 경향이 있다. 평균값에 접근할수록 사람이 많은 반면, 평균으로부터 멀어질수록 그 수는 감소하는 추세를 나타낸다. 이처럼 평균으로부터 멀리 일탈된 특성을 비정상적으로 간주하는 것이 통계적 기준이다(그림 1-1 참조).

흔히 또래와 비교하여 아주 다르거나 차이가 나면 문제가 있을 수 있다. 예컨대, 너무 키우기 힘든 아이, 유별나게 예민한 아이, 너무 산만한 아이, 너무 순한 아이(정신지체일 경우가 있음), 유난히 활동적인 아이 등은 문제의 가능성이 크다고 보아야 할 것이다.

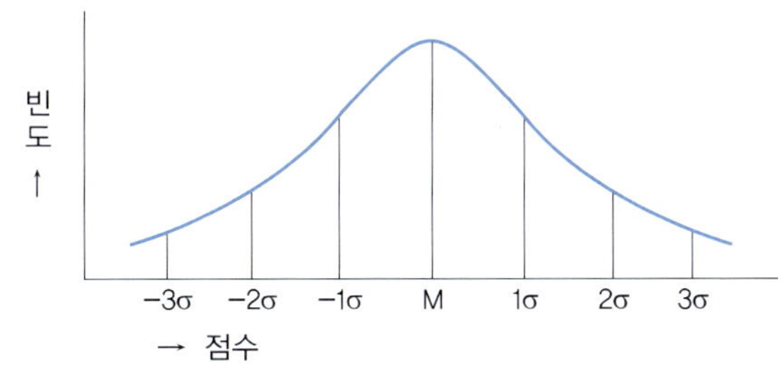

M±1σ 사이 : 전체의 68.2% 차지
M±2σ 사이 : 전체의 95.4% 차지
M±3σ 사이 : 전체의 99.8% 차지

* 대체로 M ± 2σ, 즉 평균으로부터 2표준편차 사이를 일탈한 경우, 비정상적으로 간주한다. 그러나 이러한 통계적 기준은 이론적으로나 경험적으로 타당한 근거에 기초한 것이 아니고, 전문가들이 합의한 임의적인 것임을 유의해야 한다.

그림 1-1 통계적인 정상분포곡선

(4) 정상적인 발달기준에의 부합

아이는 공통적이고 보편적으로 밟아가는 성장 발달 과정이 있다. 그런데 이 과정에서 늦거나, 결함이 생기거나, 특정 단계에 머무르거나 후퇴하게 되면 그 다음의 기능이나 과정으로 넘어가지 않아서 모두 문제가 있다고 볼 수 있다.

신체적으로 뒤집고, 앉고, 기어가고, 서고, 걷는 것과 같은 보편적인 발달과정이 있듯이 심리적으로도 자폐기, 공생기, 분리개별화와 같은 보편적인 정신적 발달과정을 밟게 되어 있다(6장 말러이론 참조). 만약 어느 발달과제의 숙달이 미숙하거나 빠뜨리거나 머무르게 되면 모두 문제가 있는 것이다. 보편적인 정상적 발달 기준에 못 미치는 경우를 발달장애라 부르고, 여러 가지 기능이 못 미치면 전반적 발달장애라 한다.

이상 네 가지 기준들은 영유아 정신건강을 판단하기 위한 객관적인 것들로 여겨지고 있다. 하지만 주관적이고 복잡 미묘한 심리적 현상에 대한 판단의 오류를 조금이라도 막기 위해서는 어느 한 가지 기준만으로 정신건강을 속단하기 보다는 이들을 종합하는 것이 보다 바람직할 것이다.

[Box 1-1] 출생 후 생리적 반응과 영유아 정신건강

출생 후 다음 몇 가지 생리적 반응은 정신병리와 관련이 깊다. 양육자의 세밀한 관찰을 통해 대처하는 노력이 필요하다.

첫째, 울음소리의 강약 정도, 빨기·삼키기·쥐기 등의 반사 능력을 살핀다. 만약 이들 능력에 결함을 보인다면, 뇌손상의 가능성이나 언어 및 운동 능력 발달에 장애가 예견되는 신호일 수 있다.

둘째, 섭식, 소화, 배변 기능을 살핀다. 이는 대체로 아기의 정서적 민감성, 불안 등과 관련이 깊다. 특히 엄마가 임신했을 때 불안과 긴장이 높았으면 이런 기능이 원활하지 않을 때가 많다. 하지만 젖을 토하는 것은 소화 기능을 발달시키고, 재채기는 호흡을 조절하고, 딸꾹질은 횡경막 운동을 발달시키는데 도움이 된다. 이때 엄마의 얼러주는 목소리는 아기에게 큰 위안이 될 수 있다.

셋째, 수면 상태를 살핀다. 대체로 출생 후 80~100일까지 잠투정이 심하다. 그런데 유별나게 잠투정이 심하거나, 깊이 잠들지 못하거나, 깨어나서 늘 보채고 울거나, 일 년 내내 거의 잠다운 잠을 이루지 못하는 경우까지 있다. 이는 아기의 정서적 불안이나, 때로는 전간(간질)이나 중추신경계 손상과 관련되기도 한다.

출처 : 정혜자(2008)

3) 영유아 정신건강과 현대 정신분석 이론

최근 급격한 사회 및 가족 체계의 변화, 취업모의 증가 등으로 인해 부모이외의 양육자들에게 어린 유아들이 맡겨지고 있는 상황에서, 이들의 정신건강을 위한 높은 질의 양육이 어느 때보다 강조된다. 특히 하루 종일 부모의 역할까지 수행해야하는 유아 교사들이 아이의 정신건강을 위한 충분한 돌봄을 제공하기 위해서는 영유아의 내면세계를 다양한 시각으로 다룬 이론들에 대한 숙지가 필요하다.

영유아의 정신건강 차원에서 영아보육이나 유아교육 분야에 대해서는 그동안 학계가 프로이트의 고전적 정신분석 이론과 에릭슨의 심리사회 발달이론을 중심으로 다루어왔다. 그런데 이들 기존의 프로이트 고전적 정신분석 이론과 에릭슨의 심리사회 이론뿐만 아니라 대상관계이론, 자기심리학, 애착이론, 즉 현대 정신분석 접근의 핵심이론들에 대한 새로운 시각의 깊이 있는 영유아의 내면세계의 관점들을 이해하고 이를 실천하는 노력이 절대적으로 필요하다. 이들은 영유아 교육현장의 아이들을 위한 돌봄의 질을 높이고 영유아의 정신건강 도모에 부응할 수 있을 것이다.

2 현대 정신분석 이론의 개관

프로이트의 고전적 정신분석 이론은 후대의 많은 이론들의 출발점이 된다. 자아심리학은 물론 대상관계이론, 자기심리학, 애착이론에 많은 영향을 주었다. 아래 [그림 1-2]은 현대 정신분석 접근 이론들의 흐름을 시각적으로 나타낸 것이다. 여기서 흐름이란 시간적인 흐름이기보다는 이론들 간 영향의 방향에 초점을 두고 있다.

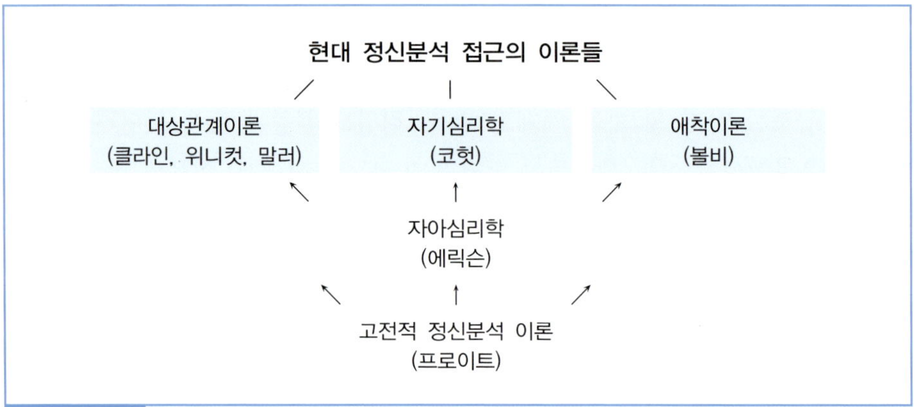

그림 1-2 현대 정신분석 접근 이론들의 흐름

[그림 1-2]에서, 고전적 정신분석 이론은 자아심리학, 대상관계이론, 자기심리학, 애착이론의 이론적 근간이 된다. 우선 프로이트의 고전적 정신분석 이론부터 시작해서 에릭슨의 자아심리학, 클라인·위니컷·말러의 대상관계이론, 코헛의 자기심리학, 볼비의 애착이론 등의 순으로 간단히 그 흐름을 소개할 것이다.

1) 프로이트의 고전적 정신분석 이론

정신과 의사였던 프로이트는 19세 유럽 빅토리아 문화를 산실로 하여 정신분석을 창시하였다. 프로이트는 신체적 증상을 지닌 히스테리 환자들과의 자유연상이나 꿈의 해석 등과 같은 심층적 면담에 근거하여 무의식 속에 억압되어 있는 과거 어린 시절의 충격적 경험이 신경증의 원인이며, 이러한 억압된 기억을 의식 속으로 떠올려 자각하게 하면 증상이 사라진다고 보았다. 이러한 인간의 의식 밑에 깔려 있는 무의식의 세계가 우리의 행동에 결정적인 영향을 미친다는 프로이트의 발견은 그 당시 대단한 것이었다. 아울러 그는 인간의 다양한 행동이 원초아, 자아, 초자아에 의해 설명될 수 있다는 삼원구조 모델을 제시했고, 유아성욕설을 주장하면서 쾌락을 추구하는 신체 부위가 나이에 따라 변천하며 욕구 충족 경험이 성격 형성에 중요하다고 보았다.

이러한 프로이트의 정신분석 이론은 인간 이해를 위한 엄청난 관점이었으며,

이는 천문학자 코페르니쿠스나 생물학자 다윈과 비견될 수 있을 정도로 획기적이었다. 인간의 마음을 이해하려는 노력은 인류의 문명과 함께 시작되었지만, 19세기 후반에 이르러 프로이트에 의해 과학적인 방법을 통해 체계적으로 이해하기 시작한 것이다.

2) 에릭슨의 자아심리학

프로이트 이후에도 정신분석은 지속적인 수정과 발전이 이어져 갔다. 자아심리학은 프로이트의 성격의 삼원구조 모델을 기초로 발전하였고, 그 대표적 인물이 에릭슨이다. 그는 프로이트의 정신분석 이론에 기초하고 있으나 프로이트와는 달리 개인의 성적인 욕구충족보다는 사회문화적 영향에 따른 자아발달을 강조했다. 에릭슨은 프로이트의 심리성적이론을 심리사회이론으로 재구성했고, 그의 이론은 유아교육에서도 널리 알려졌다. 에릭슨의 이론은 프로이트의 생물학적 관점을 수정하기 위해 프로이트의 구강기를 기본적 신뢰감 대 불신감, 항문기를 자율성 대 수치심과 의심, 오이디푸스기를 주도성 대 죄책감 등으로 초기 단계들의 이름을 바꾸었다. 또한 에릭슨은 성격발달을 이들 세 단계이외 전 생애로 확장하여 근면성 대 열등감, 정체감 대 역할혼미, 친밀감 대 고립감, 생산성 대 침체, 자아통합 대 절망으로 단계들을 소개하였으며, 그의 이론을 전 생애 발달이론이라 한다.

프로이트의 딸인 안나 프로이트를 중심으로 해서 소개한 자아의 방어기제 역시 유아를 이해하고 해석하는 지름길 역할을 한다. 그밖에 자기 자신을 관찰하는 자아, 현실검증 능력, 자아강도 등과 같은 자아심리학의 주요 개념도 임상의 영역에서는 널리 알려져 있다(10장 참조).

3) 대상관계이론

프로이트의 고전적 정신분석 이론은 자아심리학 이외에도 대상관계이론, 자기심리학, 애착이론 등 현대 정신분석 접근의 핵심 이론들로 이어져 심리치료 이론이나 유아 성격발달 이론의 근간이 되고 있다. 에릭슨을 비롯한 자아심리학자들이 삼원구조 모델로 환자들에 대한 이론적 이해의 틀을 만들어 가고 있는 동안, 프로이트를 추종했던 일부 치료자들은 그동안 분석 대상이 아니었던 유아들과 혼란이 너무 심해서 프로이트가 분석에 적합하지 않다고 생각했던 환자들과 치료 작업을 하였다[2]. 이들 치료자들, 즉 클라인을 비롯한 대상관계 이론가들은 점차 프로이트와 견해를 달리하면서 인간의 성장과 발달에 기본이 되는 것은 대상관계임을 강조했고, 그리고 대상관계의 심리적인 내면화를 중시했다. 특히 출생 후 3년 동안 양육자와의 상호작용을 통한 심리적 내면화는 성격발달에 결정적인 영향을 준다고 보았다. 프로이트가 오이디푸스기 아이가 본능적 충동을 조절하여 최적의 성격발달을 이룬다고 보았던 그의 관점과는 구분되는 것이었다.

이 책에서는 0~3세 영아의 대상관계의 심리적 내면화에 대해 클라인, 말러, 위니컷의 관점을 살펴볼 것이다. 대상관계이론은 그 관점이 다양하여 하나의 통일된 시각으로 설명하기 쉽지 않아 여러 대상관계이론가들 중에 이들 대표적인 인물에 국한해서 이론을 다룰 것이다. 다음에 소개할 코헛이나 볼비도 양육자-아이의 관계를 강조하기 때문에 대상관계이론가들이라 할 수도 있으나 다소 구별되기 때문에 코헛은 자기심리학, 볼비는 애착이론으로 살펴보도록 한다.

4) 코헛의 자기심리학

이상의 고전적 정신분석, 자아심리학, 대상관계이론은 19세기 말 및 20세기 초중반 사회문화적 배경에서 정신적 환자들을 치료하는 과정에서 혹은 아동에 대한 관찰 경험을 기초로 태어난 이론들이다. 그런데 20세기 후반에 이르러 많은 환자들은 자기가 '텅 빈', 즉 내적 대상이 결여된 느낌을 보고하기 시작했다. 이들은 삶의 가치나 의미를 찾기 위해서 치료를 받으러 왔다. 자신의 삶과 존재에서 즐거움을 거의 느끼지 못했고, 자신이 수용될 만하고 가치 있고 칭찬받을 만한 사람이라는 확인을 끊임없이 구했다. 즉, 나르시스적인 자기애적 환자들이 많았다.

2) 프로이트 시절에는 신경증 환자가 주를 이루었지만, 그 이후 점차적으로 경계선 환자가 증가하기 시작했다(10장 참조).

코헛의 자기심리학은 자기애적 성격장애자를 분석하는 데서 유래하였다. 그는 프로이트의 욕동모델로는 자기애적 환자의 치료가 불가능하다고 주장했고, 전 오이디푸스기에 성격의 중심 구조의 결함이 그 원인으로 작용한다고 보았다. 즉, 아주 어린 시기 엄마-유아 관계에서 자기의 혼란에 그 뿌리를 둔 심각한 장애라고 여겼다. 성공적인 치료란 새로운 자기 구조를 획득함으로써 성격상의 결핍이 치료되는 것으로 보았다.

자기애적 성격장애를 가진 환자를 분석하는 데서 도출된 코헛의 이론은 자기애 발달이론이다. 하지만 그는 자기애를 병리적인 것만은 아닌 정상적 발달의 건강한 측면으로 보았다. 코헛은 성격의 중심에 '자기'를 두고, 자기 발달을 위해서는 '관계'가 중요함을 강조했다.

5) 볼비의 애착이론

볼비는 정신분석학과 행동주의가 팽배한 시대 분위기 속에서 최대한의 증거를 기초로 해서 애착이론이라는 새로운 개념적 틀을 제시하고자 했다. 볼비는 2차 세계대전 후 엄마로부터 장기간 분리되어 엄마와의 관계 경험이 결핍된 아이들을 직접 관찰했고, 당시 생물학, 동물행동 연구, 인지발달이론 등의 과학적 연구 성과들을 적용하여 체계적인 이론을 정립하고자 하였다. 볼비는 주로 프로이트와 클라인의 영향을 받았다. 하지만 어머니에 대한 애착보다 본능적 만족을 강조한 프로이트를 비판했고, 실제 세계보다는 심리내적 환상을 강조했던 클라인의 관점에 대해 관심이 부족했다.

볼비는 생애 초기에 어머니의 적절한 돌봄 행동에 의해서 아이가 갖게 되는 안정적 애착이 자신과 타인, 세상을 이해하는 가장 기본적인 '내적 작동모델'을 만드는 데 가장 중요한 토대가 된다는 이론을 세웠다. 내적 작동모델은 성인이 된 다음에도 그 사람의 대인관계에 대한 생각, 느낌, 기대를 결정한다고 보았다. 애착경험이 인간의 발달과정에서 매우 중요하다는 볼비의 이론은 에인스워스, 메인 등 수많은 학자에 의해 새로운 발전을 거듭했으며, 최근 애착이론은 현대 발달심리학에서 핵심적 패러다임이 되고 있다.

이상은 고전적 정신분석 이론, 자아심리학, 대상관계이론, 자기심리학, 애착이론의 흐름에 대한 개관이다. 이들 이론들은 정신적 환자를 분석하거나 아동을 직접 관찰한 경험을 기초로 탄생한 이론들이다. 고전적 정신분석 이론을 근간으로 한 자아심리학을 비롯해서 대상관계이론, 자기심리학, 애착이론은 현대인의 정신건강, 특히 영유아 정신건강 분야에서 강력한 메시지를 전달하는 최근에 우리나라에서 부상하고 있는 이론이다.

이상의 이론들에 대해서는 다음 장들에서 상세하게 다루기로 한다. 참고로, 각 장마다 이론을 제시하기 전에 이론가의 생애를 간단히 소개한 것은 이론가의 개인적 배경의 많은 부분이 자신의 이론에 반영되기 때문이다.

Chapter

2 프로이트 : 고전적 정신분석 이론

지그문트 프로이트(Sigmund Freud 1856~1939)는 모라비아 프라이버그(체코)에서 출생한 오스트리아 정신과 의사였다. 당시 신경학자인 샤르꼬와 브로이어의 히스테리 환자에 대한 최면술은 프로이트의 관심을 끌었지만 그는 여기에 머무르지 않았다. 프로이트는 최면술 대신 자유연상기법을 발전시켰고, 이는 '정신분석'의 탄생을 가져왔다. 프로이트는 꿈, 농담, 실수 행위 등에 관한 연구를 통하여 '무의식'의 존재를 알렸으며, 인간의 성적 본능의 발전 과정을 추적하면서 유아성욕설과 오이디푸스 콤플렉스를 주장하여 사회에 커다란 반향을 불러일으켰다. 1938년 오스트리아를 침공한 히틀러를 피해 런던으로 이주한 프로이트는 1939년 그곳에서 사망했다.

이렇듯 정신분석은 히스테리 치료의 영향으로 시작 되었지만, 무의식의 발견과 성적 본능의 분석을 통해 인간이해를 위한 새로운 지평을 열었다. 정신분석은 모든 정신의학 이론이나 심리치료 이론의 근간이 되고 있고, 더 이상 임상에만 머물지 않고 예술, 문학, 철학에도 많은 영향을 미쳤다.

프로이트 이론의 개요

프로이트 이론의 개요는 그의 정신분석 이론의 발전과정에서 살펴볼 수 있을 것이다.

1단계는 前 정신분석학 단계(pre-psychoanalytic phase)이다. 1896년을 정신분석학의 시작의 해로 본다면, 그 이전 10년간 이 단계에 해당한다. 프로이트는 신경학에 대해 관심을 두고 19세기 유행하던 히스테리 치료와 그 원인을 규명하려는 노력을 했다.

2단계는 정서-외상 단계(affect-trauma phase)이다. 무의식의 존재와 의미를 밝히고, 자유연상기법을 창안해서 '정신분석' 명칭을 부여했다. 프로이트는 신경증을 유발하는 주요 원인은 어린 시절의 외상적인 경험이라 보았고, 이러한 외상은, 이후의 성격발달과 무관하게, 일생 동안 영향을 미치게 된다고 하였다.

3단계는 지형학적 단계(topological phase)이다. 프로이트는 인간의 정신구조에는 의식, 전의식, 무의식이 있다고 보았고, 이들 3가지를 빙산에 비유한 지형학적 모델(topological model)을 제안했다. 즉, 물 위에 떠있는 빙산의 일각이 의식이고, 물속에 잠겨 있는 훨씬 더 큰 부분이 무의식이며, 파도에 의해 물 표면으로 나타나기도 하고 잠기기도 하는 부분을 전의식이라고 했다. 전의식은 당장은 인식하고 있지 않지만 언제든 적절한 질문이나 자극을 줌으로써 필요에 따라 의식화될 수 있는 무의식의 일부로 보았다. 그의 무의식의 발견은 인간의 모든 심리적인 현상은 의식적인 것이라는 인식을 뒤엎었다.

4단계는 삼원구조 모델에 초점을 둔 성격구조 단계(structural phase)이다. 프로이트는 자신의 지형학적 모델로 인간의 심리적 과정을 설명하기에 불충분하다고 여겨 이 삼원구조 모델(tripartite model)을 더하여 확장했다. 이 모델은 무의식 내에 서로 갈등하는 원초아, 자아, 초자아 등 세 가지로 구성된 성격구조가 있다는 모델이다. 이에 대해서는 다음의 핵심개념에서 보다 상세히 다룰 것이다.

1 고전적 정신분석 이론의 주요개념

프로이트는 후대의 많은 이론들의 출발점이 된다. 특히 이 책에서 다루고자 하는 자아심리학, 대상관계이론, 자기심리학, 애착이론 등은 프로이트 이론을 그 근거로 한다. 이 장에서는 우선 고전적 정신분석 이론의 주요 개념을 중심으로 소개할 것이다(윤순임, 1995; 이명조, 2005; 이장호, 2005; Clair, 2009; McWilliams, 2008).

1) 본능적 욕구, 리비도

프로이트는 타고나는 본능적인 성적 욕구(sexual drive)가 인간의 행동을 이해·설명해주고, 궁극적으로 인간의 성격형성을 위한 주된 동기로 작용한다고 보았다. 여기서 성적이라는 용어는 성기뿐만 아니라 모든 신체 부위나 기관에서 생겨나는 감각적인 쾌락을 뜻하고, 욕구라는 용어는 생물학적인 욕구와 충동을 의미한다.[3] 프로이트의 고전적 정신분석 이론에 의하면, 이 본능적 욕구는 세 가지 심리 구조인 원초아, 자아, 초자아 가운데 원초아의 '쾌락의 원리'

에 따라 관장된다.

프로이트가 제시한 리비도(libido)는 성적 쾌락의 기저에 있는 가설적 에너지를 뜻한다. 흔히 프로이트가 리비도를 전적으로 성욕, 특히 성기 성욕과 동일시한 것으로 잘못 알고 있는데, 그는 나중에 성욕은 리비도를 나타낸 것 중 하나일 뿐이며 리비도는 더 넓게 사랑, 혹은 사랑의 힘(love-force)으로 광범위하게 생각해야 한다고 분명히 밝혔다(Tyson & Tyson, 2013). 혹은 신체적·생리학적 뿌리를 가진 본능적인 삶의 에너지라고 해석하기도 한다(윤순임, 1995). 프로이트는 리비도가 밖으로 표출되어 대상에 투여되기도 하고, 혹은 다시 자아 속으로 되돌려지기도 하는데, 리비도가 자아에게 투여될 때 그것을 나르시즘[4]이라 일컬었다.

프로이트의 고전적 정신분석 이론에서 리비도는 에로스(Eros)와 타나토스(Thanatos)로 나뉜다.[5] 이는 많은 임상 정보가 축적됨에 따라 프로이트가 본능적 욕동에 파괴적 혹은 공격적 욕동을 포함시킨 결과이다.

2) 본능적 욕구, 대상 혹은 대상관계

대상(object)이나 대상관계(object relations)라는 용어는 프로이트에 의해 최초로 제시되었지만 프로이트는 이들 용어나 개념에 대해 대상관계이론가들이나 자기심리학 학자들만큼 그 중요성을 부여하지 않았다. 프로이트에게 대상은 본능적 욕구를 만족시키고 충족시키기 위한 것으로 사람이나 물건 그 어떤 것도 될 수 있다. 본능적 욕구의 목표는 만족이기 때문이다. 그에게 대상관계, 즉

3) 욕구(drive)란 생물학적인 욕구와 충동을 말하고, 종종 '추동' 혹은 '욕동'라고도 일컬어진다. 이 책에서는 이들 용어를 구분하지 않고 사용하기로 한다. 프로이트는 유기체란 쾌락을 극대화하고 고통은 피하려한다는 당대 생물학이론과 일치하는 전제 위에 자신의 이론을 세웠다. 그래서 프로이트 이론을 생물(학)주의라고도 한다(McWilliams, 2008).

4) 나르시즘(narcissism)은 자기를 사랑한다는 자기애(自己愛)를 뜻하며, 이 용어는 호수에 비친 자기의 아름다운 얼굴에 반하여 물에 너무 가까이 접근하다 죽었다는 자기를 너무 사랑하는 청년, 즉 나르시스(Narcissus)에서 연유한다. 프로이트가 무의식과 관계된 몇몇 핵심적 개념들(리비도, 나르시스, 에로스, 타나토스 등)은 신화에서 따와서 은유화하였는데 이는 신화가 내포하고 있는 깊은 의미 때문인 것으로 보인다.

5) 에로스(Eros)란 삶의 본능으로 종족보존의 성 본능 뿐 아니라 자기보존의 본능까지도 포괄하고, 타나토스(Thanatos)란 죽음의 본능으로 삶을 파괴하려는 공격적 본능을 말한다. 죽음의 본능의 주된 지지자는 다음 장에서 소개할 클라인이다(Tyson & Tyson, 2013).

인간 상호 간의 교류는 본능적 욕구의 틀 안에 종속되어 있는 것으로 여겨졌다. 중요한 것은 대상이 개인의 욕구를 만족시켰는지 혹은 만족시키지 못했는지 이다. 프로이트는 생물학적이고 본능적인 욕구를 일차적인 것으로, 다시 말해 욕구가 대상보다 먼저 있는 것으로 생각했다.

예컨대, 배고픈 욕구는 음식을 먹는 행위를 통해 배고픔이 제거되어 만족스런 감정을 얻게 되고, 성적인 욕구도 마찬가지로 성교라는 행위를 통해 성적 긴장의 해소와 함께 만족을 얻게 된다. 이렇듯 만족을 주는 대상에 대해서는 이를 얻고자 노력하며, 어떻게든 주체의 자아 안으로 그것을 함입시키려 한다. 다시 말해, 사람은 즐거움을 줄 것으로 보이는 매력적인 대상을 선택하고 사랑한다. 반면에 고통스런 감정을 유발하는 대상에 대해서는 돌아서서 증오하고 그것을 밀어내고자 한다. 이렇게 프로이트에게 우선적인 것은 본능적인 욕구이고, 대상관계는 본능적 욕구를 충족시키기 위한 그 다음의 것이었다. 프로이트에게 본능적인 욕구는 그의 이론의 뼈대를 이루는 중심 개념으로 지적되고 있다.

3) 원초아, 자아, 초자아의 세 가지 심리구조

프로이트는 인간의 행동은 원초아(id), 자아(ego), 초자아(superego)의 세 가지로 구성된 심리 구조에 의해 설명될 수 있다는 삼원구조 모델을 제시했다. 심리구조의 하나인 원초아는 인간이 태어날 때부터 가지는 심리적 에너지의 원천으로 존재하며, '쾌락의 원리(pleasure principle)'에 따라 본능적 욕구의 즉각적인 만족을 추구한다. 인지적으로 언어 이전의 것이며 이미지와 상징을 통해 자신을 표현하고, 논리 이전의 일차적 사고(예: 꿈, 환각의 언어 등)에 속하고, 철저히 무의식적이다.

이러한 원초아가 현실과의 충돌로 인해 만족이 지연될 때 또 다른 심리구조인 자아가 발달하며, 이는 '현실의 원리(reality principle)'에 따라 원초아의 요구, 외부 현실 세계, 그리고 초자아의 속박을 중재하는 역할을 하여 환경에의 적응을 도모한다. 따라서 자아는 본능을 통제하는 심리적 기제인 억압기제를 주로 사용한다. 자아는 전 생애에 걸쳐 계속 발달하지만, 초기 유아기에 시작해서 아동기에 가장 빠르게 발달한다. 자아는 이차과정 사고, 즉 순서적이고,

논리적이고, 현실지향적인 인지의 터전이 된다.

또 다른 심리 구조인 초자아는 출생 후 3~4년이 되면서 자아로부터 발달하기 시작하는 자아의 일부분으로, 양심과 비슷한 뜻을 지니고 있다. 초자아는 자기 자신을 격려하거나 지지해주고, 혹은 비판하기도 하는 자기의 부분으로, 내려다보는 자아라고도 한다. 프로이트는 초자아가 주로 오이디푸스기 동안 같은 성을 가진 부모의 가치를 동일시하면서 형성된다고 믿었지만, 클라인과 같은 현대 정신분석가는 이보다 훨씬 더 이른 시기에 유아가 좋고 나쁜 것을 원초적으로 느끼는 데서부터 시작된다고 보았다.

프로이트는 무의식의 상태로 존재하는 본능적 욕구야말로 인간 성격형성에 일차적인 것이며, 이러한 본능적 욕구의 만족 추구는 원초아가 그 역할을 맡는다고 보았다. 그런데 환경에 잘 적응하는 성숙한 사람이란 자아가 잘 발달되어 주도적이고 지배적인 역할을 하는 가운데 원초아의 본능적 욕구와 초자아의 양심을 중재하여 해소하는 사람이다. 만약 자아가 미숙하여 원초아와 초자아의 적절한 타협이 이루어지지 못하면 내면적인 갈등으로 인한 심리적 불안과 부적응적 행동이 나타나게 된다(이명조, 2005; 이장호, 2005).

4) 동일시

동일시(identification)란 다른 사람처럼 되는 것이며 다른 사람의 특성을 자신의 것으로 취하는 것이다. 프로이트는 동일시를 설명하기 위해 자아가 대상과 맺는 관계 방식, 즉 구강함입의 동일시, 오이디푸스적 동일시, 취사선택의 동일시, 공격자와의 동일시 등에 대해 다음과 같이 언급했다(Clair & Wigren, 2009; McWilliams, 2008).

(1) 구강함입 방식의 원시적 동일시

동일시는 생애 전반에 걸쳐 전개되고 수정되는데, 그 첫 번째 방식이 구강함입(oral incorporation)이다. 이는 엄마의 젖을 빨면서 엄마를 자신 속으로 끌어들이는 원시적 형태의 동일시로, 대상과 같이 되고자 대상을 통째로 삼켜버리는 방식이다. 이것은 일부 원시부족 사람들이 동물을 잡아먹고 그 동물처럼 될 수 있다고 믿는 방식이나, 신자들이 성찬을 받음으로써 그리스도와 같이 된다고 믿는 것과 비슷한 것이다.

(2) 오이디푸스적 상황의 동일시

또 다른 형태의 동일시는 오이디푸스적 상황에서 초자아의 형성에 기여하는 방어적인 동일시다. 전 오이디푸스기의 아이는 엄마와 단둘만의 이자관계(二者關係) 속에 살다가 점차로 아빠, 엄마, 자기 사이의 삼각관계 혹은 삼자관계(三者關係)를 가지게 되며 이로부터 오이디푸스적 갈등상황은 시작된다. 남아[6]는 엄마를 독점하고 싶은 소망을 갖지만 엄마의 사랑이 자기 것이라고 주장하는 아빠가 있다는 냉혹한 현실을 자각하게 된다. 아이는 너무나 우월한 힘을 가진 아빠가 자신의 소망에 대해 복수하려고 자기를 죽이거나 신체적 손상을 가하리라고 두려워한다. 이러한 환상과 연결된 오이디푸스적 투쟁이라는 갈등 상황에서의 불안을 아이는 다음과 같은 동일시를 통해 해결하게 되며, 이렇게 해결됨으로 인해 심리구조의 형성이 완성된다고 프로이트는 보았다.

> "아마도 아빠를 제거할 수는 없을 거야. 어쨌든 나는 아빠를 사랑하고, 정말로 없애고 싶은 것은 아니야. 또 엄마를 나 혼자 차지하려는 것도 아니야. 그것 역시 문제가 있을 거야. 하지만 아버지 같은 사람이 되어서, 나중에 엄마 같은 사람을 나만의 짝으로 삼을 수 있을 거야."(McWilliams, 2008, p. 197)

프로이트는 아이의 이런 환상을 정상적이고 보편적인 것으로, 이를 '공격자와의 동일시'의 원형이 된다고 여겼다.

(3) 취사선택의 성숙한 동일시

구강함입이라는 원시적 형태의 동일시는 점차 분별력을 가지고 대상의 성격특징을 선택적으로 취하는 성숙한 동일시 형태로 자연스럽게 성장한다. 즉, 대

6) 여기서 남아를 지적한 이유는 프로이트의 동일시 과정에 대한 설명은 남아에 대한 이해를 기초로 한 것이기 때문이다. 그 후 여아에게도 이 과정이 확대·적용되었지만 대부분의 후대 이론가들, 특히 여성 이론가들은 여아의 상황과는 잘 맞지 않음을 발견하였다(McWilliams, 2008).

상과의 상호관계를 통해 존경할 만한 속성을 취사선택하는 동일시의 능력을 가지게 된다. 사회학습 지향의 심리학자들은 이러한 동일시를 흔히 모델링이라고 일컫는다.

(4) 공격자와의 동일시

공격자와의 동일시란 두렵고 위협적인 대상을 그와 같은 사람이 되어서 극복하려는 방어적인 동기를 가진 동일시이다. 그 예로, 폭력적인 아버지를 둔 아들이 그 아버지의 힘에 위협감을 느끼는 문제를 해결하려는 방어적 동기를 가지게 되어 자신의 아버지를 미워하지만 동일시하여 닮아가게 된다고 프로이트는 보았다.

이렇게 동일시는 환경 내의 대상과의 관계를 설명하는 기제이기 때문에 이후의 대상관계이론가들은 동일시를 더욱 강조하게 된다. 특히 클라인은 공격자와의 동일시의 뿌리가 훨씬 더 이른 시기에 있다고 본다. 클라인은 생애 첫해에 전형적으로 보이는 두려움과 환상에 그 기원을 둔다고 보았다(4장 클라인 이론 참조).

2 프로이트의 심리성적 발달이론

프로이트는 발달을 본능적인 성적 욕구의 차원에서 설명하였다. 그는 리비도(libido)가 집중되는 신체부위를 따라 심리성적 발달(psychosexual development) 단계의 이름을 지었으며, 각 단계를 구강기, 항문기, 남근기, 잠복기, 성기기라 일컬었다. 각 단계는 신체 부위의 만족에 우선을 두었고, 이러한 만족을 위해 주체는 대상과 관계를 맺는다고 보았다. 즉, 구강기에 유아가 입으로 함입할 수 있는 대상과 맺던 첫 번째 관계로부터 시작해서 사랑하는 사람과 성숙한 방식으로 관계를 맺는 마지막 단계까지 점차로 나아간다. 발달단계는 다음과 같다.

1) 심리성적 발달단계

각 단계를 살펴보면 다음과 같다.

첫 번째 단계가 구강기이다. 생후 첫 18개월 동안 성적 본능의 만족이 주로 입, 입술, 혀에 집중되어 리비도는 엄마의 젖가슴 빨기와 흡입 활동에 집중된다. 성적 만족을 위한 첫 번째 대상이 엄마의 젖가슴이다. 점차 아이는 젖가슴을 포기하고 자신 신체 한 부분, 예컨대 자신의 손가락을 그 대상으로 삼는다. 이렇듯 아이는 쾌락을 얻기 위해 엄마라는 외부세계의 동의를 받아야 하던 것으로부터 독립하여 자가성애적 대상 선택을 하게 된다.

두 번째 단계가 항문기이다. 리비도가 빠는 구강행위로부터 멀어지면서 배설물과 그 통제 과정에 대한 관심이 시작된다. 항문기 동안 외부 대상에 대한 관심은 가학적인 세력을 행사하는 엄마와의 경험에 두어진다. 이 시기 아이의 욕동은 배설물을 보유했다가 배출하는 본능의 만족인데, 이를 위협하고 통제·금기하는 가학적인 세력으로서 주로 엄마라는 외부세계와 갈등하게 된다.

세 번째 단계가 남근기이다. 아이가 대략 세 살가량 되면 리비도는 성기에 집중하게 된다. 아이는 자신의 신체를 대상화하여 자위하듯이 성기를 만지작거린다. 프로이트에 의하면 아이는 이 남근기 동안에 페니스를 가졌는지의 여부에 흥미를 갖게 된다. 바로 그때 오이디푸스적 상황의 주된 성적 관심사가 나타나는데, 이전에는 엄마와만 가졌던 단순한 이자관계(二者關係)가 이제는 양쪽 부모 모두와 관계하는 복잡한 삼각관계 혹은 삼자관계(三者關係)관계로 발전하게 된다. 이로부터 오이디푸스적 갈등 상황은 시작된다.

그 다음 초등학교 시기 동안 같은 성의 대상을 선택하는 잠복기가 지나면, 아이는 이성 대상을 선택하는 성기기, 즉 청소년기에 접어들게 된다.

프로이트는 대상관계나 대상선택을 대상이 얼마만큼 욕구나 본능을 만족시키는가라는 관점에서 바라보았다. 이런 점에서 이후의 대상관계이론과 다르다.

2) 원초아·자아·초자아의 갈등

아이는 양육자와의 상호작용 속에서 아이는 입, 항문, 성기 등의 신체부위를 중심으로 구강기, 항문기, 남근기 등의 심리성적 발달을 거치면서 성적 욕구의 충족을 경험하게 된다. 이들 심리성적 발달단계에 따라 원초아와 초자아의 갈등의 본질은 다르다. 초자아는 본능적 욕구의 즉각적인 만족을 추구하는 원초아와 달리, 도덕적 가치나 사회적 규범과 같은 사회적 제약을 바탕으로 하고 있어 이 둘은 갈등상태에 놓이게 되며, 특히 남근기에 초자아가 발달하면서 갈등이 심화된다. 이때 이러한 갈등을 적절하게 해결해 주는 중재자의 역할을 해주는 것이 자아이며, 따라서 자아가 현실의 원리에 따라 원초아와 초자아를 중재함으로써 아이는 욕구를 해소하고 발달의 다음 단계로 나아가게 된다.

3) 성적 욕구의 과잉충족이나 과잉좌절

프로이트의 심리성적 발달단계에서 욕구의 과잉충족이나 과잉좌절은 모두 아이의 성격형성에 부정적 영향을 미치게 된다. 다시 말해, 발달과정에서 아이의 욕구가 지나치게 충족되거나 지나치게 좌절되면, 그 아동은 그 단계의 문제에 고착된다. '고착(fixation)'이란 성숙하지 못한 애착을 의미하며 다음 단계로 발달의 이행을 방해한다. 이러한 고착이 장기적으로 영향을 주게 되면, 성인기에 성격적 문제나 갈등으로 나타난다. 이것이 인간의 행동은 우연히 일어나지 않고 반드시 어떤 심리적 원인이 있다는 프로이트의 관점이다.

만약 어떤 사람이 문제(예: 사랑과 신뢰의 문제, 성적인 문제 등)로 고통 받고 있다면 구강기, 항문기, 남근기에 해당하는 생후 5년 동안의 생활경험 문제로 인해 발달과제가 완성되지 못한 것에 그 원인이 있다고 본다. 프로이트는 특히 남근기의 어머니-아버지-아이 자신이라는 복잡한 삼자관계에서 발생하는 발달과제 문제에 주로 초점을 두었다.

3 프로이트의 이론과 영유아 정신건강

1) 프로이트 이론의 요약

히스테리와 같은 정신장애를 지닌 환자를 치료하면서 시작된 프로이트의 고전적 정신분석 이론은 다음 몇 가지 핵심적인 관점으로 요약될 수 있다.

첫째, 프로이트는 꿈, 농담, 실수 행위 등에 관한 연구를 통해 무의식의 존재를 알렸다. 이는 인간의 모든 심리적 현상은 의식적인 것이라는 이전까지의 인식을 뒤엎었다.

둘째, 프로이트는 인간의 본능적인 성적 욕구가 인간의 행동을 이해·설명해 주고, 궁극적으로 인간의 성격형성을 위한 주된 동기로 작용한다고 보았다. 여기서 성적이라는 용어는 성기뿐만 아니라 모든 신체 부위나 기관에서 생겨나는 감각적인 쾌락을 뜻한다. 프로이트는 성적 에너지인 리비도가 집중되는 신체 부위를 따라 구강기, 항문기, 남근기, 잠복기, 성기기라는 심리성적 발달단계를 제시하였다. 이렇게 그는 발달을 본능적인 성적 욕구의 차원에서 설명하였다.

셋째, 프로이트는 인간의 행동은 원초아(id), 자아(ego), 초자아(superego)의 세 가지로 구성된 심리 구조에 의해 설명될 수 있다는 삼원구조 모델을 제시했다. 심리성적 발달단계에 따라 원초아와 초자아의 갈등의 본질은 다르고, 특히 남근기에 초자아가 발달하면서 갈등이 심화된다. 이때 이러한 갈등을 적절하게 해결해 주는 중재자의 역할을 해주는 것이 자아이다.

프로이트는 정신장애의 근원을 어린 시절의 경험에 그 뿌리를 둔 무의식적 갈등으로 보았다. 다시 말해, 어린 아이의 본능적 욕구가 지나치게 만족 혹은 좌절되면, 특히 충격적 경험으로 지나치게 좌절되어 갈등하면 아이는 그 문제에 '고착'하게 되어 이후 성인기에 정신장애로 나타난다고 보았다. 프로이트는 이러한 무의식 속에 억압된 어린 시절의 기억을 자유연상이나 꿈 해석과 같은 심리적인 방법을 통해 의식 속으로 떠올려 자각하게 하면 정신장애의 증상이 사라진다고 했다. 프로이트가 주장한 정신분석적 이론과 치료는 정신장애에 대한 다양한 심리학적 이론과 심리치료 방법이 급격하게 발전하는 토대가 되었다.

2) 프로이트 이론과 영유아 정신건강

프로이트의 이론은 영유아의 정신건강을 위해 부모나 교사가 아이를 어떻게 지도해야 하는지에 대한 구체적인 언급은 없다. 하지만 다음과 같이 각 발달단계에 따른 무의식적 욕구 충족 측면과 적절한 좌절 제공이라는 측면에서 그 추론이 가능하다.

(1) 각 발달단계에 따른 무의식적 욕구 충족

프로이트 이론에 따르면, 유아들은 본능적 만족의 탐구자이다. 앞서 언급되었지만, 각 단계에 무의식적 본능의 욕구가 적절히 해결되면 자연스럽고 건전한 발달을 이룰 수 있다. 다음 <표 2-1>은 프로이트의 심리성적 발달단계에 따른 욕구충족 방안을 간략히 요약하였다. 이러한 욕구 충족의 직접적인 방안 이외에 음악, 미술, 무용, 글쓰기와 같은 교과를 통해서도 자유스러운 감정 표현을 유도하면 유아의 본능적 욕구의 억압이 해소될 수 있다(이명조, 2005).

표 2-1 프로이트의 심리성적 발달단계에 따른 욕구충족 방안

심리성적단계(연령)	욕구충족 방안
구강기(출생~1.5,2세)	• 입을 통해 만족감을 얻는 시기로 빨고자 하는 욕구를 충족시켜 주어야 한다.
항문기(1.5,2~3세)	• 항문을 통해 만족감을 얻는 시기로 이를 위협하는 통제나 금기보다는 민주적인 배변훈련이 중요하다.
남근기(3,4~6세)	• 오이디푸스기라고도 일컬어지며, 성기의 자극을 통해 만족감을 얻는다. 양쪽 부모와 관계되는 복잡한 갈등, 즉 오이디푸스(oedipus) 혹은 엘렉트라(electra) 콤플렉스를 해결하기 위해 같은 성의 동일시 대상이 필요하다.
잠복기(6~12세)	• 성적 욕구에 대한 흥미가 약하다. 학업에 집중하고 사회생활을 위한 기술을 습득하며 동성의 친구와 친숙해진다.
성기기(12세 이후)	• 신체적 호르몬의 변화로 성적 관심이 최고에 달한다. 이성에 대한 성적 욕구는 승화시켜야 한다.

(2) 본능적 욕구에 대한 적절한 좌절 제공

훌륭한 양육자의 역할은 방종과 금지 사이에 균형을 유지하는 일이다. 본능적 욕구를 지나치게 만족시켜 유아가 발달적으로 앞으로 나아갈 동기를 갖지 못하게 하거나, 본능적 욕구의 만족을 지나치게 박탈하여 좌절을 주는 현실을 유아가 흡수할 수 있는 능력을 키우지 못하게 한다면 이는 실패한 양육자라 할 수 있다.

프로이트 이론에 따르면, 욕구의 과잉충족이나 과잉좌절은 모두 아이의 성격 형성에 부정적 영향을 미치게 되어 성인기에 성격적 문제의 근원이 될 수 있다. 이는 아이가 환경에 적응할 수 있도록 발달상 적절한 욕구 좌절을 민감하게 제공해야 할 필요성을 강조한 것이다.

그런데 이와 같은 본능적 욕구 충족의 문제가 성격형성에 영향을 준다는 프로이트 이론이 인간의 성격 형성을 설명하는데 미흡한 것으로 지적되고 있다. 그 이유는 인간의 성격형성을 위해서는 '욕구'에 대한 만족 이상으로 '관계'가 중요하다는 것을 프로이트가 간과한 데서 비롯된다. 이에 대해서는 클라인, 위니컷, 말러 등의 이론에서 살펴볼 것이다.

Chapter

3 에릭슨 : 자아심리학

자아심리학의 발전은 프로이트 당시부터 시작되었다. 프로이트는 그의 정신분석 이론의 발전과정 후반부에 삼원구조모델을 소개했고, 이를 기초로 해서 자아심리학이라는 새로운 이론의 시대가 시작되었다. 삼원구조모델이란 원초아, 자아, 초자아 등 세 가지로 구성된 성격의 구조가 역동적인 관계에 있다는 모델이다.

자아심리학의 대표적 인물인 에릭슨은 프로이트가 강조한 개인의 성적인 욕구충족보다는 사회문화적 영향에 따른 자아의 역할에 보다 큰 관심을 두고 정신분석 이론에 도전했다.

이장에서는 우선 자아의 기능과 자아의 방어역할을 살펴보고 에릭슨의 심리사회 발달이론과 영유아 정신건강에 대해 살펴볼 것이다.

1 자아의 기능 및 방어역할

1) 자아의 기능

에릭슨을 비롯한 자아심리학자들은 자아란 원초아의 욕구에서 유래하는 것이 아니라고 보았다. 자아는 그것 자체의 에너지를 가지고 있고, 현실을 지각·적응하는 기본적인 역할을 한다고 주장했다. 자아의 주요 기능을 소개하면 다음과 같다(윤순임, 1995; McWilliams, 2008).

(1) 자아는 의식적인 측면과 무의식적인 측면 모두를 갖는다.

자아의 의식적인 측면은 흔히 '자기' 혹은 '나'라는 말의 의미와 유사하다. 또한 자기를 이해하기 위해 의식적이고 합리적인 경험을 말할 수 있는 '관찰하는 자아'도 의식적인 측면에 속하는 능력이다. 즉, 자기 자신을 관찰하고 '난 이러이러해.'라고 자기에 대해 설명하고 통찰하는 능력이다. 관찰 자아로 인해 자신의 문제에 대해 조망할 수 있는 능력을 갖게 된다.

자아의 무의식적인 측면은 억압, 퇴행, 합리화 등과 같은 방어기제의 과정을 담고 있다. 예컨대, 현실의 괴로운 요구에 자아는 강력한 본능적 욕구인 원초아와 도덕적 규범에 따른 죄책감으로 고민하는 초자아의 상반된 심리적 구조에서 비롯된 불안으로부터 자신을 방어하는 책략인 방어기제를 사용한다. 이러한 자아의 방어기제의 사용은 자신의 통제 밖에 있는 무의식적 측면이다.

(2) 자아는 현실검증 능력의 기능을 갖는다.

현실검증 능력은 자아의 핵심적 기능이다. 이 능력은 인간 내부의 생각·상상·공상·환상을 외부의 현실세계와 구별하는 능력을 말한다. 간단히 말해, 현실검증능력은 인간 내적 현실과 외부 현실을 구분하는 능력이며, 현실검증 능력에 따라 사람의 정신 건강의 상태는 달라진다.

심리 내적인 현실은 지각에 커다란 영향을 미치게 되는데, 마음속에 갈등이 많을수록 부인이나 투사와 같은 원시적 방어기제를 빈번하게 사용해서 외부 세계와의 관계를 왜곡하게 되고, 이는 현실검증 능력의 저하를 가져와 정신건강의 문제를 야기할 수 있다. 만약 어떤 사람이 정신증이라면 현실검증 능력이 손상되어 현실인지 허구인지 구분하지 못하게 된다.

(3) 자아는 대상관계의 기능을 가진다.

우리가 다른 사람에게 얼마나 관심 있고, 다른 사람과 어떻게 관계를 맺는지, 또 다른 사람을 얼마나 항상성을 가지고 관계를 맺는지 그 정도와 모습은 자아의 대상관계 기능에 따라 다르다. 이러한 타인과의 대상관계의 기능 또한 자아의 기능이다.

(4) 자아는 자극 민감성 및 자극차단 기제의 기능을 가진다.

자아는 심리 내적인 자극과 외부의 자극에 대하여 얼마나 민감하게 반응하는지, 그리고 어떤 내·외적 자극을 차단시켜야 할지를 선택적으로 조절하는 기능을 가진다. 자극차단 기제가 탄력이 있을수록 내적인 자극이든 외적인 자극이든 이에 휘둘리지 않고 초점을 잡아, 현실을 있는 그대로 지각할 수 있다.

(5) 현실 적응을 위한 자아는 자아강도의 원천이 된다.

자아강도(ego strength)란 현실이 극히 불쾌할지라도 부인이나 투사와 같은 원시적인 방어에 의지하지 않으면서 현실을 인정할 수 있는 개인의 능력을 말한다. 예컨대, 심리적 부담 버티기, 일상 문제 해결하기, 불안이나 좌절 수용하기, 기본적인 신뢰와 자율성 갖기, 유머나 창작 활동을 통해 갈등 상황 승화하기 등을 통해 현실에 적응한다면 자아강도가 높다고 할 수 있다.

2) 자아의 방어 역할

현실적 적응을 잘하는 사람은 현실의 요구에 맞추어 자아를 중심으로 세 심리적 구조(원초아, 자아, 초자아) 간의 균형을 잘 유지한다. 본능적 욕구를 추구하는 원초아, 도덕적 가치나 사회적 규범이 내면화된 초자아, 현실의 원리에 따라 원본능과 초자아를 중재하는 자아 등 세 가지 성격구조는 상반된 목적과 기능에도 불구하고 평상시에는 상호 충돌하지 않는다. 그러나 현실의 충격이 강하게 주어지면, 세 심리적 구조간의 균형이 흔들려 불안정해질 수 있다. 더구나 심리성적 발달과정에서 어떤 심리적 구조가 지나치게 미약하거나 강한 경우, 이러한 균형이 더욱 심하게 불안정해 질 수 있다. 특히 원초아의 본능적 욕구가 강해지거나 이를 통제할 수 있는 자아의 기능이 약화된 경우, 원초아의 본능적 욕구가 표출되는 것에 대한 두려움을 느끼게 되는 데 이를 불안이라고 한다. 자아는 이러한 불안을 감소시키기 위해 무의식적으로 여러 가지 방어적 대처전략, 예컨대 원시적 철수, 부인, 투사, 억압, 퇴행, 반동형성 등을 사용하게 된다. 이들을 방어기제(defense mechanism)라 한다. 그런데 미숙한 원시적 유형의 방어기제(예: 원시적 철수, 부인, 투사 등)의 사용이 지속되거나 주변 상황에 부적합하다면 성격 발달에 있어 장애, 즉 정신장애의 표시라 할 수 있다. 정신장애의 증상은 이러한 부적응적인 원시적 방어기제와 밀접하게 관련되어 있다(10장 참조).

방어기제의 예를 들어보자. 남동생의 출생으로 엄마의 관심이 없어졌고 자기의 자리가 빼앗겼다고 믿는 꼬마 누나는 동생에 대해 강한 증오나 질투심을 느낄 것이다. 그리하여 이 꼬마 누나는 동생을 향한 자신의 증오나 질투심을 덜 위협적인 것으로 만들 수 있는 방어기제인 '반동형성'을 무의식적으로 사용하게 된다. 동생을 너무 세게 껴안거나, 너무 거칠게 흔들어주거나, 귀엽다고 볼을 꼬집거나 하는 등 "난 너를 죽도록 사랑해"라는 명분의 비행을 저지른다. 이는 증오나 질투심을 사랑으로 변형시킨 '반동형성' 방어기제이다. 여기서 꼬마 누나는 원초아의 본능적 욕구인 동생에 대한 증오나 질투가 강해서 표출되는 것에 대한 두려움에 따른 불안감을 감소시키기 위해 무의식적으로 반동형성이라는 방어기제를 사용한 것이다. 이렇듯 반동형성이란 자신이 가지고 있는 것과는 반대되는 생각이나 감정을 과장되게 표현함으로써 본래 자신이 가지고 있는 생각이나 감정을 은폐시키려 하는 것이다. 이러한 예처럼 증오나 질투심을 사랑으로 변형시켜 덜 위협적으로 만드는 인간의 불안 대처 능력은 매우 흥미롭다(McWilliams, 2008).

2 에릭슨의 심리사회 발달이론과 영유아 정신건강

에릭 홈버그 에릭슨(Erik Homburger Erikson: 1902~1994)은 독일에서 출생하였고, 그의 초기 성격이론은 프로이트의 딸인 안나 프로이트에 의해 정신분석 이론의 영향을 많이 받았다. 그러나 미국에 건너온 후 성격에 미치는 사회적 요인의 중요성을 인식하게 되었고, 사회 적응능력과 관련되는 자아를 인간 전 생애의 발달단계에서 강조하게 되었다. 이러한 에릭슨의 이론은 성적 본능과 발달초기의 중요성만 강조한 프로이트 이론과 대비될 수 있다.[7)]

7) '에릭슨의 심리사회 발달이론과 영유아 정신건강'의 내용은 이명조(2005)를 참조했다.

1) 에릭슨 이론과 프로이트 이론의 비교

에릭슨 이론은 다음과 같이 프로이트 이론과 비교된다.

첫째, 에릭슨은 성격발달에서 개인의 자아와 사회의 역할 모두를 중시했다. 그는 프로이트의 성적 본능보다는 사회문화가 성격발달에 미치는 영향을 강조하고 정상적이고 건강한 성격발달에 초점을 두었다.

둘째, 에릭슨은 5세까지의 생의 초기 갈등이나 좌절이 결정적으로 성격발달에 영향을 미친다는 프로이트와 달리, 성격의 발달은 전 생애에 걸친 발달의 각 단계마다 해결해야 하는 발달과업의 성취와 관련이 있는 것으로 보았고, 각 단계의 발달과업 성취는 이전 단계의 위기해결이 중요하다고 하였다. 또한 에릭슨은 성격발달에서 핵심적인 역할을 하는 시기로 청소년기[8]를 꼽았다.

2) 에릭슨의 성격발달단계

자아를 강조한 에릭슨에게 발달은 곧 자아발달을 의미했다. 그는 자아가 사회 적응과정에서 발달해간다는 증거로 여덟 가지의 중요한 '심리사회적인 힘(psycho-social strengths)', 즉 기본적 신뢰감, 자율성, 주도성, 근면성, 정체감, 친밀감, 생산성, 자아 통합감 등을 소개하였다. 이들은 순서대로 발달하고, 인성발달의 8단계로 알려져 각 단계에 이루어야 할 발달과업으로 소개된다. 발달은 이들 여덟 가지 각 단계에서의 심리사회적인 힘이 사회에서 경험하게 되는 위기인 불신감, 수치감 및 회의, 죄책감, 열등감, 역할혼미, 고립감, 침체감, 절망감을 겪으면서 이루어지게 된다. 다시 말해, 자아발달은 아동의 심리사회적인 힘이 사회적 위기를 만나 균형을 이루는 것으로 본다. 에릭슨의 사회심리발달 8단계를 다음 <표 3-1>에 요약했다(이명조, 2005).

8) 중고등학교 청소년기의 '정체감 대 역할혼미'의 단계에서는 성인기에 확고한 기반을 제공할 정체감을 발달시키게 된다. 즉, '내가 누구인가?'에 대한 답변을 찾는 것이다. 이에 대한 해답을 찾으면 자아정체감을 확인하게 된다. 하지만 그렇지 못할 경우 역할혼미라는 어려움을 경험할 수 있다.

표 3-1 Erikson의 발달의 8단계

출생~1세	기본적 신뢰감 對 불신감 (basic trust vs. basic mistrust)	일관되고 예측 가능한 보살핌을 받으면서 타인에 대한 믿음을 가지게 된다.
2세~3세	자율성 對 수치감 및 회의 (autonomy vs. shame and doubt)	유아 자신이 선택을 하는 요구가 늘어나므로 성인의 지도아래 자율을 경험하고 자신을 억제하는 것을 경험하는 것이 중요하다.
3세~6세	주도성 對 죄책감 (initiative vs. guilt)	언어와 근육의 발달로 행동반경이 넓어지며, 상상의 세계가 확장된다. 이 시기는 계획을 세우고 수행해나가려는 강한 충동을 가지고 이를 표현하면서 주도성이 생긴다. 유아는 또한 사회에 자신들의 요구를 맞추어 나가려 하는 경향이 있으므로 지나친 성인의 규제는 불필요하다.
6세~12세	근면성 對 열등감 (industry vs. inferiority)	초등학교 생활을 통한 인지적 및 사회적 능력의 계발을 위해 아동에게 관심을 기울이고 각자의 능력을 인정해 자신감을 갖도록 한다. 이러한 능력계발과정에서 무엇보다 근면성, 즉 만족지연 능력을 기르는 것이 필요하다.
청소년기	정체감 對 역할혼미 (identity vs. role confusion)	청소년은 자기 존재, 자신의 능력에 대한 의문을 가지게 되고 이에 대한 해답을 찾으면 자아정체감(ego identity)을 확립하게 된다.
성인초기	친밀감 對 고립감 (intimacy vs. isolation)	자신에게만 열중하던 시기와 달리 타인(특히 이성)을 사랑을 하게 되고 이러한 관계에서 다시 자아를 완성시켜 간다. 이전 시기의 자아 정체감이 안정되어있을 때만 타인과의 관계에서도 친밀감을 이루게 된다.
성인기	생산성 對 침체감 (generativity vs. stagnation)	친밀감을 이룬 두 사람이 자신의 관심을 다음 세대를 기르는데 확장하는 시기이며, 또한 일을 통하여 생산성을 높여간다.
노년기	자아통합감 對 절망감 (ego integrity vs. despair)	자신의 지난 삶을 돌이켜 보면서 만족감을 느끼게 될 때 자아통합감을 얻게 된다. 자아의 힘인 지혜는 죽음을 앞두고 삶의 가치와 의미를 찾는 노력을 반영한다.

3) 에릭슨 이론과 영유아 정신건강

에릭슨의 이론은 영유아 정신건강 영역에서 크게 주목받아온 성격발달 이론이다. <표 3-1>에서 볼 수 있듯이 에릭슨은 프로이트의 심리성적 발달단계를 재구성하여 전 생애 심리사회 발달단계로 확장했다. 에릭슨의 초반 발달단계들은 프로이트의 발달단계들의 욕동(drive) 명칭이 기능(functioning) 방식의 명칭으로 대체된 것이다. 출생부터 12세까지 발달단계별 아이의 정신건강에 주는 시사점은 다음과 같다.

(1) 기본적 신뢰감 대 불신감(출생~1세)

이 단계는 구강적 추동이 만족되는가 아니면 박탈되는 가에 따라 '기본적 신뢰감이나 불신'이 형성된다고 보았다. 태어나서 1세가 되기까지 양육자가 영아의 욕구, 특히 먹을 것과 관련한 보살핌에 대한 욕구를 일관성 있게 편안하게 충족시켜주면 영아는 타인에 대한 믿음을 가지게 된다. 이 시기는 영아가 자신이 주변 세계로부터 분리되어 있다는 것을 막 배우기 시작하게 되므로 자신의 통제 밖에 있는 세계에 대해 신뢰를 심어주는 것은 정신건강을 위해 매우 중요하다.

(2) 자율성 대 수치심과 회의(2세~3세)

이 단계는 프로이트 발달단계에서 항문기에 해당한다. 프로이트는 민주적인 배변훈련을 통한 배변 기능의 숙달에 초점을 두었지만 에릭슨은 더 나아가 자율을 경험하면서 가족 및 사회적 기대와의 타협, 자기 통제와 같은 보다 많은 과제들을 수행할 것을 강조했다. 에릭슨은 이 시기를 자율성의 발달을 성취하는 혹은 방향을 잘못 잡아 과잉보호되거나 통제 당하게 되면 수치심이나 의심을 가지는 시기, 즉 '자율성이나 수치심과 회의'로 보았다. 이 단계에서는 대소변 가리기를 비롯하여 걷고 뛰기, 음식 먹기, 옷 입기, 환경 탐색하기, 놀이하기 등에서 자기 스스로 해보고 싶은 욕구가 증대하므로 성인의 지도로 자율을 경험하도록 해야 한다. 그러나 아직 이 시기는 신체 및 운동 기능이 미숙하고 위험 상황을 판단하고 그 결과를 예측하는 능력이 부족해서 항상 사고의 가능성을 안고 있다. 따라서 양육자로부터 보호를 받기도 하고 양육자의 기대와 타협도 해야 한다. 이 시기 자율과 동시에 자신을 통제하는 경험은 주요 발달과업이 된다. 다만 이들을 과잉보호하게 되면 수치감이나 회의를 가지게 된다는 점에 유의해야 한다.

(3) 주도성 대 죄책감(3세~6세)

이 단계는 프로이트의 남근기 즉, 오이디푸스기에 해당한다. 에릭슨은 이 시기를 유아가 기본적 효능감인 주도성을 발달시키는 결정적 시기로 보았다. 3~6세 유아는 언어와 신체의 발달로 행동반경이 넓어지며, 상상의 세계가 확장된다. 이 시기는 이전의 자율성에다 과제에 대한 적극적인 수행 의지를 지니기 때문에 자기주도적인 활동을 최대한으로 허용해야 하고, 동시에 하지 말아야 할 것들, 예컨대 다른 유아의 권리를 침해하는 행동들에 대해서는 성인이 개입하여 이를 이해시켜야 한다.

죄책감은 유아가 자기 힘으로 과제를 하도록 허락되지 않을 경우 발달하게 되는데, 이는 자기가 하고 싶은 것은 언제나 '잘못된' 것이라고 믿기 때문이다. 죄책감은 또한 어떤 과제를 하면서 다른 친구와 비교하여 뒤처지는 경우에도 발달하게 된다. 서로의 능력을 공개적으로 비교하는 것을 피하고 유아 각자의 과제에 대해서만 지지하고 격려함으로써 죄책감을 최소화하도록 한다.

(4) 근면성 대 열등감(6세~12세)

이 단계에서는 초등학교 생활을 통해 인지적 및 사회적 능력의 계발이 핵심을 이루게 된다. 지금까지의 가정이나 유아교육기관 이외의 또 다른 세계, 즉 큰 규모의 초등학교나 이웃으로 나아가면서 인지적·사회적 능력의 계발이라는 새로운 도전을 맞이하게 된다. 이들 도전에 대한 어려움은 열등감이라는 결과를 가져올 수 있기 때문에 성인은 끊임없이 아동에게 관심을 기울이고 각자의 독특한 능력을 인정해주어 자신감을 갖도록 한다. 무엇보다 이러한 인지적·사회적 능력계발의 과정에서 하고 싶더라도 하지 말아야 하는 것이면 하지 않고 참아낼 수 있고, 하기 싫더라도 해야 하는 것은 끝까지 인내하며 이루어 낼 수 있는 발달과업인 근면성을 기르는 것이 중요하다. 즉, 이 시기에 만족지연 능력을 기르는 것은 핵심과업이 된다.

02 PART

현대 정신분석 이론과 영유아 정신건강

Chapter

4 클라인 : 대상관계이론의 시발점

멜라니 클라인(Melanie Klein: 1882~1960)은 오스트리아의 폴란드계 헝가리 유대인 집안 출신의 아동 정신치료자였다. 그녀의 불우한 어린 시절의 가족관계와 고통스러운 결혼 생활은 유아초기 심리세계를 파악하는데 그 배경으로 작용한 것으로 알려져 있다. 어린 유아의 박해, 두려움, 불안, 상실, 죄책감 등에 대한 세밀하고도 거침없는 묘사가 이를 반영한다. 영국으로 이주한 후, 생의 가장 초기에 대한 클라인의 해석은 크게 번성하였고 그녀는 이러한 해석을 새로운 이론적 개념으로 구성하였다.

클라인 이론은 프로이트 이론에 기반을 두었지만 그를 뛰어넘어 프로이트 이론을 확장·재정립하여 대상관계[9]이론의 시발점이 되었다.

클라인 이론의 개요

프로이트와 동시대 인물인 클라인은 직접 유아 환자를 치료하면서 관찰과 놀이를 통해 그들의 내적 심리세계에 접근했다. 클라인은 어린 아이들의 정신생활을 지배하는 판타지 세계에 주목했고, 아이들 자신의 극단적인 불안, 원시적인 충동, 두려움 등을 다루기 위해 심리기제를 사용한다는 것을 발견하였다. 클라인은 프로이트가 강조한 오이디푸스 단계보다 더 이른 시기에 아이들의 내적 심리세계의 구조가 형성된다고 보았다.

클라인의 최대 업적은 전 오이디푸스기에 이룩하는 대상관계상의 내적 세계에 대한 설명이다. 그녀는 프로이트가 사용했던 본능이나 대상과 같은 용어들을 사용하면서도 그 의미를 확대시켰다. 프로이트처럼 본능을 강조했지만, 본능을 대상과 관련지어 이해

9) 대상관계이론을 시작하면서 우선 대상관계와 대인관계의 차이를 밝히면, 대인관계가 사람들 사이의 실제적인 관계라면, 대상관계는 자기, 타인, 자기와 타인의 상호작용 등 각각의 역할에 대한 경험의 내재화를 통한 정신적 표상과의 관계를 말한다. 간단히 말해, 대상관계란 내재화된 정신적 표상 차원의 관계이다.

하였기 때문에 그녀의 본능은 관계적인 것이었다. 아기가 젖가슴을 추구하는 것은 배고픔이라는 단순히 본능 해소를 위해서만은 아니라는 것이다.

결론적으로, 유아관찰을 통한 대상관계상의 내적 세계에 대한 클라인의 이론은 프로이트의 이론을 확장·재정립하는 계기가 되어 대상관계이론의 시발점이 되었고, 이는 프로이트와 그녀 이후의 대상관계이론가들을 연결시켰다. 그리하여 클라인은 개혁적인 인물로 혹은 대상관계이론의 어머니로 일컬어진다.[10]

1 클라인 이론의 주요 개념

1) 대상관계 : 영아-엄마의 관계

클라인에게 영아의 내적 세계는 대상관계의 세계였다. 영아의 삶 속 모든 관계 중에서 가장 강력한 것은 영아-엄마의 관계였다. 그것도 최초의 영아-엄마의 관계, 즉 영아-엄마 젖가슴의 결합된 관계는 자기의 중심이 되며, 아이의 내적 세계를 구성하기 위한 기반이 되고, 이후의 모든 관계의 기원이 된다고 클라인은 보았다.

이러한 어머니와의 결합된 관계를 맺을 수 있는 것은 아이가 태어나기 이전, 이미 아이의 발생적 구성의 일부분인 무의식적인 내적 지식, 즉 유전자 내 지식을 지니고 있기 때문이라고 클라인은 보았다. 여기서 지식이란 어머니라는 존재, 젖가슴·남근·질과 같은 기본적인 신체 부위나 기능에 대한 지식, 엄마의 노여움이나 웃음과 같은 생득적인 어머니의 이미지 등을 말한다. 이러한 어머니 존재, 신체 지식, 생득적인 어머니 상 등은 아이가 외부 세계에 반응하는 방식을 결정한다. 다시 말해, 아이의 마음속에 하나의 원형[11]으로 이들이 존재하기 때문에 아이가 출생하면서 실제 외적 현실의 대상인 엄마 젖가슴과의 관

10) 4장은 Cashdan(2005), Clair & Wigren(2009), Gomez(2008), McWilliams(2008)를 참고했고, 간혹 내용을 발췌하거나 요약하였다. 이들 책 속에 인용된 문헌은 생략했다.

11) 원형이란 칼 융(Carl Gustav Jung)의 분석심리학에서 유래된 용어로 인간이 태어날 때부터 가진 가장 보편적인 원초적 행동을 말한다. 융은 원형을 신화를 산출하는 그릇이 되고, 우리 마음속의 종교적 원천이 된다고 보았다(이죽내, 1995).

계를 가능하게 하고, 아이-엄마 젖가슴이라는 결합된 관계는 아기의 내적 세계를 구성하는 토대가 된다.

2) 죽음의 본능

클라인은 유아-엄마 상호작용에서 욕동(drive), 즉 생물학적 욕구와 충동을 강조했다. 이는 정신적 판타지에서의 본능인데, 클라인은 특히 죽음의 본능에 초점을 두었다. 죽음의 본능은 아이가 출생하면서 박해받거나 파괴되는 것에 대한 두려움을 가지고 되고, 자신의 출생을 갈등과 좌절이 없는 출생이전의 원상태로 되돌아가려는 판타지 속에서의 필사적인 노력이라고 클라인은 믿었다. 아이는 이러한 자기 안에 있는 자기 소멸로 갈 수 있는 죽음의 본능인 파괴적인 내적인 힘, 즉 파괴적인 충동을 자기로서는 통제 불가능하므로 판타지 속에서 강력한 대상, 즉 주양육자인 엄마의 젖가슴에게로 던져 투사해버린다.

클라인은 삶의 본능에 대해서는 프로이트 관점 이상으로 설명하지 않았다. 그녀는 죽음의 본능이 삶의 본능보다 더 기본적인 강한 본능이고, 아이의 심리에서 중심적인 역할을 한다고 보았다. 출생 전후 탄생의 과정은 아이의 입장에서 온갖 고통, 불쾌함, 혼란의 연속이라고 클라인은 보았기 때문에 죽음의 본능인 파괴적인 충동이 존재한다고 믿었던 것이다.

3) 판타지

유아는 태어나면서부터 정신활동 형태인 환상 혹은 판타지(phantasy)[12]라는 내적 세계를 경험한다. 판타지는 아이 자신의 강렬한 욕구와 충동 및 감정과 연관한 신체적 본능에 대한 상상적 표상으로 기능하여 적극적인 반응 형태를 띤다. 배가 고픈 유아에게 공갈젖꼭지를 물리면, 따뜻한 젖가슴의 감각이나 우유의 맛을 상상하는 판타지를 통해 일시적으로 자신의 배고픔을 달랠 수 있다. 이렇게 아이의 정신세계 속의 판타지는 신체적으로 경험하게 된다. 이는 생득

12) 판타지(phantasy)는 판타지(fantasy)와 구별된다. 전자의 판타지(phantasy)는 강렬한 욕망 및 감정에 대한 하나의 반응으로서 유아초기의 정신생활을 지배하고, 후자의 판타지(fantasy)는 현실적 논리를 벗어난 상상, 즉 공상을 말한다.

적인 지식이나 어머니 존재나 이미지, 젖을 빠는 능력을 가지고 있기 때문이라고 클라인은 보았다. 아기의 판타지 예를 들어보자.

> "자신의 입으로 빠는 소리를 내거나 혹은 자신의 손가락을 빠는 아기는 자기가 실제로 젖가슴을 빨고 있다고 상상하거나, 혹은 자신 안에 좋은 젖가슴을 가지고 있는 것처럼 상상한다."(Clair & Wigren, 2009, p. 62)

유아들은 이런 판타지화된 대상과 감정을 실제로 발생한 것처럼 극도로 생생하게 느끼는데, 이는 현실과 판타지를 구분하지 못하기 때문이다. 그리하여 이 단계 유아들은 모든 불쾌감과 좌절에 대해서도 적대적인 세력이 자기를 공격한다고 느낀다. 유아의 격렬한 두려움과 같은 유사 감정들은 정신질환자가 보이는 혼란한 내적 세계와 비슷하다. 그러나 클라인은 유아가 정신증 환자가 아니며, 유아에게 나타나는 이 혼란스런 내적 판타지 세계는 정상적인 것임을 분명하게 밝히고 있다.

4) 대상관계의 형성

프로이트의 욕동 혹은 추동(drive) 모델에서는 욕구충족이 우선이며 대상이 어떤 것이냐는 중요하지 않기 때문에 대상 없이도 존재한다. 그러나 클라인에게 추동이란 근원적으로 대상을 향한 관계적인 것이었다. 예컨대, 엄마의 젖가슴에서 젖을 찾는 아기는 배고픔을 채워서 얻게 되는 쾌락 때문만은 아니라, 젖가슴과 만족이나 박탈과 같은 관계를 경험하는 것으로 보았다.

(1) 부분대상과의 관계

생애 초기단계의 아기의 대상은 부분대상(part-object)이다. 아이의 자아 발달과 지각 능력은 미성숙한 상태여서 한 번에 한 부분에만 관심을 둘 수 있다. 아기는 엄마를 전체로 보지 못하고 부분만을 지각할 수 있으며, 그 첫 번째 부분대상은 엄마의 젖가슴이다. 아이는 처음에는 젖가슴과의 관계에게 '만족' 아니면 '거절이나 박탈'만의 느낌을 경험한다. 다시 말해, 젖가슴과의 관계를 만족한 좋은 것(goodness)으로, 아니면 거절이나 박탈당한 나쁜 것(badness)으로 양단(兩端)의 느낌을 갖게 된다. 부분대상에는 젖가슴 외에 자신이나 타인의 신체 일부나 무생물도 포함된다.

아이의 부분대상과 양단간의 느낌으로 관계를 맺는 이러한 경향은 유아가 모든 대상에 대해 맺는 판타지 성격의 비현실적인 관계에 대한 이해를 가능하게 한다. 여기에 심리 기제인 분열(splitting)이 작동한 것으로 볼 수 있다(52쪽 참조).

(2) 전체대상 관계의 발달

생애 초기 부분대상과 관계를 통한 내적 세계는 박해적·적대적이기도 하고 혹은 만족을 주기도 하는, 파편과 같은 부분적인 요소들로 가득 차게 된다. 이 내적 세계는 정신이상 환자의 세계와 비슷하다. 이는 근원적으로 정신적 판타지에서의 본능, 특히 죽음의 본능에서 나온다고 클라인은 보았다. 그러나 점차 발달이 이루어지면서 유아는 전체대상과 관계를 맺게 된다. 이는 그동안 부분대상과 분노, 두려움, 만족 등의 어느 한 가지 감정을 가지고 관계를 왜곡시켜 왔던 것을 줄여나가면서 건강한 발달로 나아간다는 것을 의미한다. 엄마에게 단순히 좋거나 나쁜 하나의 특성만 존재하는 것이 아님을 깨달으면서, 유아는 엄마를 전인적이고 사랑스런 존재로 바라보며, 온전한 전체 인간으로서의 기쁨을 느끼기 시작한다. 이와 같이 엄마라는 온전한 인간에게 기쁨을 느끼게 될 때, 유아는 외부세계에 존재하는 다른 사람들을 인지하게 되고, 그들과 관계를 맺는 유아의 자신감과 능력도 증가한다.

이렇게 유아의 모든 관계는 처음에 엄마의 젖가슴과 시작했던 부분대상과의 관계를 기반으로 세워진다. 유아의 부분대상들과의 감정과 판타지들은 유아의 마음속에 각인되어 생생하게 작동하고, 이후에도 영향력을 발휘할 수 있다. 세상이 너무 위험하거나 혼란스럽다고 느끼는 성인이라면, 타인을 오직 부분대상으로 관계하는 상태로 퇴행한다. 상대방을 통합된 인격체로 보지 않고, 예컨대 단순한 돈을 위한 수단이나 성적 도구로 이용하게 된다.

5) 대상관계 형성을 위한 심리기제

유아는 자신의 강렬한 욕구, 불안이나 두려움과 같은 감정을 조절하기 위하여 다양한 심리기제를 사용한다. 이것이 분열, 투사, 내사, 투사적 동일시 등과 같은 기제이다. 유아가 생후 처음으로 관계를 맺는 젖가슴에 대해서도 이들 기제를 사용한다.

(1) 분열

유아는 분열이라는 기제를 사용함으로써 자신을 보호하고 안전감을 갖게 된다. 분열(splitting)이란 자기의 감정들과 모습들을 좀 더 다루기 쉽게 나누어 서로 떼어놓는 것을 말한다. 예를 들어 보자. 아기와 엄마 젖가슴과의 관계는 아기가 배부르거나 배고픈 다양한 상태와 관련된 만족, 사랑, 좌절, 증오 등이 공존할 수 있는 복잡한 양상을 띤다. 이러한 관계를 단순하게 '좋은 것(goodness)'(예: 만족과 사랑)과 '나쁜 것(badness)'(예: 좌절과 증오)로 양분하는 분열기제를 사용하여 질서를 가지게 되면, 아기는 불안을 덜게 되어 안전감을 느낄 수 있다.

아기는 젖가슴뿐만 아니라 여러 다른 부분대상에 대해서도 감정이나 상들을 분열시킨다. 따뜻한 느낌의 포대기, 쓰다듬는 손, 미소 띤 얼굴 등과 같은 만족스럽고 사랑스런 좋은 상들, 그리고 차가운 느낌의 포대기, 때리는 손, 화내는 얼굴 등과 같은 좌절을 주고 위협적인 나쁜 상들을 정신적으로 분리한다(아기에게 아직 포대기, 손, 얼굴에 대한 개념은 없다). 이러한 양분은 내부 충동적인 자기 모습들을 조정하려는 아기의 원시적인 방식의 생존전략이다.

이러한 분열은 엄마가 좋은 것과 나쁜 것을 모두 가지고 있다는 것을 이해하기 이전의 시기, 즉 언어 이전의 시기에 기원을 둔 대상과 관계 맺는 방식이다. 정서적 대상항상성(6장 참조)을 가지기 전에는 이러한 동일한 대상에 대해 상반된 감정을 동시에 가지는 양가감정을 가질 수 없기 때문에 세상의 모든 것을 좋은 것과 나쁜 것으로 나누어 지각하게 된다. 그런데 한 대상을 좋게만, 혹은 나쁘게만 보는 자아 상태는 성인이 되어서도 복잡한 경험을 이해하기 위한 방법으로 여전히 남아있다[13].

(2) 투사와 내사

아기는 판타지 속에서 투사와 내사를 통해 자신이 감당할 만한 세상을 만들어간다. 투사(projection)란 실제로는 자신의 감정이나 충동인데, 마치 어떤 대상이 이를 가지고 있는 것처럼 믿는 판타지를 말한다. 투사는 아기 자신이 감당하기 어려운 미움과 나쁜 것을 타인에게 던지고, 자신의 좋은 것 또한 던진다. 예를 들어 보자.

> "아이의 배고픔을 채워주지 않아 좌절감과 미움을 가지게 되면 이를 대상의 탓으로 돌리며, 그 젖가슴은 나쁜 것이라고 믿게 되고, 더 나아가 이 나쁜 젖가슴은 모든 것들을 대표하게 되어 주변 모든 세계는 사악하고 박해하는 것들이라 본다. 반면에, 젖을 잘 먹고 배가 부른 유아는 만족감을 얻어 이것을 대상에게 돌리며 그 젖가슴은 좋은 것이라고 믿고, 이 좋은 젖가슴이 원형이 되어 주변 모든 세계가 좋고 이롭다고 느껴지게 된다."(Clair & Wigren, 2009, p. 64)

내사(introjection)란 외부세계로부터 인식한 무언가를 자기 안으로 끌어들이는 정신적 판타지를 말한다. 따라서 외부세계로부터 비롯된 어떠한 증오나 박탈도 내면으로 들어온 후에는 내적 위험으로 변한다. 비록 유아 외부에 존재하는 것일지라도, 좌절시키는 대상 및 불안의 요소들은 내사를 통해 공포에 떠는 유아의 내적 박해자로 바뀌게 된다. 이는 엄마와 같은 중요한 타인의 온갖 태도, 정서, 행동을 그대로 받아들이고 삼켜버리는 원시적 동일시와 같다.

어린 유아는 자신이 감당할 만한 세상을 만들어가기 위해, 즉 자신을 방어하기 위하여 대상과의 관계로 이루어지는 판타지 속에서 투사 및 내사라는 심리적 기제를 끊임없이 사용하면서 내적 세계를 형성해간다. 유아에게 투사는 내 안에 있는 것인데 이를 바깥에서 오는 것으로 오해하는 판타지이고, 내사는 밖에 있는 것인데 이를 안에 있는 것으로 오해하는 판타지이다.

투사와 내사 모두 자기와 세상 사이에 심리적 경계가 희미해서 어떤 경험이 내부에서 오고 어떤 경험이 외부에서 오는지 구분하기 이전에 '나'와 '세상'이 동등하다는 감각을 가지고 있는 시기에 나타난다. 예를 들면, 배의 이상한 감

---

13) 성인의 분열은 문제와 갈등이 많은 집단인 경우, 내부의 좋은 사람들이 외부의 사악한 무리들과 싸우는 구도를 만들어 적대감을 키운다. 선 대 악, 신과 악마, 민주주의 대 공산주의 등과 같은 대비에서 분열의 이미지를 볼 수 있다(McWilliams, 2008).

각이 배앓이 같은 내부의 아픔인지 혹은 너무 꽉 끼는 기저귀로 인한 외부의 불쾌감인지를 아직 구별할 수 없는 시기를 말한다. 이러한 미분화의 시기로부터 출현하는 투사와 내사를 우리 성인도 내적 갈등과 혼란의 감정으로 불안할 때 종종 무의식적으로 의존하곤 한다.[14)]

(3) 투사적 동일시

유아는 투사와 내사라는 두 과정을 함께 사용하여 자신을 방어하는데 이러한 심리적 기제를 투사적 동일시(projective identification)라 한다. 다시 말해, 투사적 동일시란 유아 자신의 내적 세계의 일부를 떼어내어 외적 대상에 쏟아 놓은 후, 그 대상을 재내면화시켜 관계를 계속 유지·통제하려는 복잡한 판타지 과정이다. 배고픔의 고통에 처한 젖먹이 아기의 젖가슴에 대한 투사적 동일시라는 판타지과정은 다음과 같을 것으로 짐작할 수 있다.

예 1 배고파 우는 아기의 판타지적 투사적 동일시 과정

"배고파 허급지급 젖가슴을 빨지만 젖이 나오지 않아 고통스럽다. 젖가슴은 나에게 먹을 것을 주지 않아 나쁜 것이다. 젖가슴은 나를 공격하고 있다. 나는 기분이 안 좋고, 울어버린다."

위 내용을 해석한다면 다음과 같다. 즉, 아기가 자신의 배고픈 고통스러운 나쁜 느낌을 따로 떼어내어 젖가슴에게 '투사'하여 젖가슴이 나쁜 것이 되고, 그리하여 아기는 자기를 보호한다. 투사된 자기의 일부분과 젖가슴의 결합체는 다시 되돌아 공격하는 것으로 '내사'하여 아기 내부에 존재한다. 그리하여 아

14) 투사 및 내사의 방어기제는 우리가 불안할 때 무의식적으로 사용한다. 그런데 이것이 과하거나 파괴적으로 지속 사용되면 자기에 대한 감각이나 타인에 대한 감각에 나쁜 영향을 준다. 예를 들어보자. 타인에 대해 매우 비판적인 나의 부정적인 자기의 부분이 있음에도 불구하고 상대방에게, "넌 남을 비판하기 좋아해!"라고 투사하면, 상대방은 그런 오해를 받고 취급을 당하기 때문에 분개하고 복수하고 싶은 마음이 생길 수 있어 대인관계에 손상을 초래한다. 또, 상대방의 파괴적인 부분, 예컨대 부모의 나에 대한 심한 학대를 내사하게 되면 학대자의 특성을 취함으로써 무서움과 고통을 극복하려고 한다. 이는 마치 "나는 무력한 희생자가 아니야, 나는 힘 있는 가해자야."라는 생각에 무의식적으로 끌리는 것 같다. 이를 '공격자와의 동일시'라고 일컫는다. 외부에 있는 것을 내 안에 있는 것으로 오해하는 이런 내사는 투사와 마찬가지로 매우 파괴적이라 할 수 있다(McWilliams, 2008). (10장 참조)

기는 기분이 나빠서 울어버린다. 이와 같이 배고픈 아기는 울음을 통해 엄마 젖가슴과의 관계를 계속 유지·통제하게 된다.

예 2 사탕을 먹고 싶어 하는 만 3세 유아의 투사적 동일시 과정

"달콤한 사탕을 먹고 싶은데 엄마가 주지 않아 화가 난 유아는 엄마에게 징징거리고 보채게 된다. 엄마는 참다못해 큰소리로 화를 내고, 마침내 아이는 울어버린다."

<예1>을 좀 더 쉽게 설명하기 위해 <예2>를 제시했다. 만 3세 된 유아의 투사적 동일시는 <예1>에서 아기의 판타지 속의 것이 아니라 현실 세계의 것이다. 유아 자신이 감당할 수 없다고 느껴지는 자신의 일부인 화나는 감정을 떼어내어 이것을 징징거리거나 보채는 방식으로 엄마에게 '투사'하고, 그리하여 엄마는 유아의 투사에 따른 압박감을 느껴 이를 밀어내어 유아에게 되돌려주고자 하는 감정과 충동을 갖게 되어 이를 행동, 예컨대 큰 소리로 화내거나 심지어 회초리까지 들게 되는 행동으로 옮기게 되고, 이런 엄마의 행동을 유아가 '내사'하여 울음을 터뜨리고, 울음을 통해 아이는 후련해지고 불안에서 벗어난다. 이와 같이 사탕을 원하는 아이는 울음을 통해 유아-엄마의 관계를 계속 유지·통제하게 된다.

이러한 투사적 동일시 과정에서 특징적인 것은 유아 자신을 방어하기 위한 이 심리적 기제가 무의식적으로 발생한다는 점과 조종과 통제권이 포함된다는 점이다. 조종과 통제권이란 유아가 징징거리거나 보채어 엄마가 유아 자신에게 화를 내어 공격하도록 부추기고 조종한다는 뜻이며, 이로서 유아 자신의 울음은 정당화된다. 만약 유아가 이와 같은 방어기제에 내포된 조종과 통제권, 바꾸어 말해 투사적 유도성에 너무 오랜 동안 집중적으로 매달려 그 관계를 유지하고 통제하려고 한다면, 이는 병리를 가져올 수 있다. 이 방어는 분열과 함께 '경계선' 성격 조직의 핵심적 특징이다(10장 참조). 여기에 성인 역할의 중요성이 강조된다. 부모나 교사는 투사적 동일시 대신 아이가 현실을 다루는 다른 방법들로 대체하도록 그 방법을 강구해야 한다.

2 클라인의 자아 발달상의 두 자리

프로이트가 발달이란 본능적 에너지가 신체를 통해 스스로를 드러내는 것이라고 이해하여 구강기, 항문기, 남근기(혹은 오이디푸스기) 등으로 설명하였다. 그러나 클라인은 발달을 관계적인 측면에서 바라보았다. 즉, 자아 발달상의 두 자리(편집-분열 자리, 우울 자리)에서 독특한 불안이 어떻게 경험되고 다루어지는지를 관계 차원에서 설명하고 있다. 여기서 자리란 대상관계가 발생해서 성숙해지는 발달의 단계로 이해할 수 있고, 불안이란 편집-분열 및 우울이라는 각 자리에 따라 고유한 불안인 '박해불안'과 '우울불안'을 말한다(Cashdan, 2005; Gomez, 2008).

1) 편집-분열 자리

첫 번째 발달적 자리(position)는 편집-분열 자리이다. 이러한 명칭은 출생과 출생 후 초기 삶의 특징적인 경험인 '편집'과 심리기제인 '분열'을 반영하고 있다. 다시 말해, 생애 초기 아기는 자궁의 안전감 상실과 탄생의 고통으로 학대와 공격을 받는다는 '편집'[15)]의 경험을 하게 되고, 이를 다스리려고 아기는 첫 대상인 젖가슴과 접촉하면서 '분열'을 사용하게 되므로, 편집-분열 자리라 명명했다.

(1) 박해불안

편집-분열 자리의 주된 특징은 박해불안이다. 아기의 박해불안은 이전의 자궁 속에서 전적으로 좋은 것을 누린 것에 대한 대가나 정체불명의 사악하고도 위협적인 외부 힘(예: 태어나면서 좁은 산도를 거치면서 받는 고통, 외부 환경의 시끄러움, 환한 불빛 등)에 영향을 받는다. 그런데 무엇보다 아기가 젖가슴

15) 편집(偏執)이란 용어자체는 어떤 일에 치우쳐 고집한다는 뜻이다. 그런데 클라인의 '편집'은 아기가 태어나면서 자궁의 안전감 상실과 탄생의 고통으로 학대와 공격을 받는다는 느낌에 머물러 집착하는 것을 의미한다.

에 투사하는 죽음 본능인 파괴적인 충동이 되돌아오는 데서 가장 강력하게 박해불안이 일어난다고 클라인은 보았다. 다시 말해, 아기는 젖가슴이라는 부분 대상과 관계를 형성하면서 죽음 본능인 파괴적 충동을 젖가슴에 투사하는 판타지, 예컨대 젖을 흡혈귀처럼 빨고 깨물고 삼키고 붕괴시켜버리는 공격적인 판타지에 대해 젖가슴이 이와 동일한 방식으로 자신을 공격할 것이라고 느낀다고 클라인은 여겼다. 이러한 공격적인 두려운 상의 내사가 걱정과 불안을 만들어낸다는 것이고 이는 의심의 여지가 없는 것으로 보인다(앞의 주요개념에서 '죽음의 본능' 참조).

(2) 불안 대처방식

이러한 불안에 대처하는 방식으로 아기는 우선적으로 분열을 시도해서 감당하려 한다. 자기 자신의 증오나 공포 등의 나쁜 것(badness)을 떼어내고 이것을 투사하여 추방함으로써 대상의 좋은 것(goodness)을 간직하게 된다. 이렇게 불안을 대처하는 분열(splitting)이라는 심리기제의 사용은 아기가 첫 번째로 대상관계를 형성하는 방식이며, 투사라는 심리기제 또한 대상관계 형성 방식이다.

다시 말해, 편집-분열 자리에서 발생하는 대상관계는 아기가 젖가슴에 투사하는 공격적인 판타지에 대해 젖가슴이 동일하게 아기 자신을 공격할 것이라는 두려운 상의 내사로 아기가 갖게 되는 박해불안에 대처하기 위해 아기는 분열을 비롯한 투사라는 심리기제를 사용하는 아기-엄마젖가슴의 관계이다. 그리하여 좋은 젖가슴에서 나쁜 젖가슴을 분리시키게 되면 아기는 전적으로 '좋은 것'을 경험할 기회를 갖고 이런 좋은 것을 자기감의 기반으로 받아들일 수 있게 된다. 그런데 나쁜 젖가슴이라는 위협적인 환경, 예컨대 젖이 잘 나오지 않고, 제 때 젖을 못 먹고, 젖이 차갑고, 젖을 충분히 먹을 수 없는 위협적인 환경으로 아기에게 끊임없이 좌절감을 안겨준다면 지속된 파편화로 인해 일관성의 결여를 가져오게 되어 정신병에 이를 수도 있고, 위협적인 세상을 받아들일 수 없어 죽을 수도 있다. 소위 말하는 영아돌연사나 제대로 자라지 못하는 아기들을 그 예로 들 수 있다. 이와 같은 편집-분열 자리는 생애 초기에 발생하고 아이가 성숙해지면서 그 힘이 줄어든다.

2) 우울 자리

두 번째 발달적 자리가 우울 자리이다. 우울 자리라는 명칭은 지배적으로 경험되는 감정, 즉 우울불안에서 비롯된다.

(1) 현실적 통합

우울 자리는 대략 생후 3개월쯤 시작되어 거의 7~12개월 사이에 우세하게 자리 잡고 2년 초까지 지속되다가 점점 사라진다. 이 시기 동안 아이는 심리적으로 빠르게 성장하여 '부분-대상'이 아닌 '하나의 완전한 대상'과 관계를 맺게 되면서 분열된 어머니에 대한 지각을 통합할 수 있게 된다. 하나의 완전한 대상인 어머니와 상호작용하면서 아이는 좋고 나쁨이 동일한 사람에게서 생길 수 있다는 것을 이해하게 되어, 어머니를 좋을 수도 나쁠 수도 있는 더 현실적인 인간 존재로서 경험한다. 그러나 이 시기 동안 편집-분열적 요소는 여전히 남아 있으며, 특히 압박을 받는 상황에서는 이런 요소로 되돌아 갈 수도 있지만, 대개 이전과 다르게 삶에 대한 새로운 시각이 열리게 된다.

(2) 죄책감, 우울불안, 공감 능력

편집-분열 자리에서 현실적 통합이라는 우울 자리로의 이동은 대가 없이 이루어지는 것이 아니다. 편집-분열 자리의 아이는 자신의 죽음의 본능인 파괴적인 충동을 젖가슴에 투사하여 엄마를 해치고 파괴할 수 있다는 판타지에 대해 젖가슴이 자신을 공격할 것이라는 불안에 대처하기 위해 분열기제 등을 사용한다고 앞서 언급했다. 그런데 아이가 젖가슴에 투사하는 공격적인 판타지는 매우 강력한 것이어서 대상이 부재(不在)하거나 상실(喪失)될지 모른다는 두려움을 가져다준다. 이러한 두려움으로 아이는 우울불안을 느끼게 되고, 이러한 우울 불안 이면의 감정은 죄책감이다. 다시 말해, 죄책감이란 결국 이전 편집-분열 자리에서 자신의 죽음의 본능인 파괴적인 충동을 판타지 속에서 투사한 대상이 바로 자신이 가장 사랑하고 필요한 엄마라는 사실에 엄마가 부재 혹은 상실 될 수 있다는 두려움에 따른 죄책감을 말한다. 이러한 죄책감으로 자신을 질책하게 되어 우울불안을 가지게 된다. 그런데 유아는 엄마에 대한 자신의 죄책감을 보상하기를 갈망한다. 그리하여 죄책감은 고통으로만 그치지 않고 엄마를 향한 공감이나 기쁨을 주려는 욕구로 나타나는데, 이는 대상관계가 더 높은 수준에 이르렀음을 의미한다. 엄마의 고통을 함께 슬퍼하는 공감의 능력이나 부모를 기쁘게 하려고 내미는 때 묻은 과자 조각에서 이러한 일면을 읽을 수 있다. 이처럼 죄책감의 고통은 새로운 복구 능력의 근원이 된 것이다. 어머니에 대한 공감능력의 발달을 시작으로 해서 점차 자신의 개인적 흥미 발견과 재능의 발전이 나타나고, 또한 타인 돕기, 사회 기여 등으로 나아가게 된다. 이렇듯 죄책감이라는 손상은 사랑을 통해 복구할 수 있게 된 것이다.

이러한 생애 초기 편집-분열 자리와 우울 자리라는 자아 발달상의 두 자리는 정상적인 것이다. 하지만 초기 편집-분열의 극단적 양상을 나중에 불러일으키면 병리적 현상을 가져올 수 있다. 그 예가 바로 2차 세계대전 때 나치의 대량학살자들의 병리적인 잔인함이다. 이는 학살자들 내부에 잠재해 있던 생애 초기의 살인적이고 가학적인 판타지들이 재가동되도록 해서 원시적 대상관계들을 실제로 보여준 것이라 할 수 있다.

3 클라인 이론과 영유아 정신건강

1) 클라인 이론의 요약

클라인은 0~2세 전 오이디푸스기 유아의 내적 세계를 대상과 관련지어 이해하려고 했다. 이는 프로이트가 0~5세 유아, 특히 3~5세 남근기 유아의 욕동을 강조한 것과는 다르다. 클라인은 자아 발달상의 두 단계인 '편집-분열 자리', '우울 자리'에서 독특한 불안이 어떻게 경험되고 다루어지는지를 관계 차원에서 설명하고 있다. 여기서 불안이란 편집-분열 자리와 우울자리라는 각 단계에 따라 고유한 불안인 '박해불안'과 '우울불안'을 말한다.

다음 [그림 4-1]은 '편집-분열 자리', '우울 자리'라는 생애 초기 발달상의 두 단계는 앞서 설명한 핵심개념들, 즉 대상관계, 죽음의 본능, 판타지, 부분 및 전체 대상, 심리적 기제(분열, 투사, 내사, 투사적 동일시 등), 불안, 죄책감, 공감능력 등에 의해 이해될 수 있다. 화살표는 그 영향을 보여준다.

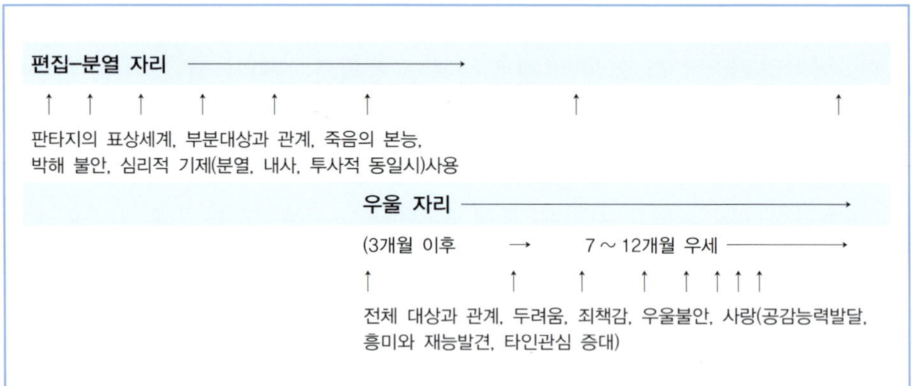

그림 4-1 클라인의 자아 발달상의 두 자리와 관련 개념들

(1) 편집-분열 자리·우울 자리와 불안

편집-분열 자리에서 아이가 겪게 되는 박해불안은 클라인이 강조한 죽음의 본능과 밀접하다. 죽음의 본능이란 아이가 태어나면서 출생의 고통으로 인해 박해받거나 파괴되는 것에 대한 두려움 때문에 출생 이전의 원상태로 되돌아 가려는 판타지 속에서의 자기 소멸로 갈 수 있는 파괴적인 내적인 충동을 말한다. 그런데 아기는 이 파괴적인 충동을 자기로서는 통제 불가능하므로 판타지 속에서 엄마의 젖가슴에게 투사하여 결국 박해불안을 가지게 된다. 다시 말해, 아기는 자신이 젖가슴에 투사하는 죽음 본능인 파괴적인 충동, 예컨대 젖을 흡혈귀처럼 빨고, 깨물고, 삼키고, 붕괴시켜버리는 등의 공격적인 판타지가 자기로 되돌아와서 동일한 방식으로 자신을 공격할 것이라는 판타지 속에서의 박해불안을 가진다. 편집-분열 자리의 아기는 이러한 불안을 감당하기 위해 '좋은 것(좋은 젖가슴)'과 '나쁜 것(나쁜 젖가슴)'으로 나누는 분열이라는 주된 심리기제를 사용하여 '좋은 것'을 경험하게 되면 이는 자기감의 기반이 된다고 클라인은 보았다.

이렇게 생애 초기 아기는 자신의 죽음의 본능인 파괴적인 충동을 젖가슴에 투사하여 엄마를 해치고 파괴할 수 있다는 판타지 속에서의 투사 대상이 바로 자신이 가장 사랑하고 필요한 엄마라는 사실에 엄마 부재(不在) 혹은 상실(喪失)을 가져올 수 있다는 두려움과 함께 자신을 질책하는 죄책감으로 우울불안을 가지게 된다. 이 우울불안이 우울 자리 아이가 가지는 핵심 불안이다. 그러나 이 우울불안의 이면 감정인 죄책감은 새로운 복구 능력의 근원이 된다. 즉, 엄마에 대한 공감, 자신의 흥미 발견과 재능의 발전, 타인 돕기와 사회기여 등으로 나아간다.

요약하면, 편집-분열 자리의 아기는 엄마 젖가슴에 투사한 죽음의 본능인 파괴적인 충동이 되돌아오는 박해불안, 우울 자리의 아이는 자신이 투사한 대상이 엄마라는 사실에 죄책감을 가지게 되어 우울불안을 갖게 된다. 그러나 편집-분열 자리의 아기는 박해불안에 대해 분열기제 등을 사용하여 '좋은 것'을 경험하게 되면 이는 자기감의 기반이 되고, 우울 자리의 아이는 우울불안의 이면의 죄책감을 엄마에 대한 공감 등으로 보상함으로써 새로운 복구 능력의 근원이 된다. 이렇듯 0~2세 아이는 관계 차원에서 자신의 내면세계를 다루어 내적 심리세계의 구조를 형성한다. 이것이 어린 유아의 자아발달에 대한 클라인의 주장이다.

(2) 편집-분열 자리에서 우울 자리로의 발달

유아 자아발달의 첫 편집-분열 자리에서 그 다음 우울 자리가 출현하고 우울 자리가 점차 우세하게 자리 잡으면서 다음과 같은 발달적 특성을 보인다.

첫째, 유아는 점차 부분대상에서 전체대상으로 나아간다. 이는 이전 편집-분열 자리에서 분열된 어머니에 대한 부분대상 지각이 점점 통합되어 전체대상 지각으로 더 높은 수준의 대상관계, 즉 성숙한 상호관계를 위한 길을 제공하게 된다.

둘째, 박해불안이 우울불안으로 대체되어 좀 더 성숙한 상호관계를 위한 단초를 제공한다. 생후 1년쯤 아이는 죄책감을 가지면서 이따금 물러서기도 하고, 슬픔을 표현하기도 하는데 이는 우울불안을 겪고 있는 모습이라 할 수 있다. 하지만 죄책감의 고통은 무엇보다 새로운 복구 능력의 근원이 되어 어머니의 고통을 슬퍼하는 공감능력의 발달을 시작으로 해서 자신의 개인적 흥미와 재능의 발전, 타인 돕기, 사회 기여 등으로 나아간다.

2) 클라인 이론과 영유아 정신건강

클라인의 관점에 따른 영유아 정신건강을 위한 방안은 다음과 같다.

(1) 아이의 우울 자리에서 겪을 수 있는 편집-분열적 요소에 대한 이해

편집-분열 자리에서 우울 자리로의 발달과정에서 이전의 편집-분열적 요소가 여전히 남아 있을 수 있다. 특히 압박을 받는 상황에서 아이는 막무가내로 고립을 부리기도하고, 갈등을 일으키기도 하고, 화를 내기도 하는 편집-분열적 요소의 행동을 보이는가 하면, 또 죄책감에 따른 복구 능력으로 사랑을 표시하는 행동을 번갈아 나타낸다. 이는 일상생활 속에서 각 자리에 겪게 되는 불안이 지속적으로 변동하고 반복하기 때문이다. 이러한 우울자리에서 아이가 겪을 수 있는 편집-분열적 요소를 이해하게 되면 육아에 대한 어려움을 인내할 수 있게 되어 돌봄의 질을 높일 수 있다.

편집-분열의 극단적 요소는 클라인의 어린 유아환자의 관찰에서도 나타났다. 그들의 원시적이고 야만적인 갈등, 극단적인 살인적·식인적인 경향, 그리고 배설과 성적인 욕구들로 가득 차 있는 모습이다. 그밖에 『헨젤과 그래텔』과 같은 수많은 동화책에도 편집-분열적 요소의 극단적 양상이 잘 묘사되어 있다.

(2) 우울한 존재의 안전한 확립

편집-분열 자리에서 우울 자리로 발달하면서 우울한 존재로서의 자신을 좀 더 안전하게 확립하도록 한다. 이를 위해 성인은 좀 더 안전하고 균형 잡힌 아이가 되도록 도와주어야 한다. 엄마에 대한 아이 자신의 파괴적 충동에 따른 죄책감으로 혐오와 경멸로 자신을 공격하는 대신, 자신의 부족함을 수용하고, 자신의 개인적 흥미와 재능을 발전시키고, 가족이나 또래를 도와주는 등과 같은 과제를 수행할 수 있도록 성인이 이끌어 주어야 한다. 복구 능력이야말로 감정적 차원의 핵심적인 성취이며, 또한 건설적인 삶과 창조적 힘의 근원이 된다고 클라인은 보았다.

클라인은 특히 우울 불안이 위기에 처하게 되는 이유(離乳) 경험에 주의할 것을 강조했다. 만약 이유 준비가 되기 전에 이유를 하게 되면 아기는 엄마 젖이나 우유병의 상실에 대해 그저 뭔가를 박탈하는 공격으로 여기거나, 세상이 불안전하다고 느끼거나 적대적이라는 느낌을 강하게 받는다. 이유(離乳)로 이러한 느낌을 받지 않고 엄마 젖이나 우유병의 분리에 대해 타협할 수 있는 충분한 시간을 가질 것을 클라인은 당부했다.

(3) 유아의 투사적 동일시의 원인 해결

유아가 자신을 방어하기 위한 투사적 동일시에 대한 성인의 대처는 매우 중요하다. 무엇보다 그 원인이 성인에게 있을 수 있다는 점에 유의해야 한다. 만약 양육자의 대인관계 행동 유형에 다소의 병리가 포함된 경우라면, 양육자 자신의 내적 투쟁을 아이에게 무의식적으로 투사하게 되어, 자신의 병리에 유아가 순응하도록 압력을 가하게 된다. 예컨대, 엄마가 요구하는 대로 하지 않는다면 "너 같은 아이는 내게 필요 없다."는 위협의 메시지를 아이에게 전달하게 된다.

부모의 위협 속에서 투사대상자가 된 아이들은, 성인에 의해 학대당한 아이들의 이후의 삶에서 자신을 학대자로 만드는 것처럼, 그들이 성인이 되었을 때 위협을 사용하게 된다. 이러한 악순환의 고리를 끊기 위해서는 성인의 자기성찰이 요구되고, 병리 해결이 필요하다. 아이가 투사적 동일시 대신 다른 방법으로 현실을 다루도록 성인은 그 방안을 강구해야 하고, 그 방안으로 성인의 담아주는 역할이 무엇보다 필요하다.

(4) 성인의 담아주는 역할의 중요성

아이의 투사적 동일시에 대해 성인의 담아주는(containing) 역할은 매우 중요하다. 유아의 투사적 동일시로 성인은 자신에게 침입해 들어오는 유아의 힘에 조종당하는 불쾌감을 느끼게 된다. 그래서 그 힘을 밀어내어 아이에게 되돌려 주고자하는 충동을 느끼게 되는데, '날것으로' 되돌려주기 쉽다. 예컨대, "너 왜 징징대니!", "뭘 잘했다고 화내니!", "넌 또 그럴 줄 알았다!" 와 같은 날것으로 반응하기 쉽다. 비온(Bion)은 이러한 반응 대신 "○○가 화났구나!", "○○ 상태를 보니 이유가 있을 것 같은데…", "무엇 때문에 화가 날까?" 등과 같이 아이의 화나 징징대기를 누그러뜨리고 정리하여 되돌려주는, 부모의 아이에 대한 담아주는(containing) 역할을 통해 아이가 자기 자신을 볼 수 있도록 도와야 한다고 강조했다(Gomez, 2008). 이와 관련해서 위니컷은 안아주기(holding)(5장 참조), 코헛은 거울반응(mirroring)의 중요성을 강조했다(7장 참조).

Chapter

5 위니컷 : 충분히 좋은 엄마, 중간대상

도날드 위니컷(Donald Winnicott: 1896~1971)은 영국 출생의 소아과 의사이자 정신분석가였다. 그는 40년간 런던의 아동병원에서 아동과 그의 어머니, 정신이상 환자들을 돌보았다. 이러한 경험을 통한 어머니와 아이에 대한 깊은 이해, 그리고 프로이트와 클라인의 이론은 위니컷의 대상관계이론의 바탕이 되었다.

위니컷은 프로이트와 클라인의 이론을 따르면서도 자신만의 독특한 관점을 발전시켰다. 특히 엄마-아이 간의 관계와 초기 유아의 자기발달에 대한 위니컷의 관점은 코헛을 비롯한 많은 치료자들에게 영향을 주었다. 현재 위니컷은 대상관계이론의 가장 핵심적인 인물로 꼽히고 있다.

위니컷 이론의 개요

소아과 의사이자 정신분석가였던 위니컷은 그 당시 영국 학계에서 개혁적인 존재였다. 위니컷은 어린 유아와 엄마 환경 사이의 관계와 어린 유아의 자기출현 과정에 주목했으며, 엄마 환경이 유아의 자기 발달에 미치는 영향에 대한 새로운 관점을 제시했다. 위니컷이 만들어 낸 '충분히 좋은 엄마', '참 자기와 거짓 자기', '안아주기', '중간대상' 등과 같은 용어들은 위니컷 자신만의 독특한 개념이었다.

위니컷의 대상관계이론은 프로이트와 클라인의 이론이 그 발판으로 작용했다. 하지만 위니컷의 엄마 환경과 아기 간의 관계적인 접근은 프로이트나 클라인의 입장과 달랐다. 프로이트는 본능적인 성적 욕구를 강조했고 클라인은 본능을 대상과 관계 지어 이해했는데, 위니컷은 클라인의 입장에다 엄마 환경의 영향을 포함·확대시켜 균형과 발전을 도모했다.

위니컷의 창조적이고 독특한 엄마 환경과 유아의 자기발달에 관한 그의 이론은 그 당시 많은 치료자에게 영감을 주었을 뿐 아니라 코헛의 이론을 비롯한 몇몇 이론들의 선구적인 역할을 하였다. 특히 대상관계이론에 남긴 가장 그의 뚜렷한 공헌은 중간대상이라는 독특한 개념이다.[16)]

1 위니컷 이론의 주요개념

1) 엄마 환경과 전능성의 판타지

위니컷은 아이의 발달을 위해 엄마라는 환경이 절대적으로 중요함을 강조했다. 출생 초기 '엄마 환경'은 아이의 욕구나 몸짓(gesture)에 거의 100% 정확하게 부응·반응하는 엄마의 '적응(adaptation)'을 말한다. 이렇게 적응하는 엄마 환경, 특히 젖가슴은 아이로 하여금 젖가슴이 자신의 일부라는 환상 혹은 판타지를 가지도록 하고, 유아자신의 마술적 통제 하에 있다는 전능통제의 판타지 혹은 전능성의 판타지를 경험하게 한다. 점차 젖가슴은 따뜻함이나 위로 등을 제공해주는 것으로 거듭거듭 창조되고, 이후엔 엄마 존재로 인식되는 근거가 된다. 그런데 이러한 환상의 창조는 엄마가 실제로 제공하는 것을 아이가 지각함으로서 이루어지는 것이 아니다. 아이가 창조할 준비가 되어 있는 바로 거기 바로 그 순간에, 엄마가 자신의 실제 젖가슴을 위치시키게 되어 아이는 자신의 창조적 능력에 상응해 주는 외적 실제가 있다는 판타지를 갖게 된다. 이렇게 유아의 욕구에 잘 부응해 주는 젖가슴이외 돌봄의 손이나 따뜻함과 같은 엄마 환경이 마치 유아자신의 창조물인 양, 전능성의 판타지를 가지는 것은 유아의 발달에 지대한 영향을 끼친다고 위니컷은 보았다.

2) 충분히 좋은 엄마

위니컷은 아이에게 좋은 환경을 제공하는 엄마의 기능을 기술하기 위해 '충

16) 5장은 Clair & Wigren(2009), Fonagy(2001), Gomez(2008), McWilliams(2008), Winnicott (1997), Winnicott(2001)를 참고했고, 간혹 내용을 발췌하거나 요약하였다. 이들 책 속에 인용된 문헌은 생략했다.

분히 좋은 엄마(good enough mother)'라는 자신만의 개념을 만들었다. 충분히 좋은 엄마란 아이의 발달 시기에 따라 엄마가 아이의 욕구에 적응하고 변화시켜 나가는 엄마이다. 즉, 출생 직후 유아의 욕구나 필요에 능동적으로 적응해 주고, 유아의 자라나는 능력에 맞추어 그 능동적인 적응을 점진적으로 줄여 가는 엄마를 말한다. 다시 말해, '충분히 좋은 엄마'는 삶의 아주 초기의 아기를 엄마가 마치 엄마자신의 일부인 것처럼 아기의 욕구에 거의 완전하게 적응하는 '일차모성몰두(primary maternal preoccupation)'로부터 시작해서, 시간이 지나면서 엄마의 적응 실패를 다룰 수 있는 유아의 능력, 즉 엄마의 적응 실패로 인한 유아 자신의 좌절을 감당하고 견딜 수 있게 되는 능력이 성장함에 따라서 점진적으로 덜 완전하게 적응해 가는 엄마이다. 여기서 일차모성몰두란 아기가 태어나기 전에서부터 시작하여 분만 후 몇 주 동안 지속되는 모성적 마음의 상태, 즉 아기의 안녕에 몰입하고 외부 세계에 대해서는 아주 무관심한 상태를 말한다.

3) 참 자기와 거짓 자기

위니컷은 아이와 엄마와의 관계에서 자기(self)가 발달한다고 보았다. 참 자기와 거짓 자기는 유아가 엄마와 상호작용하면서 발달하는 자기 측면을 가리킨다.

참 자기(true self)란 생생한 생명력을 지닌 자발적인 자기로서 사람들과 진정으로 관계하는 진짜라는 느낌을 가져다주는 자기를 말한다. 참 자기의 발달과 확립은 충분히 좋은 엄마에 의해 길러진다. 아주 어린 유아의 감각운동, 몸짓, 자세 등에 대해 되풀이해서 적응해주고, 그리하여 아기의 전능감을 키워주는 충분히 좋은 엄마의 역할이 중요하게 작용한다. 충분히 좋은 엄마를 둔 아기는 무엇이든지 창조하고 조절할 수 있다는 판타지를 느긋하게 즐길 수 있게 되고, 본능의 만족을 가져오는 신체적 경험, 감정적 일치의 경험, 현실세계에 대한 신뢰와 안전감이 점차 생기게 된다. 이러한 시기를 거치면서 아기는 서서히 전능감을 포기하고 판타지로부터 차츰 벗어나 '나 아닌 세계'인 환경을 발견하게 되고, '나'에 대한 확립과 함께 참 자기 발달을 이루게 된다.

요약하면, 아기의 전능감을 키워주는 충분히 좋은 엄마의 보살핌을 받은 아이는 세상을 신뢰할 수 있는 안전한 것이라 느껴 무서움 없이 사람들과 진정으로 관계할 수 있는 생생한 생명력을 지닌 자율적이고 주체적인 자기, 즉 참 자기를 가지게 되고, 그리하여 살만한 가치를 지닌 진짜라는 느낌을 가지게 된다.

거짓 자기(false self)는 나쁘거나 속이는 자기 속성이 아니라 비주체적인 자기를 말한다. 거짓 자기는 외부 현실에 맞추어 복종하는 자발성 없는 자기이지만 참 자기와 함께 필요한 자기의 부분이기도 하다. 아주 어릴 때 충분히 좋은 엄마가 존재하지 않아 아기의 전능감에 부응·충족해 주지 못해 거짓 자기가 생겨난다고 위니컷은 보았다. 엄마의 욕구에 마지못해 응낙·반응하는 거짓 자기는 엄마의 욕구가 아이 자신의 욕구보다 우선하는 결과 나타난 것이다. 거짓 자기는 자발적인 행위를 하지 못하고 환경의 요구에 어쩔 수 없이 반동적으로 응대하기 때문에 참 자기가 가진 자발성과 생생한 느낌을 가지지 못하고 살만한 가치가 없다는 헛된 느낌을 가져다준다.

요약하면, 거짓 자기는 나쁘거나 속이는 자기가 아닌 비주체적인 자기를 말하며, 참 자기와 더불어 필요한 자기이다. 거짓 자기는 아주 어린 시기에 충분히 좋은 엄마의 보살핌이 없어서 전능감을 충족시키지 못해 세상에 대한 안전감을 느낄 수 없게 되어, 아이의 자기는 외부현실에 맞추어 복종하는 비주체적인 자기의 속성을 지니게 된다.

4) 중간대상

위니컷이 대상관계이론에 남긴 가장 뚜렷한 공헌은 중간대상이라는 독특한 개념이다. 중간대상 개념과 관련된 중간영역과 중간현상부터 살펴보도록 하자(Winnicott, 1997).

(1) 중간영역과 중간현상

인간은 일반적으로 두 영역의 세계에서 살아간다. 하나는 인간의 주관적 삶을 이루는 '내적 정신세계' 영역이고, 다른 하나는 두 사람 이상이 공통으로 지각하는 '외적 객관적 세계' 영역이다. 그런데 위니컷은 이들 두 영역을 완충할 수 있는 제3의 영역, 즉 중간영역(transitional area)을 가정했다. 이 영역은 내적 정신세계 및 외적 객관적 세계 영역과 분리를 유지하면서도 동시에 관련을 시켜야 하는, 개인을 위한 쉼과 휴식의 장소로 존재하는 영역으로 여기서 중간현상이 나타난다.

유아의 경우, 중간영역은 내적 정신세계인 전능통제의 환상세계와 실제 외적 세계의 사이를 말한다. 다시 말해, 아이-엄마의 초기 융합상태의 전능통제 환상 세계와 어머니로부터의 독립 추구 사이의 상대적인 의존[17] 상태의 영역을 말한다. 그리고 중간현상(transitional phenomena)이란 이러한 중간영역에서 발생하는 불안이나 두려움을 다루는 현상을 말한다. 예컨대, 유아들은 엄마의 보살핌 속에서 간간히 홀로 남겨질 수도 있는데, 이때 특정 물체나 소리와 같은 중간대상을 가지고 불안하고 두려운 마음을 달래게 되는데 이를 중간현상이라 한다. 이러한 현상은 유아가 4~6개월, 8~12개월에 나타나기 시작하고, 유아기 이후에도 다시 나타날 수 있는데, 이는 이전에 받았던 사랑이 박탈당하게 될 위험에 처하게 될 때이다.

(2) 중간대상

① **중간대상의 개념** : 중간대상(transitional object)은 유아가 갖게 되는 최초의 소유물로서, 엄마로부터 분리해 가는 과정에서 사용하는 담요나 인형과 같은 부드러운 소품, 장난감 등을 가리킨다. 특히 잠들려고 할 때나 불안이나 두려움을 갖게 되는 스트레스 상황에서 필요로 한다. 중간대상은 유아가 손에 쥐고 어루만질 수 있는 실제 외적 대상이자, 유아에게 위안도 주고 친구가 되기도 하고, 혹은 유아를 달래주기고 하는 내적 대상이라 할 수 있다.

② **중간대상의 심리적 의미** : 중간대상은 외부적으로 자신과 분리된 엄마를 상징하면서, 동시에 내적으로 하나로 결합된 엄마를 상징한다. 그래서 중간대상을 지닌 유아는 엄마와 자신이 하나라는 느낌을 가짐으로써 엄마와의 분리를 완화시킨다. 그리하여 더 이상 부정할 수 없는 분리감과 엄마와 하나라는 착각이 주는 안도감 사이에서 휴식하게 된다.

---

17) 위니컷에 의하면, 아기가 엄마 환경에 절대적으로 의존하는 생후 6개월까지의 엄마와의 초기융합상태를 '절대적 의존'의 시기라 했고, 생후 6개월쯤 유아가 엄마로부터 분리되어 있음을 어렴풋이 인식하기 시작해서 생후 2년에 엄마와의 분리를 비로소 깨닫게 되는 그 사이를 '상대적 의존' 상태의 시기라 했다.

중간대상은 안도감이나 위안이외 유아에게 자율성을 준다. 엄마는 실제로 자신의 통제 밖에 있지만 중간 대상은 자신의 통제 아래 있기 때문이다. 중간대상을 온몸으로 비벼대면서 사랑하고, 간혹 잔인한 공격을 퍼붓는 유아의 행동에서 자율성을 엿볼 수 있다. 유아는 중간대상이 주는 의미와 가치를 유지하고 싶어 하기 때문에 그 자신에 의해서가 아니면 어느 누구도 냄새나 형태를 변화시키면 안 된다. 세탁으로 인형 특유의 냄새나 색깔 혹은 형태가 변질되는 것을 참지 못하는 아이를 흔히 볼 수 있다.

이와 같이 엄마와 자신과 분리된 사람이라는 것을 깨닫고 어머니를 놓아주기 위해 분투하면서도 안정감을 얻기 위해 아이가 잡고 있는 대상이 바로 중간대상이다.

③ **중간대상의 의미 상실과 중간현상의 확산** : 유아는 애착을 갖는 중간대상들로부터 계속 위안을 받지만, 대체로 중간대상에 대한 흥미는 2~4세경에 사라진다. 중간대상의 운명 역시 침대 밑이나 구석방에 처박히게 된다. 중간현상이 확산되면서 중간대상이 잊혀 지기보다는 그 의미를 상실하기 때문이다.

중간현상의 확산이란 내적 정신세계와 외적 객관적 세계 사이에 있는 중간영역 전체, 즉 문화전반의 영역으로 퍼지게 된다. 즉, 놀이의 영역, 예술 창조와 감상의 영역, 종교의 영역, 꿈의 영역 등으로 확장된다. 예컨대, 십 대들의 놀이 추구, 음악이나 영화에 대한 관심, 다양한 창조적 활동에의 몰두 등은 중간현상의 확산으로 들 수 있다.

중간대상 특성을 정리하면 다음과 같다(Winnicott, 1997).

- 중간대상의 현상은 4~6개월, 8~12개월 사이에 나타난다.
- 중간대상은 소리, 재질, 움직임, 온기와 같이 관계에 영향을 미치는 특성을 가지고 있다.
- 중간대상은 아이가 부여하는 의미를 통해서만이 상징적인 힘을 가지고, 복사하거나 대체 할 수 있는 성질의 것이 아니다.
- 중간대상은 엄마이면서도 엄마가 아니라는 점에서 중요한 의미를 지닌다. 이는 아이가 상징을 창조하고, 환상을 가지고 놀고 사고하기 시작했음을 뜻한다.
- 아이가 엄마와 연결됨과 동시에 엄마로부터의 분리를 당연하게 받아들일 수 있게

되면 중간현상은 점차 사라진다.

- 중간대상은 천천히 가장자리로 물러나 침대 뒤나 선반 위에 남겨지게 되는 과정을 겪게 되는데 이는 유아가 의식적으로 포기하거나 잃어버리는 것이 아니다. 이제 아이에게 중간현상의 확산의 기회가 주어지게 되어 단일 대상에서 벗어난다. 더 넓은 중간 영역의 경험, 즉 언어, 놀이, 문화, 예술, 종교 등 문화전반의 영역을 경험하게 된다.
- 성인이 되어서도 중간대상과 유사한 특별한 대상을 가지고 있다. 예컨대, 즐겨 쓰는 컵, 익숙한 의자, 작가의 펜, 음악가의 악기 등은 논리적으로는 설명할 수 없는 친밀감을 준다. 이것들은 우리 안에 소중하게 남아 있고 우리가 본래 느꼈던 융합의 유물이라고 할 수 있다.

2 위니컷의 유아발달에 대한 관점

1) 유아 발달

위니컷이 제시하는 유아 발달[18]은 엄마에 대한 절대적 의존에서 시작하여 독립을 향해 나아가는 성장 과정이다. 이는 원초적인 무통합(unintegration)의 상태에서 구조화된 통합(integration)[19]으로 나아가면서 나타나는 자기의 발달과 인간관계적 성장을 뜻한다. 이는 프로이트가 제시한 개인의 본능적 삶의 과정이 아니다. 위니컷은 다음과 같이 '절대적 의존', '상대적 의존', 그리고 '독립으로 향함'으로 유아 발달의 범주를 나누었다. 이들 단계들은 엄마 돌봄의 특성과 밀접하게 관련된다(Clair & Wigren, 2009; Gomez, 2008).

18) 위니컷에게 발달이란 곧 자아의 발달을 의미했고, 자아란 적절한 조건하에서 하나의 단일체로 통합되어 성장하려는 인간 성격의 한 부분이라 여겼다. 프로이트가 자아를 원초아로부터 나오는 것이라 했지만, 위니컷은 자아 이전의 원초아는 없으며, 자아는 삶이 시작되면서 존재하고 자기가 출현하기 훨씬 이전에 그 모습을 드러낸다고 보았다.

19) 통합(integration)이란 아기가 하나의 개별체로서 점차 조직성을 증가시켜 나감을 뜻하고, 이는 아기가 출생부터 하나의 온전한 전체로서 출발하지 않는다는 것을 의미한다.

(1) 절대적 의존

생후 6개월까지 유아는 발달의 첫 번째 범주인 절대적 의존(absolute dependence)의 상태에 있게 된다. 이 시기 유아는 자기 내면의 '나'와 밖의 '나 아닌 세계'가 구분되지 않는 무통합의 상태이다. 이 시기 동안 아기는 엄마 환경에 절대적으로 의존해 있다. 특히 삶의 최초 몇 주 동안 '일차모성몰두' 상태에서 엄마는 아기가 마치 그녀 자신의 일부인 것처럼 아기에게 몰두하게 된다. 절대적 의존 상태의 유아에게는 자신과 환경이 하나로 인식되고 엄마의 돌봄을 알아차리지 못한다. 엄마는 유아의 본능적 욕구에 완벽하게 맞춰주고, 현실이 유아를 침범하지 못하도록 막아주는 '안아주기'를 통해 아기는 전능성의 판타지, 즉 자기애적 전능감을 가지게 된다.

위니컷에 따르면, 정신병은 삶의 가장 초기의 절대적 의존의 기간에 자기 형성을 위한 보살핌을 받지 못한 것이 주된 원인이다. 위니컷은 이러한 보살핌의 부재를 '결핍(privation)'이라 했고, 아이가 제대로 발달하기 위해 반드시 보살핌의 환경적 요소가 필요하다고 거듭 강조했다. 자기와 환경의 변별이 불가능한 절대적 의존의 시기에 결핍으로 인해 아기가 느끼는 상처는 자신이 반응조차라도 할 수 있는 그런 외적인 것이 아니고, 자신의 주관적 세계를 장악하는 외상이다.

(2) 상대적 의존

생후 6개월에서 2년까지 유아는 상대적 의존(relative dependence) 상태에 있게 된다. 이 시기 동안 엄마-유아의 상호관계의 변화가 일어나게 된다. 아이는 엄마로부터의 분리를 인식하기 시작하고 엄마 역시 아이의 요구에 대한 적응을 점차 줄이면서 독립적이 되어간다. 그 결과로 유아는 불안해지고, 아이러니하게도 엄마가 자신에게 필요한 존재라는 것도 의식하게 된다.

위니컷에 의하면, 상대적 의존의 기간 동안 유아는 점진적으로 통합을 달성한다. 하나의 단일화 된 자기, 안과 밖을 가진 온전한 인간, 몸이라는 신체 안에 살고 있는 하나의 인간이 된다. 유아의 자기 내면에는 개인적 심리 현실이 위치하며, 밖은 '나 아닌 세계'가 되어, '나'의 확립을 이루게 되고, 이때 참 자기의 발달도 이루어진다. 이러한 유아의 통합은 충분히 좋은 엄마의 '안아주기'와 '다루기'에 의해 촉진된다.

안아주고 다루어주는 환경 속에서 유아의 감각, 즉 '누군가가 나를 보고 있고, 내가 존재하는 것을 이해하고 있고, 나를 하나의 존재로 인정하고 있다는 증거가 분명히 있다'는 유아의 감각이 존재하게 된다. 특히 유아에게 거울같이 반영해 주는 엄마 환경은 아기의 존재를 일깨울 수 있고, 자기의 부분 조각들을 통합시켜 심리적으로 한 인격을 이루는데 기여한다. 이는 이후 코헛이 '거울 반응'을 도입하는 선구적 역할을 하였다(7장 참조).

(3) 독립으로 향함

아이는 계속 넓어지는 환경 속에서 분리된 개인적 존재로서의 진정한 독립(independence)을 추구한다. 점차 지적 발달이 이루어지면서 실제적인 타인의 도움 없이도 스스로 행동할 수 있는 수단을 계발시키고 점차 홀로 있을 수 있게 된다. 이전의 삶의 초기는 아기와 엄마라는 '두 사람 관계(two-body relationship)'가 존재하다가 오이디푸스기에 이르러 '세 사람 관계(three-body relationship)'가 우세해진다. 위니컷은 이 세 사람 관계가 확립되면 홀로 있을 수 있는 능력이 생긴다고 보았고, 그 전제조건은 아기가 충분히 좋은 엄마의 돌봄을 통해 환경이 우호적이라는 신념을 획득해야만 가능하다고 보았다. 따라서 아이가 홀로 있을 수 있다는 것과 아이의 마음속에 좋은 대상이 존재한다는 것은 매우 밀접하다. 유아의 독립 추구는 사춘기를 거쳐 계속된다.

2) 엄마 돌봄의 방식

아이가 자신을 개인적 존재로서의 독립된 사람임을 인식하기 위해서는 이전에 자기와 환경의 변별이 불가능한 미분화기에 엄마 환경의 역할은 매우 중요하다. 이 시기의 아이들이라고 해서 신체적 만족만을 추구하는 존재는 아니다. 엄마 환경 없이는 스스로 어떻게 할 수 없는 불안감을 인식하며, 이러한 극단적인 불안으로부터 아이를 보호하는 '안아주기', '다루기', '대상제시하기'의 엄마 돌봄의 중요성을 위니컷은 반복 강조했다.

(1) 안아주기(holding)

① **안아주기의 개념과 기능** : 충분히 좋은 엄마는 아기의 수많은 혼란스러운 경험으로부터 아기를 감싸서 신체적으로 보호해주고, 정서적으로 반영해 주는 엄마다. 안아주기는 엄마의 모습, 예컨대 먹이고, 아이를 움직이고, 이야기 걸어주고, 반응하고, 아이의 욕구와 경험을 이해하는 등과 같은 모습에서 나타난다. 엄마는 이때 갑작스러운 움직임, 큰 소리, 눈부신 빛, 신체적 고통과 아픔 등이 유아에게 주는 충격을 미리 감지해서 이들에 대해 유아가 자신의 존재를 닫아 버리지 않고도 스스로 다룰 수 있을 때까지 보호하다가 조금씩 이들 자극을 점진적으로 경험하도록 유도해야 한다.

이와 같이 안아주기란 아기를 신체적으로 보호해주면서 거울 같이 정서적으로 반영해 주는 것이며, 그리하여 아기의 존재를 일깨울 수 있게 된다. 즉, '쳐다보니 엄마가 나를 보고 있네. 그래서 내가 존재하는 거야.'이다. 그런데 아기가 엄마의 얼굴을 쳐다볼 때 엄마의 모습은 바로 아기 자신이다. 예컨대, 엄마가 아기를 보며 즐거워하면 아기 역시 엄마의 즐거움을 보게 되며 자신도 즐겁다고 느낀다. 이는 아기가 엄마의 얼굴을 보는 것은 거울을 보는 것과 같아서 아기는 거기서 자기 자신을 보게 되어 자신의 존재를 일깨우게 된다.

아주 어린 시기 유아는 자신을 환경과 구별하지 못하기 때문에 엄마라는 환경과 융합되어 있고, 이 환경이 아주 절대적인 역할을 한다. 엄마의 안아주기 환경은 외부의 '침범(impingement)', 즉 유아 스스로는 어떻게 할 수 없기 때문에 외부와의 단절감을 유발하거나 소멸감을 느끼게 하는 침범을 최소화하고, 유아를 하나의 인간으로 존재하도록 이끌어 준다.

② **안아주기와 통합·파편화** : 안아주기는 '통합(integration)'을 촉진시켜 유아가 하나의 단일한 자기, 즉 유아의 심리적 부분들을 하나로 모아 신체 안에 존재하는 하나의 온전한 인격이 되도록 이끈다. 통합의 반대는 심리적 '파편화(disintegration)'라 하며, 절대적 의존기에 엄마의 안아주기 실패가 그 원인으로 작용한다. 다시 말해, 파편화란 엄마의 안아주기 실패로 인해 아기의 불안을 극복하도록 해 주는 자아 지지가 부재한 상태에서 생기는 혼란의 산물이다.

③ **안아주기와 멸절** : 그러나 엄마가 안아주기를 제공하지 못할 때 유아는

충격과 반발 속으로 내쳐진다. 유아는 견딜 수 없는 상태에서 위협만을 인식하고 온 힘을 다해 싸우는 '멸절(annihilation)'의 경험을 하게 되는데, 이는 그야말로 막막한 원초적 고뇌 상태다. 즉, 세상에서 완전히 고립되고, 산산이 조각나고, 영원히 떨어지며, 세상에서 방향성을 잃고, 의사소통 수단 하나 없고, 신체 감각이 없는 상태이다. 이 상태에서 유아는 진실로 살아 있음을 느낄 수 있는 통일된 존재감과 연속성을 가질 수 없게 된다. 이러한 상태를 자주 겪게 되면 아동이 되었을 때 현실감을 잃고 '산산이 부서질까 봐' 두려워하게 되고, 고통 받는 내면을 드러내는 대신 '거짓 자기'로 '참 자기'를 숨겨서 복종하고 잘하는 겉모습만 보여주게 된다. 이는 후에 정신병적 불안으로 나타나는 공포로 이어질 수 있다. 정신병자는 부분적으로만 자신을 경험하고, 마치 다른 사람인 것처럼 행동하며, 일관성과 자기연속성, 통합된 정체감을 가지지 못하는 사람이다(171쪽, 각주 34 참조).

(2) 다루기(handling)

① **다루기와 개인화** : 초기 미분화된 관계에서 두 번째 돌봄의 측면은 엄마의 아이 다루기에서 나타난다. 다루기란 유아의 자아와 몸이 확고하게 연합되도록 엄마의 민감하고도 부드러운 손길로 아기를 만지고 얼러주는 것이다. 이러한 신체에 대한 세심한 배려는 자아가 아이의 몸 안에 자리 잡도록 하여 아이의 자아 기반인 신체 자아(body ego)를 촉진시키게 된다. 다시 말해, 세심하고도 민감하게 아기의 신체를 부드럽게 다루어주면 아기의 자아는 몸, 몸 기능, 몸 감각과 연결되어 '개인화(personalization)'를 가져오고, 나아가 정서세계를 연결할 수 있게 해준다. 그리하여 유아는 자신의 신체와 정서적 세계인 마음이 참 자기의 삶 안에서 서로 연결·통합되어 개인적인 것이라는 경험을 하게 된다.

② **다루기와 비개인화** : 어떤 유아는 신체적인 민감한 배려를 받지 못해 자신의 자아와 몸 사이의 확고한 연결이 상실될 수 있다. 이는 자기가 자신의 몸과 멀어져있다는 아주 낯선 느낌의 비현실감을 초래해서 유아는 자기가 신체적이기보다는 실체 없이 진공 속을 부유하는 것만 같은 느낌을 가지게 된다. 이러한 자아와 몸 사이의 연합이 상실된 '비개인화(depersonalization)'는 신체

를 포함한 세상과 특별한 연계성을 느끼지 못하는 방향 상실과도 같다. 최악의 상황에서는 무엇이 기쁨이고 절망인지, 무엇이 안이고 밖인지, 무엇이 앞이고 뒤인지를 구별하지 못하는 상태, 즉 모든 것이 희미하고 서로 연결이 끊어져 있는 상태까지 이르게 될 수도 있다.

(3) 대상제시하기(object-presenting)

① **대상제시의 방법** : 이는 위니컷이 엄마 돌봄의 세 번째 측면이라고 지적했고, 이는 엄마가 외부 세계를 유아에게 가져다주는 방식이다. 대상제시가 잘 이루어지면 유아는 수용하고 탐색할 준비를 할 수 있게 되고, 엄마는 어느 정도 유아의 독립성을 허락해 주게 된다. 예를 들어보자. 젖을 먹이는 민감한 엄마는 유아가 젖이 자기 앞에 있다는 것을 알아차리기 전에 젖꼭지를 아이 입에 들이밀거나 유아가 견딜 수 있는 것보다 너무 오래 유아를 기다리게 하지 않는다. 대신, 유아가 젖이나 젖병을 찾도록 유도하거나 찾기 시작할 때 젖을 준다. 마찬가지로 장난감을 제시할 때도, 유아가 장난감을 발견하고 웃을 때 거기에 반응해 준다. 이를 통해 유아는 자신의 노력으로 변화와 만족을 가져왔다고 생각하게 되고, 마치 자신이 세계를 창조하고 대상들은 자신의 마술적인 통제 아래에 있다고 느끼게 된다.

② **대상제시의 문제** : 대상제시의 문제는 초조한 엄마, 우울의 고통을 겪는 엄마, 자신에게만 몰두하는 엄마를 둔 아기의 경우에 나타난다. 이들 아기는 현실적인 자존감을 발전시키는 데 어려움을 겪게 된다. 초조한 엄마, 예컨대 배고파하기도 전에 밥 주는 엄마, 잠에서 깨기도 전에 들어 올리는 엄마, 놀아주기 원하지 않을 때 놀려고 하는 엄마 등을 둔 아기는 자율성을 침해받아 자신의 노력 없이도 세계가 자신의 욕구에 맞춰 돌아갈 것이라고 기대하게 된다. 유아는 타인이 자신을 조종하거나 압도시킬까봐 두려워하고 자신의 개인 영역을 개발하지 못하게 된다.

우울의 고통을 겪거나 자신에게만 몰두해 있는 엄마는 유아의 요구에 맞추거나 충분히 반응하지 못하는 엄마이다. 이들 엄마의 유아는 세계가 자신을 이해하고 공감해 줄 것이라고 기대하지 않는다. 그래서 자신이 실제로 원하는 것을 표현하기보다는 다른 사람의 요구에 맞추는 '거짓 자기'의 관점으로 세상과 관계하는 데서 더 안정감을 느낀다.

③ **대상제시의 심리적 의미** : 유아의 상태에 맞춘 방식으로 대상과 경험을 제시한다는 것은 유아 삶의 초기에 전능성에 대한 확신과 아울러 현실에 대한 각성 또한 하도록 한다. 유아는 일치감과 세상에 대한 신념을 개발하고, 그럼으로써 타인과 자신이 연결되어 있으면서도 분리되어 있다는 인식을 기를 수 있다. 유아는 자신이 먼저 다가가 관계를 맺고 세상을 변화시킬 수 있다는 자신감을 얻게 되고, 그리고 세계가 자신을 이해하고 자신에게 관심을 가진다는 기대를 하게 된다.

대상제시의 실패는 유아가 사람들로부터 분리·고립되어 있다는 믿음을 초래한다. 이것은 스스로는 물론 어느 누구와도 의사소통을 할 수 없다는 원시적인 고통을 가져다주고, 불신과 공허와 외로움을 안겨준다. 다른 사람과 관계를 맺는 것이 소용없어 보이면, 혼자서 모든 것을 수행하는 것이 더 낫다고 느끼거나 충분하다고 느끼게 된다.

3 박탈과 비행

위니컷이 지적한 서구사회 1940~1950년대 사회현상 가운데 한 가지가 오늘날 우리의 것과 크게 다르지 않다. 오늘날처럼 그 당시도 아기가 엄마와 긴밀한 유대관계를 가질 기회가 별로 없었다. 위니컷의 박탈과 비행이라는 주제의 심도 있는 내용은 우리에게도 많은 시사점을 주고 있다(Gomez, 2008; Winnicott, 2001).

1) 박탈

어린 시기 박탈은 거짓 자기의 출현과 더불어 상실과 혼란을 낳도록 하며, 이는 비행으로 연결될 수 있다.

(1) 결핍과 박탈

결핍(privation)이란 절대적 의존 상태에 있는 아기가 '충분히 좋은 엄마'의 보살핌이 없어서 안전감과 신뢰감을 형성할 수 없는 환경을 말한다. 이러한 결핍의 환경 속에 있는 아이는 전지전능의 환상을 벗어나 그 이상으로 성장하지 못한다. 이런 아이들은 안정적이고 일관성 있는 자기감이나 자기 통합을 갖는 데 어려움을 겪는다. 또한 사람과의 관계에서도 통합적 관점도 가질 수 없다. 즉, 엄마를 지각하면서 사랑과 미움이라는 상반된 감정이 한 사람으로부터 나온다는 것을 통합시키지 못하고, 자기 주변의 가족이나 집단에 대한 느낌 또한 없으며, 타인에 대한 책임감도 느끼지 못한다. 이 모든 것은 충분히 좋은 엄마와의 긴밀한 유대가 없었기 때문이다.

유아가 엄마와의 분리감을 인식할 수 있을 즈음, 결핍(privation)으로 인해 관계에 실패하고, 배려[20]하는 능력 개발이 힘들어지면, 엄마나 외부세계에서 오는 상실감은 아이가 견딜 수 있는 것보다 더 오래 지속하게 된다. 그리하여 결국 엄마나 세상에 대해 가지고 있는 자신의 신념이 깨지게 된다. 이러한 상실감을 박탈 혹은 박탈감(deprivation)이라 한다. 박탈감으로 인해 아이는 절망감이라는 고통에 빠지게 되고, 자신을 잡아주는 사람 없이 상실과 혼란의 내적 붕괴를 경험하게 된다.

(2) 박탈감과 거짓 자기

박탈로 인해 상실과 혼란의 내적 붕괴라는 재앙이 오기에 앞서 거짓 자기가 나타난다. 스스로의 욕구보다도 외적 욕구에 적응할 수 있도록 복종하는 '거짓 자기'를 간직함으로써 자신의 '참 자기'를 보호하는 것이다. 이는 위험한 세상에 맞추는 복종의 위치에 있기 때문에 외부에서 본다면 이상하게 좋아 보일 수 있다. 거짓 자기가 지나치게 커지면 삶의 연속성은 깨지고 진실한 욕구, 사랑, 분노 등을 가진 관계를 맺는 것은 불가능해진다.

---

20) '배려'란, 위니컷에 의하면, 아이가 관계에서 자신의 역할에 책임감을 가지고 주체적인 복구과정을 통해 스스로의 분노와 파괴성을 대체할 수 있는 성취를 말한다. 배려는 우울한 불안을 풀어 나감으로써 어느 정도 안정된 상태인 클라인의 우울 양태와 비슷한 양상을 보인다(Gomez, 2008).

2) 비행

아이의 박탈감은 결국 반사회성의 형태로 그 모습을 드러낸다. 위니컷은 아이가 세상이 그의 상실감을 인정하고 신뢰하는 관계를 세우는 긍정적인 반응을 얻을 지도 모른다는 희망을 다시 가지게 될 때 반사회성이 나타난다고 보았다. 아이의 반사회적 행동은 자신의 박탈감에 대해 대항하는 것이다. 박탈감에 따른 아이의 반사회성은 훔치기와 파괴적 행동이라는 비행에서 나타난다.

(1) 훔치기

위니컷은 훔치기란 다른 사람이 그의 상실감을 인정하고 신뢰할 수 있는 관계를 다시 세우도록 하기 위한 상징적인 형태의 행동이라 보았다. 아이는 아마도 무의식적으로 누군가 그에게서 '훔쳐간' 것을 실제로 '훔치는' 행위를 통해 되찾고 싶어 하고, 대개 부모의 것을 훔친다. 그리고는 거리낌 없이 타인의 물건을 가져갈 권리가 자신에게 있다고 주장한다. 위니컷은 아이들이 잠시 물건을 훔치는 시기가 있다는 점을 지적하면서, 의지할 만한 애정 어린 배려를 통해 이를 해결할 수 있다고 주장했다.

(2) 파괴적 행동

반사회성은 파괴적 행동을 통해서도 나타난다. 파괴적인 행동은 분노와 복수심 없이 아이를 수용하면서 통제할 수 있는 강한 부모의 모습을 요구한다. 애정 어린 성인의 강한 반응을 통해 아이는 세계가 다시 자신을 받아 줄 수 있다는 확신을 가지게 되고, 더 이상 불안한 긴장감에 스스로를 몰아넣지 않는다. 성인이 자신을 책임져 줄 수 있다는 확신을 가질 때 방어적인 거짓 자기가 아닌 참 자기의 모습으로 다시 살아 갈 수 있게 된다.

3) 비행에 대한 대처

비행에 대한 대처는 아이가 자신의 반사회적인 방어인 비행을 포기하고 깨뜨려 새로운 성장을 촉진시키는 것이다. 위니컷의 비행 대처 방안은 다음과 같다(Gomez, 2008).

(1) 경미한 비행

① **경미한 비행의 특성** : 대부분의 반사회적 행동은 작은 박탈에서 비롯되며, 종종 가정생활 속에서 나타나는 비행이다. 이는 보살핌이 있는 어느 정도 강한 부모를 통해 해결된다.

② **보살핌** : 신뢰에 기초를 둔 보살핌의 경험을 제공한다. 초기 전능성에 대한 경험을 성공적으로 제공함으로써 초기의 감정적 실패를 해결하도록 한다. 이를 위해 잘 조정된 퇴행의 과정, 즉 생애 초기의 엄마 환경 실패의 시기로 되돌아가, 초기 양육과정을 재연하여 건강한 참 자기를 만드는 과정을 밟아야 한다. 이를 위해 성인은 '충분히 좋은 엄마'의 역할을 통해 안정과 신뢰의 관계를 회복하여 괜찮은 삶의 질을 경험하도록 한다.

③ **확고한 부모** : 확고한 부모란 아이의 파괴성을 어느 정도 통제해 주며, 그럼으로써 아이를 안심시키는 부모다. 이들의 부모는 사랑하기, 확신주기, 재량권주기, 시간 규제하기 등의 과제에 대한 일관성 있고 확고부동한 태도를 지녀야 한다. 이렇게 작은 박탈에서 비롯된 반사회성을 다루는 것은 상대적으로 간단하다.

(2) 극단적인 비행

① **극단적인 비행의 특성** : 반사회성을 삶의 방식으로 취하는 비행이다. 이런 극단적 반사회성은 고질적이고 충동적인 특성을 보이며, 더 오래 지속될수록 더욱 고정적이고 복잡한 양상을 보인다. 초기 박탈에 압도당한 아이라면 견딜 수 없는 내적 상태를 몰아내기 위해 필사적으로 노력하면서 다른 사람이 자신을 잡아 주기를 원한다. 그런데 이것이 뜻대로 되지 않을수록 아이는 안정감을 얻기 위해 더 열심히 매달린다. 아이는, 클라인이 말한 대로, 박해와 분열이 거의 사라지지 않는 견딜 수 없는 불안감을 가지게 되고, 물건을 훔치거나 공공

물을 파괴함으로써 그 탈출구를 찾는다. 이런 아이는 사회를 향해 스스로 통제할 수 없는 것을 통제해 달라는 도전거리를 안겨주게 된다.

② **극단적인 비행에 대한 엄격한 강한 부모** : 극단적인 비행에 대해서는 엄격한 규율과 통제가 필요하다. 극단적인 반사회적인 사람에게 부족한 내적 통제를 대체할 수 있는 엄격한 환경조성은 매우 중요하다. 이들에게 친밀감과 융통성은 위협이자 거부라고 느껴질 수 있기 때문에 내적 통제는 더욱 무너지게 되고 파괴성이 증가하게 되는데 이는 내적 분열을 밖으로 드러내는 것이다. 만약 이런 아이가 우호적인 환경에서 생활하게 되면 극단적인 방식으로 그 환경을 시험해보고 조종하려 들고 거짓말을 일삼으며, 파괴적이고 폭력적인 행동을 보이게 된다. 제2차 세계대전 후 1940~1950년대 서구사회에서 많은 고아가 자신이 속한 위탁 가정의 안정이 완전히 깨질 때까지 또 다른 위탁 가정을 전전하다가 결국에는 소년원에 가게 되는 경우가 많았다.

4 위니컷 이론과 영유아 정신건강

1) 위니컷 이론의 요약

아이의 자기 발달과 엄마 환경과의 관계를 중심으로 해서 위니컷의 대상관계이론을 간단히 설명하면 다음 [그림 5-1]과 같다.

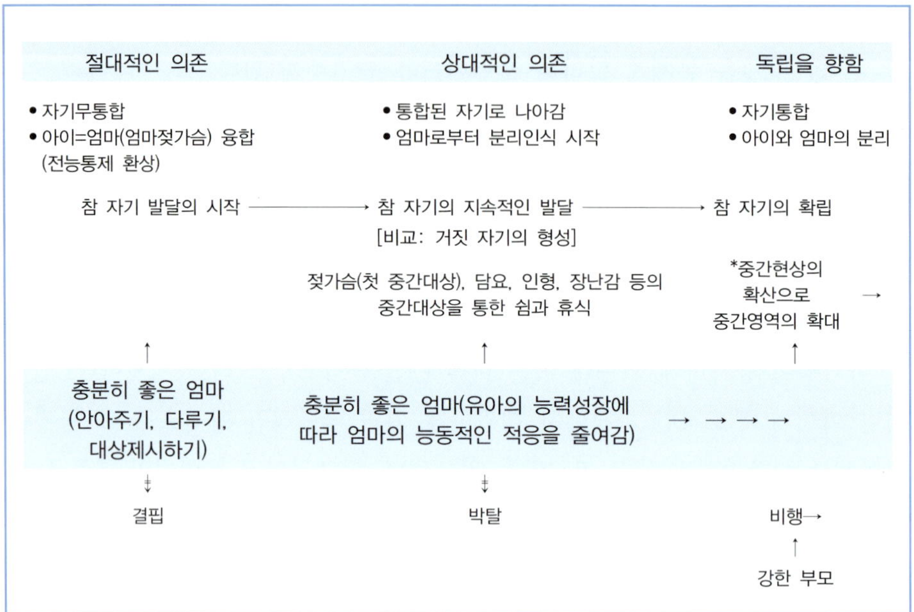

그림 5-1 위니컷의 대상관계이론의 요약

[그림 5-1]에서, 갓 태어난 절대적 의존의 아기는 상대적 의존의 상태를 거쳐 독립을 향해 나아간다. 이러한 자기의 발달은 충분히 좋은 엄마의 보살핌이라는 환경 안에서 이루어진다. 아이는 엄마 환경 속에서 원초의 전능통제의 환상을 지닌 자기무통합의 상태에서 자기통합의 상태로 나아가고, 엄마와 분리를 시작하면서 외부의 대상들과 함께 살아갈 수 있는 관계를 맺는 능력, 즉 대상관계능력이 발달하게 되고 또한 홀로 있을 수 있는 능력이 생기게 된다.

이런 발달과정에서 참 자기의 형성으로 진정한 삶의 질을 가져올 근거가 마련되고, 독립을 향한 엄마와의 분리를 감당하기 위한 인형이나 장난감과 같은 중간대상을 통해 대처해 나간다. 만약, 충분히 좋은 엄마의 보살핌이 없다면 아이는 결핍과 박탈로 인해 크고 작은 비행을 가져오게 되는데, 이때 위니컷은 강한 부모의 역할이 중요하다고 강조했다. 간단히 말해, 위니컷에게 발달이란 아이가 환경과 맺는 관계성의 차원을 말하고, 여기서 환경이란 바로 엄마 환경이다(Clair & Wigren, 2009).

2) 위니컷의 이론과 영유아 정신건강

이상의 위니컷의 이론은 영유아 정신건강에 많은 시사점을 주고 있다. 위니컷의 여러 가지 독특한 관점 가운데 여기서는 충분히 좋은 엄마의 돌봄, 젖떼기, 중간현상의 영역과 중간대상, 상실감과 유아기 따돌림 폭력에 대해 간단히 살펴보고자 한다.

(1) 충분히 좋은 엄마의 돌봄

① **안아주기, 다루기, 대상제시** : 위니컷은 아이가 분리된 사람으로 인식하기 이전, 미분화된 상태 혹은 절대적 의존의 상태에서는 충분히 좋은 엄마 환경이 없으면 아이 스스로 어떻게 할 수 없는 불안감으로 정신병에 이르게 된다고 했다. 이 시기의 아이들이라고 해서 신체적 만족만을 추구하는 존재는 아니다. 이들의 극단적인 불안으로부터 보호하는 엄마의 돌봄은 '안아주기', '다루기', '대상제시하기'라고 위니컷은 명시하고 있다.

불안과 혼란으로부터 아기를 감싸서 신체적으로 보호해주고 정서적으로 반영해 주는 안아주기(holding), 유아의 자아와 몸이 확고하게 연합되도록 엄마의 민감하고도 부드러운 손길로 아기를 만지고 얼러주는 다루기(handling), 유아의 상태에 맞춘 방식으로 대상과의 경험을 제시함으로써 유아 삶의 초기에 전능성에 대한 확신과 더불어 현실에 대한 각성 또한 하도록 하는 대상제시하기(object-presenting) 등 충분히 좋은 엄마의 돌봄 방식들은 양육자들이 유념해야 할 내용이다.

② **안아주기, 다루기, 대상제시의 결핍** : 아직 분리를 인식하지 못하는 아이는 안아주기, 다루기, 대상제시의 결핍을 외적 실패라고 여기지 않고, 그냥 자신이 다룰 수 없는 자극에 압도당할 뿐이다. 이러한 상태가 심하면, 유아는 걱정 없이는 살아가지 못하며, 견딜 수 없는 불안에 대항해서 방어적인 생존 태도를 지니게 된다. 즉, 거짓 자기로 사는 것, 정서적으로 철수하는 것, 적극적으로 분열을 조장하는 것 등과 같은 방어적 태도를 지니게 되고, 이는 참 자기를 위한 보호막이라고 할 수도 있다.

이렇듯 위니컷은 인생 초기에 겪을 수 있는 아이의 고통과 위험을 특유한 관점에서 바라보았다. 그는 정신병자나 경계선 환자는 절대적 의존기에 있는 아이와 같다고 보았고, 이들에게 필요한 것은 충분히 좋은 엄마, 다시 말해 자연스럽게 자신의 어린 자식에게 제공하는 민감하고 헌신적이며, 자신의 감정에 휘둘리지 않는 보살핌이라고 위니컷은 주장했다(Gomez 2008).

(2) 젖떼기 과정

유아교사와 같은 대리 양육자가 아기에게 제공하는 분유 수유는 엄마의 젖 수유를 대신하게 된다. 이 과정에서 엄마의 젖떼기는 필수적인 과정이고, 젖떼기 과정에서 나타나는 아기의 복잡한 반응을 보면, 젖떼기란 단순히 젖먹이기를 종결하는 것이 아니라 엄청난 의미를 지니고 있다. 다음과 같이 젖떼기 과정은 환상과 환멸이라는 충분히 좋은 엄마의 돌봄에 의해 가능하다(Winnicott, 1997).

① **젖가슴에 대한 환상의 단계** : 젖떼기 과정은 젖가슴에 대한 유아의 환상에서 시작되어야 한다. 즉, 엄마는 아이의 배고픔 욕구에 거의 100% 적응해줌으로써 유아는 엄마의 젖가슴을 자신의 일부로서 자신의 마술적 통제 아래에 있는 환상을 갖게 된다. 이렇게 유아의 배고픔 욕구에 능동적으로 적응해주는 충분히 좋은 엄마의 돌봄은 전능감의 창조적 환상을 주게 된다. 그런데 그 다음 엄마가 실제로 젖을 떼기 위해서는 젖가슴이 아이에게 쉼과 휴식처로 그 역할을 하는 것이 중요하다. 여기서 젖가슴은 첫 중간대상이 된다. 그래서 엄마는 수유가 끝난 후에도 젖을 한동안 물리거나 인공젖꼭지를 물려서라도 정서적인 욕구를 충분히 채워주어야 한다.

② **젖떼기를 위한 환멸의 단계** : 젖떼기를 위한 환멸의 단계란 실제로 젖을 떼는 과정에서 유아가 감당할 수 있는 좌절을 주는 단계이다. 이 또한 충분히 좋은 엄마의 돌봄에 의해 가능하다. 즉, 아이가 음식물을 곧잘 씹어서 소화시키는데 무리가 없다면, 엄마는 아이에게 적절한 좌절을 주어 이를 감당할 수 있도록 해야 하는데, 이때 충분한 시간이 필요하다.

이상과 같은 환상-환멸의 과정이 천천히 수행되어야 아이의 젖떼기 반응을 기대할 수 있고, 그리하여 정상적인 젖떼기에 도달할 수 있다.

(3) 중간현상의 영역과 중간대상의 의미

① **중간영역의 현상과 참 자기의 삶** : 위니컷은 인간의 '내적 정신세계'와 '외적 객관적 세계' 라는 두 영역을 완충할 수 있는 제3의 영역, 즉 중간영역을 가정했고, 이 영역은 개인의 쉼과 휴식을 위한 영역이며 여기서 중간현상이 나타난다고 보았다. 중간현상이란 어린 시절 유아는 인형과 같은 중간대상을 가지고 불안하고 두려운 마음을 달래는 현상이고, 점차 이 중간대상에 대한 흥미와 의미를 잃어버리면 중간현상이 확산되어, 더 넓은 문화전반의 영역으로 나아간다. 이러한 중간영역에서 일어나는 현상, 다시 말해 문화전반의 중간현상의 영역에서 진정한 삶이 가능하다고 위니컷은 보았다.

위니컷에게 건강한 삶은 현실로부터 철회하여 자신만의 내적 정신세계를 형성하는 것도 아니고 반대로 객관적인 현실세계로 뛰어들어 타인의 기대에 순응하면서 자신을 끼어 맞추는 삶도 아니다. 위니컷에게 진정한 삶이란 단순히 병리가 없는 것이 아니라 개인의 삶을 살만한 것으로 만드는 생생하게 살아있는 주체적인 삶, 바로 참 자기의 삶이며, 이는 중간현상의 영역에서 생겨난다고 보았다.

② **중간대상의 심리적 의미** : 중간대상이란 외부적으로는 자신과 분리된 엄마를 상징하면서, 동시에 내적으로 하나로 결합된 엄마를 상징한다. 그리하여 중간대상을 지닌 유아는 엄마와 자신이 하나라는 느낌을 가짐으로써 엄마와의 분리를 완화시킨다. 더 이상 부정할 수 없는 분리감과 엄마와 하나라는 착각이 주는 안도감 사이에서 휴식하게 된다.

중간대상은 안도감이나 위안이외 유아에게 자율성을 준다. 실제 엄마는 자신의 통제 밖에 있지만 중간 대상은 자신의 통제 아래 있기 때문에 아이는 중간대상을 온몸으로 비벼대면서 사랑하고, 간혹 잔인한 공격을 퍼붓기도 한다. 또한 유아는 중간대상이 주는 의미와 가치를 유지하고 싶어 하기 때문에 그 자신이 아니면 어느 누구도 그 냄새나 형태를 변화시키면 안 된다. 이와 같이 중간대상은 아이가 엄마와 자신이 분리된 사람이라는 것을 깨닫고 엄마를 놓아주기 위해 분투하면서도 안정감을 얻기 위해 아이가 잡고 있는 대상인 것이다.

(4) 박탈과 유아기 따돌림 및 학교폭력

최근 취업모의 증가에 따른 타인 양육으로 인해 아기는 엄마와 긴밀한 개인적 유대를 가질 기회를 별로 갖지 못한다. 불행히도 엄마와의 긴밀한 유대가 계속 깨진 상황에서 돌보는 사람마저 자주 바뀌는 경우도 있다. 이러한 현상은 위니컷이 지적한 서구사회 1940~1950년대 빈번하게 나타났던 현상과 그리 다르지 않아 그의 박탈과 비행에 대한 관점은 우리에게 시사하는 바가 크다.

유아기의 따돌림 폭력은, 위니컷의 주장처럼 아주 어린 시기에 충분히 좋은 엄마가 없는 환경적 결핍에 따른 박탈감이 그 원인으로 작용할 수 있다. 더욱 빈번하게 발생하고 있는 초·중·고 학교폭력 역시 우리 사회전체가 대응하기 위해 노력하고 있지만 생애 초기 충분히 좋은 엄마 환경의 결핍으로 인한 박탈감과 연관될 수 있음에 유념해야 한다. 물론 청소년의 극단적 비행에 대해서는 엄격하고도 강한 부모역할을 하는 법규, 즉 '학교폭력예방 및 대책에 관한 법률'에 따른 철저한 예방과 엄격한 규제를 통해 이들에게 결여된 내력 통제를 대체할 수 있어야 한다.

Chapter

6 말러 : 분리-개별화에 따른 심리적 탄생

마가렛 말러(Margaret Mahler: 1897~1985)는 헝가리에서 출생, 비엔나에서 내과 의사로 훈련받았지만, 주로 정신분석가와 아동분석가로 활동했다. 1938년에 뉴욕으로 이주하여 소아정신과 컨설턴트로 일했으며, 메스터즈 아동진료소에서 아동을 관찰·연구했다.

특히 1960~1975년 동안 유아 관찰연구를 기초로 해서 말러는 '분리-개별화' 과정의 단계들의 발생을 입증했으며, 각 단계마다 나타나는 전형적인 어머니와 유아의 상호작용에 따른 유아의 자기발달 유형을 제시했다. 이것이 바로 인간의 '심리적 탄생' 과정 모델로, 말러가 대상관계 연구에 공헌한 최대 업적으로 꼽히고 있다.

말러 이론의 개요

말러는 어머니와 영아의 상호작용 관찰을 통해 생후 초기 3년 영아 내면에서 일어나는 심리과정을 추론·연구했다. 그녀는 영아의 생물학적 탄생과 심리적 탄생은 시간적으로 일치하지 않으며, 생물학적 탄생은 관찰할 수 있는 경계가 명확한 극적인 사건인 반면, 심리적 탄생은 서서히 진행되는 관찰될 수 있는 행동을 통해서 부분적으로만 드러나는 정신내적 과정이라 했다. 말러는 심리적 탄생 과정을 분리-개별화 과정이라고 칭하였는데 이는 엄마로부터 유아 스스로가 분리·독립하여 주체성을 가지게 되는 과정을 말한다. 이러한 과정은 생후 4~5개월부터 30~36개월 사이에 나타난다고 보았다.

말러의 분리-개별화 과정은 프로이트의 본능적인 성적 욕구를 강조한 발달모델과는 구별된다. 말러는 생애 초기 공생적 상태에서 분리-개별화의 과정을 통해 자기가 점진적으로 조직되어 가며, 이러한 과정 중에 미해결된 위기와 그 잔재들이 일생에 걸친 관계들에 영향을 주어 유아 정신병, 경계선 장애 및 자기애적 장애를 가져온다는 것을 밝혔다.

요약하면, 말러가 어머니-아이의 초기 유대관계를 발달적 맥락에서 가장 확고하게 그려낸 '심리적 탄생' 혹은 '분리-개별화' 과정 모델은 대상관계이론의 최대 업적으로 알려져 있다.[21)]

1 말러 이론의 주요개념

말러가 분리-개별화 과정을 설명하기 위해 사용한 핵심 개념들은 다음과 같다(Clair & Wigren, 2009).

1) 공생

공생(symbiosis)은 말러가 생물학에서 빌려온 용어로서, 엄마로부터 미분화된 상태에 있는 유아의 심리 내적(intrapsychic) 경험을 말하기 위하여 은유적으로 사용하였다. 공생 상태에서 유아는 엄마와 하나, 즉 '양자 단일체'라는 이미지를 가지고, 엄마와 융합된 원시적인 인지 및 감정 상태에 있는 것으로 경험한다.

2) 분리와 개별화

말러에 의하면, 분리(separation)는 아동이 엄마로부터 자신이 분리되어 있다는 심리 내적 느낌을 가진 상태를 말한다. 이러한 분리감은 대상세계와 대상들에 대한 표상과는 구별되는, 자기에 대한 명확한 심리적 표상을 담고 있다.

개별화(individuation)는 '내가 존재한다(I am)'라는 존재에 대한 느낌이며, 내가 하나의 실체라는 느낌이다. 이는 정체성(identity)과는 다소 다르다. 정체성은 분리와 개별화의 과정을 이루어 낸 후에 성취되는 '내가 누구인가(who I am)'라는 인식이다.

---

21) 6장은 Cashdan(2005), Clair & Wigren(2009), Mahler, Pine, & Bergman(1975)을 참고했고, 간혹 내용을 발췌하거나 요약하였다. 이들 책 속에 인용된 문헌은 생략했다.

분리와 개별화는 상호보완적인 두 갈래의 경로를 가진다. 분리의 경로는 엄마와의 공생적 융합으로부터 벗어나 분화·해방되는 것이고, 개별화의 경로는 유아가 심리 내적인 자율성을 가지게 되면서 자기만의 개인적 존재 특성을 취하게 된다. 분리와 개별화는 대상표상과는 확실하게 구별되는 명백하게 분화된 자기표상을 수립할 때 정점에 이르게 된다. 외적인 행동 및 인간관계 양태들이 이러한 내적 발달을 증명한다.

3) 자아의 구조화

개별화와 정체성 형성은 자아의 구조화를 전제로 한다고 말러는 보았다. 자아의 구조화는 만족감과 좌절감으로 인해 촉진된다. 즉, 자아의 구조형성은 유아가 자신의 욕구를 어느 정도 참는 긴장상태를 유지하면서 확실한 만족감을 기대하며 기다릴 수 있을 때 일어난다. 이 때 외적 자극이 많으면 아직 내적 조직의 주체가 부재한 유아에게 긴장과 좌절감의 극대화를 불러와 자아의 구조 형성이 방해받을 수 있다는 점에 유의해야 한다. 다시 말해, 어느 정도 통제 가능한 좌절감은 도움이 되지만 과하게 되면 오히려 발달을 저해할 수 있다는 것이다. 따라서 엄마는 안팎의 자극에 대한 완충제 역할을 해주는 엄마의 안아주는 '보조 자아(auxiliary ego)'의 역할이 강조된다.

4) 대상관계 및 정신병적 대상관계

말러에 따르면, 대상관계란 어떤 사람이 다른 사람에게 대상 리비도를 쏟는 것을 말한다. 이러한 대상관계 의미에 반대되는 것이 자기애적 관계이다. 자기애적 관계 안에서는 다른 사람과의 진정한 관계는 존재하지 않고 오직 자기에게만 모든 것이 집중된다.

정신병적 대상관계란 다른 사람과의 진정한 관계는 존재하지 않고 오직 자기에게만 모든 것이 집중되는 자기애적 관계이다. 혹은 정신병적 대상관계란 중간대상(transitional objects)에 대한 지나친 집착으로 자기가 중간대상에게 지배당하는 관계를 말한다.[22] 인간 대상에 대해서는 관심 없이 인형만 가지고 다니는 정신병자들이 그 예라 할 수 있다.

2 말러의 분리-개별화 과정

말러는 전형적인 어머니와 유아의 상호작용에 관한 관찰연구를 기초로 해서 아래와 같이 '분리-개별화 이전의 정상적 자폐 및 정상적 공생 두 단계'와 '분리-개별화 과정의 하위 네 단계'를 밝혔다.

1) **정상적 자폐 단계**(normal autistic stage: 생후 1개월)
2) **정상적 공생 단계**(normal symbiotic stage: 생후 2개월~4개월)
3) **분리-개별화 단계**(separation-individuation stage: 4-5개월~30-36개월)
   (1) 첫 번째 하위단계(4-5개월~6-8개월) : **분화**
   (2) 두 번째 하위단계(8-10개월~16-18개월) : **연습**
   초기 연습기(8개월~11개월)
   본 연습기 (10-12개월~16-18개월)
   (3) 세 번째 하위단계(15-16개월~24-30개월) : **재접근**
   초기 재접근(15-16개월~18-20개월),
   재접근 위기 (18-20개월~24-30개월)
   (4) 네 번째 하위단계(24-30개월~36개월) : **정서적 대상항상성 및 개별성**

1) 정상적 자폐 단계(생후 1개월)

정상적 자폐(normal autism)의 기간은 생후 1개월 동안이다. 이 시기 아기는 대부분 시간 동안 잠을 자며, 자극에 별다른 반응을 보이지 않고, 마치 방향감각을 상실한 원시 환각 상태에 있는 것 같다. 말러는 이 단계의 특성을 외부 현실로부터 차단되고 폐쇄된 상태의 '자폐적'인 것으로 보았고, 새알의 이미지로 이 시기 유아의 심리체계모델을 제시했다. 유아는 다음과 같이 완벽하게 미분화된 상태이다.

22) 위니컷에 따르면, 정신병적 대상관계는 중간대상(transitional objects)이 강제성을 띠어 주물적인(fetishistic) 특성을 가져 사람이 중간대상에게 지나치게 집착함으로써 지배당하는 관계를 말한다. 중간대상인 무생물 대상들을 적절히 사용하면 유아의 자아 자율성이 촉진된다. 하지만 충분히 좋은 엄마 돌봄의 결핍으로 인간관계를 대신하는 중간대상에 너무 집착하면, 예컨대, 인형이 없으면 잠을 못 자게 되는 상태, 다시 말해 인형에게 지배되는 상태에 이르면, 후에 정신장애자가 될 가능성이 높다. 정신병자들이 인간 대상에는 관심 없이 인형만 가지고 다니는 경우가 있다. 이는 중간대상에게 지배되어 인간 대상세계와 무생물적 대상세계 사이의 구분이 모호하거나 없는 상태이다.

- 배고픔, 긴장을 줄이기 위한 자기 자신의 시도들(예: 오줌 싸기, 토하기, 꿈틀대기 등), 자신의 욕구에 대한 엄마의 반응 등을 구별하지 못하는 미분화 상태에 있다.
- 전적으로 자기에만 몰입하는 원초적인 나르시즘 상태이다. 엄마의 젖가슴 찾기는 반사적이다.
- 생후 3~4주에 신체 내부로부터 말초 감각 영역으로 리비도적 에너지의 이동이 발생한다. 여기서 신체 내부란 긴장을 경험할 경우 오줌 싸기, 토하기, 또는 그 밖의 것을 통해 긴장을 해소하는 곳을 말하고, 말초 감각영역이란 촉각이나 시각 및 청각을 가지고 인식하는 경향이 더욱 뚜렷해지는 것을 말한다. 이때 엄마의 역할은 환경을 감각적으로 잘 알게 하는 쪽으로 밀어주는 것이다.

이 단계의 과제는 자궁 밖 갓난아이로 하여금 유기체의 균형인 항상적 평형(homeostatic equilibrium)을 이루도록 하는 것이다.

2) 정상적 공생 단계(생후 2~4개월)

생후 2개월 된 유아는 어렴풋하게나마 욕구를 만족시켜 주는 대상을 인식하게 된다. 이것이 정상적 공생(normal symbiosis)의 시작이다. 이전 단계의 자폐 껍질에 금이 가기 시작하고 대신 심리적인 막이 형성되기 시작한다는 신호이다. 이 막은 엄마와 아이라는 두 개의 심리적인 '양자 단일체'라는 공생적 궤도로 에워싸인 막이다. 공생의 유아는 끝도 없이 펼쳐진 망망한 대양의 감정(oceanic feeling)을 가지고 있는 듯하며, 이러한 상태는 이전의 정상적 자폐단계의 원초적인 나르시즘 상태와 비슷하며, 코헛 등의 이론가들이 묘사한 초기 나르시즘의 원시 상태와 유사하다. 하지만 이전 정상적 자폐기와는 달리 엄마와의 유대관계가 형성되기 시작하므로 양육에서 이 시기는 매우 중요하다. 정상적 공생단계 아기의 몇 가지 특징은 다음과 같다.

- 대표적인 공생시기 특성으로, 아이는 자신과 엄마로 이루어진 하나의 전능한 융합 체계, 보다 정확히 말해 아이 자신은 엄마라는 표상과 환각적이고 망상적으로 전능하다고 믿는 융합 상태에 있게 된다. 심각하게 장애를 입은 아이들이 퇴행하는 상태가 바로 이러한 정신적 융합의 상태이다. 좋은 엄마의 역할은 공생 궤도 안의

유아가 유쾌한 상태에 머물게 하면서 유아의 주변 환경을 감각적으로 더욱 잘 알게 하는 쪽으로 밀어주는 것이다.

- 공생시기 유아에게는 내부와 외부, 자기와 타자의 구분이 존재하지 않아 '대상 이전'의 수준이다. 유아는 자신 내부의 욕구, 긴장, 배고픔을 외부에서 만족시켜주는지의 여부에 따른 유쾌 혹은 불쾌의 감정들을 통해 원시적인 '좋은 것'과 '나쁜 것'의 기억 덩어리들을 형성한다. 이들 중 좋은 기억 덩어리는 자기에게, 그리고 나쁜 기억 덩어리는 비(非)자기에게 모호하나마 감정적으로 구별해 내게 된다. 이 시기 유아는 밖에 있는 대상을 가능한 한 많이 입으로 가져가 좋은 것은 환영하면서 삼키고, 나쁜 것은 방출하여 뱉어 없애는 경향을 번갈아 보인다. 이러한 원시적인 대상 이전 수준의 경험들은 초기 분열의 씨를 품게 되고, 이후 대인관계 분열의 전조가 되는 기억의 기반을 형성한다.

- 정상적 공생 시기의 최적 상태는 공생 궤도 안의 내부 쾌락과 시각과 청각의 외부 감각 지각 쾌락의 상태를 말한다. 엄마는 아기 내부의 편안함과 신뢰로운 안정감을 가지도록 정서적 유대감을 형성하고, 적절한 감각 지각적 자극을 통해 아기가 자기 능력의 내재화를 가져올 수 있는 기회를 제공해야 한다. 만일 유아가 엄마와의 공생적 결합 속에서 이러한 최상의 경험을 하게 되면, 유아는 엄마로부터 심리적으로 자연스럽게 분화되어 공생적 상태를 뛰어넘어 심리적 확장이 발생한다. 이 때가 생후 4, 5개월쯤이다.

- 이제 외부 환경에 민감해지면서 유아는 자신의 긴장을 감소시키는 외부의 대상으로서의 어머니를 희미하게나마 인식하게 된다. 지금까지 공생관계에서의 불특정 미소는 이제 특정 엄마를 향한 선택적인 미소반응으로 바뀌게 되는데, 이는 어머니-아기의 특정한 유대 확립의 결정적 단서라 할 수 있다. 이것이 분화의 시작이다. 즉, 내부에 집중되었던 리비도는 유아의 주변부로 향해 나아가면서 유아에게 있어서 외부세계는 새로운 의미로 다가온다.

3) 분리-개별화 단계(생후 4-5개월 ~ 30-36개월)

분리-개별화(separation-individuation)단계는 상보적인 두 갈래의 경로를 가진다. 하나는 '분리'라는 경로로 영아가 엄마와의 공생적 융합으로부터 벗어나 심리적 분화, 거리두기, 엄마로부터의 떨어짐을 수반한다. 그리고 다른 하나는 '개별화'라는 경로로 영아 자신의 개인적 특성들을 갖추어 가는 것으로 심리

내적 자율성을 수반한다.

그런데 분리-개별화 과정에서 삶의 주요 갈등이 발생한다. 즉, 자율성에 대한 갈망과 어머니와 융합하려는 충동이 가장 강력하게 나타나며, 갈등을 해결하는 수준은 이후의 삶에 반향 되는 활동적인 상태로 남아서 인생의 새로운 국면에서 그 파생물들이 작용할 수 있고, 병리적인 영향 없이 삶을 살아갈 수 있는지를 결정하게 된다. 다음 4개 하위단계는 분리와 개별화의 정도를 보여주고, 인간의 자기감과 관계성의 본질은 이들 단계 동안 일어나는 사건에 의해 주로 결정된다.

(1) '분화' 하위단계(differentiation subphase, 4-5 ~ 6-8개월)

말러의 분리-개별화의 첫 번째 '분화' 하위단계의 대표적 특징은 부화와 아기 자신과 엄마의 신체 구별의 시작이다. 이들 특징을 중심으로 살펴보자.

- 아기는 생후 4-5개월 공생적 엄마-아기의 공통 보호막으로 '부화(hatching)'한다. 부화란 공생궤도 내부에 집중한 관심이, 이제 깨어있는 시간이 점점 길어지면서, 외부로 주의가 확장하는 것을 말한다. 엄마가 다가오는 것과 사라지는 것, 자기 신체의 여러 부위를 보는 것 등은 자신의 경계에 대한 의식의 발달을 촉진시킨다. 이때 유아들은 엄마의 무릎에서 미끄러져 내려올 만큼 운동기술이 발달하여 엄마로부터 떨어져 내려와 엄마 발치에서 논다.

- 아기 자신과 엄마의 몸을 구별하기 시작한 신호는 6-7개월쯤 나타나는데, 관련 실험의 예를 들면, '엄마 모습 자세히 살펴보기', '엄마의 머리·귀·코 잡아당기기', '엄마 입에 음식 넣기', '아이 자신의 몸 꼿꼿이 세우기' 등이다. 엄마의 얼굴과 신체를 시각적, 촉각적으로 탐구하는 이들 행동은 엄마 신체가 유아발달을 위한 교구를 의미한다. 이전에 엄마에게 안겨 자신의 몸을 단순히 엄마의 몸에 맞추는 행동과는 커다란 차이를 보인다.

- 생후 7-8개월 아이의 '엄마를 되돌아보고 점검하기' 역시 신체 심리적 분화의 시작을 알려주는 매우 중요한 규칙적인 신호로, 이는 정상적인 인지 및 정서발달을 알리는 중요한 양식이다. 이 시기의 '비교하면서 자세히 살펴보기'는 엄마와 다른 사람을 그리고 친숙하지 않은 것과 친숙한 것을 구별하기 시작한다는 것을 의미한다.

- '8개월 불안' 혹은 '낯선 사람 불안'은 시기, 양, 질에 상당한 개인차를 보인다. 공

생단계가 적절했고 '확신 있는 기대'가 우세했던 아기들은 호기심과 신기함을 가지고 낯선 사람을 살펴보나 기본적 신뢰감이 적절하게 형성되어 있지 않은 아기들은 심한 낯가림 반응을 보이고, 호기심과 신기함보다는 두려움을 보인다.

- 이러한 행동발달이 일어나는 동안, 자아의 능력 또한 발달하면서 유아의 대상관계에 커다란 변화를 가져온다. 유아는 접촉에 의한 감각과 내부로부터 오는 감각을 구별하게 되고, 이는 처음으로 자기와 대상 사이의 차이를 감각적으로 식별할 수 있게 되었음을 말해 준다.

(2) '연습' 하위단계(practicing subphase, 8-10개월 ~ 16-18개월)

말러의 분리-개별화의 두 번째 '연습' 하위단계는 운동기능의 성숙이 시작되면서 엄마와 신체적 거리를 둘 수 있게 된다. 여기서 신체적 거리란 엄마와 어느 정도 떨어진 상태에서 탐색의 자유와 기회를 가질 수 있는 엄마와 아기 사이의 적절한 거리를 말한다. 이전 시기에 불편한 공생관계를 가졌던 아기에게 연습의 시기는 이를 회복할 수 있는 좋은 기회가 될 수 있다.

말러는 이 연습 하위단계를 8~11개월의 초기 연습기와 10-12 ~ 16-18개월의 본 연습기로 나누었다. 그 대표적인 특징은 다음과 같다.

① **초기 연습기(8 ~ 11개월)** : 초기 연습기 동안 유아는 손과 발 모두를 사용하여 기어 다니는 능력, 즉 배로기기, 손발로 기어 다니기, 기어오르기 등을 발달시킨다. 이 시기에 분리와 개별화를 이루기 위한 다음 세 가지 중요한 발달이 이루어진다.

- 첫째, 신체적으로 엄마로부터 스스로 멀어지고 점점 더 분리되는 경험을 하게 된다. 유아는 이제 엄마와 어느 정도 떨어져 행동 할 수 있다.
- 둘째, 유아와 엄마와의 특별한 유대관계, 즉 엄마가 유아에게 '정서적 재충전(refueling)'을 제공해주는 관계를 형성한다.
- 셋째, 이 시기동안 자아의 자율적 기능이 극적으로 성숙하는데 이 성숙은 유아가 엄마와 신체적으로 가까이 있을 때 긍정적으로 이루어진다. 아이의 관심은 엄마로부터 무생물(예: 담요, 기저귀, 장난감, 우유병 등)로 확장해서, 이들을 감각적으로 탐색하며, 이들 중 하나가 중간대상이 되기도 한다. 그러나 아이는 여전히 '정서적

재충전'을 위해 주기적으로 엄마를 찾고 엄마를 확인한다.

② 본 연습기(10-12～16-18개월) : 본 연습기의 유아는 인지기능의 발달과 함께 걷기의 자율적인 기능이 급성장하게 되면서 시야가 넓어지고 시야에 들어오는 것들은 유아의 기분을 고조시킨다. '세상에 대한 사랑'에 취하기 시작하고, 현실검증 능력을 확장시키게 된다. 말러는 도움 없이 자유롭게 보행한다는 것은 인간의 개별화 과정에서 가장 위대한 첫 단계라 보았다.

- 대부분의 유아는 유쾌함, 고양감, 의기양양함을 경험한다. 부딪치고, 넘어지는 것과 같은 좌절에 개의치 않고, 친밀한 성인들을 받아들이는 것에 대해서도 어려움이 없다. 이는 다음의 하위단계인 재접근 단계와 대조를 이룬다. 연습 단계의 유아는 엄마가 없다는 것을 알게 되었을 때만 저조한 기분을 보인다. 즉, 몸짓과 행동이 느리고, 주의에 대한 관심이 줄어들고, 엄마 상(像) 떠올리기에 집중하는데 몰두한다. 하지만 부재했던 엄마와 다시 만나는 순간 저조한 기분은 끝이 날 수도 혹은 저조한 기분상태는 때로 잠시 울음을 터뜨림으로써 축적된 긴장을 풀게 된다.
- 특히 16~18개월의 유아는 자신의 '전능성'에 대한 믿음이 최고에 달한 듯 보인다. 엄마로부터 탈출하기, 세상 탐색하기, 현실검증하기, 넘어져도 아랑곳하지 않기 등은 엄마의 마술적 힘을 공유하고 있다는 감각으로부터 나온다. 여기에 자유자재의 보행이 기여하는 역할은 무엇보다 크다. 하지만 아직 엄마와 분리되지 않아 자칫 상처받기 쉽다는 것에 유의해야 한다.
- 본 연습기 동안 유아의 신체적 자율기능의 급속한 발달에도 불구하고, 유아는 엄마가 자신과 분리된 사람이라고 생각하지 않아 여전히 정서적 재충전을 위해 '안전기지(home base)'로 여기는 엄마에게 자주 되돌아온다. 이 기간 동안 엄마는 유아의 성장에 대해 기대와 믿음을 자기고 특정한 방식으로 격려해 주어야 한다. 즉, 유아를 소유하고 통제해야 한다는 생각을 포기해야 하고 유아가 자신에게서 떨어져서 새로운 세계를 발견하는 것을 허용해야 하며 또한 즐거워해야 한다. 이러한 엄마의 격려는 유아의 성숙 및 발달 속도와 조화를 이루는 것도 염두에 두어야 한다.

(3) '재접근' 하위단계(rapprochement subphase, 15-16개월 ~ 24-30개월)

이전 연습기의 유아 기쁨의 최대 원천은 독립적인 운동과 세상에 대한 탐험이었다. 그런데 연습기 말부터 장애물의 존재를 민감하게 경험하면서 세상은 결코 만만한 것이 아니라는 좌절을 경험하게 된다. 연습시기 동안 중지된 친밀감에 대한 욕구는 이 발달단계에서 재개되어 재접근 하위단계(rapprochement subphase)라 명명한다. 재접근기는 '초기 재접근'과 '재접근 위기'로 나뉜다.

① **초기 재접근(15-16개월 ~ 18-20개월)** : 재접근이 나타나는 15개월쯤 다음과 같이 엄마-아이 관계의 질이 변화하기 시작된다. 이전 연습기에는 엄마의 존재에 대해 비교적 무관심했지만 이제 엄마의 소재에 대해 계속 확인하고 적극적으로 접근하는 행동을 보인다.

- 유아는 이전 연습시기의 자기애적인 전능감의 상태와는 대조적으로 자신이 거대한 세계 안에 존재하는 아주 작고 무력한 존재라는 것을 깨닫게 된다. 이는 전능감 저하로 이어져 자존감은 타격을 입고, 분리불안은 다시 나타나게 된다. 이때 엄마의 대응은 매우 중요하다. 엄마가 아이의 모험적 행위를 함께 나누고 즐겁게 상호작용하게 되면, 아이는 이를 모방·동일시하면서 자율적 자아는 최상의 기능을 획득하게 되고 의사소통 또한 발달시키게 된다. 이러한 엄마와의 좋은 관계를 내면화시키게 되면 점차 마술적 전능성은 감소하고, 전능성 상실의 타격은 줄게 된다.
- 유아는 엄마에 대해 새롭게 인식한다. 즉, 유아 자신이 엄마와 신체적으로 분리된 존재로, 외부세계에서 발견한 물건들을 엄마와 공유하고 싶은 존재로 인식한다. 유아는 또한 자신과 타인의 몸에 대한 관계를 보다 분명하게 인식하게 되고, 자신의 몸 전체를 자신의 고유한 소유물로 여겨 타인에 의해 다루어지는 것을 좋아하지 않는다. 그 예로, 기저귀를 갈거나 옷을 입히는 동안 수동적 자세를 싫어하고, 껴안기거나 입맞춤을 좋아하지 않는다.
- 유아 기쁨의 원천은 이전의 독립적인 운동과 세상 탐험에서 전환된 사회적인 상호작용이다. 이 시기 지속되는 사회적인 확장은 아버지를 엄마-아이의 세계에 포함시키고, 그밖에 주변 다른 사람들과도 점차 애착관계를 가지게 된다. 또한 다른 유아를 분리된 존재로서 이들이 가진 것을 가지려고 하거나 이들의 행동을 따라 하려한다. 이는 다른 유아를 반영하고, 모방하고, 어느 정도 동일시하려는 욕구라 볼 수 있다.
- 17, 18개월 초기 재접근은 절정에 달해, 엄마와의 분리를 수용하고 외부세계의 발견을 엄마와 공유하려는 자율의 기쁨을 가지게 된다. 이는 '과자 주세요.', '엄마, 이것 보세요.', '안녕하세요.'와 같은 말에서 나타난다. 그런데 공유하는 자율의 기쁨 이후 엄마와의 갈등이 드러나게 되는 재접근 위기를 맞는다. 이제 자신의 분리

됨을 자각하면서 자기 능력의 한계에 대해 쉽게 상처받고, 무기력한 분노의 징후들을 보인다.

② **재접근 위기(18-20개월 ~ 24-30개월)** : 초기 재접근 절정이후, 재접근 위기에 처하게 된다. 재접근의 위기란 엄마를 필요로 하는 욕구와 자신의 자율성 욕구 사이의 갈등을 말하며, 이는 엄마에게 매다리는 행동과 거부하는 행동이 교차하는 양가적 갈등의 행동으로 나타난다. 유아는 갈등에 따른 내적 긴장감으로 불만족, 채워지지 않는 욕심, 기분의 빠른 변화, 양가감정, 짜증 등의 기분을 갖게 된다. 엄마는 아이의 이러한 격렬한 투쟁을 수용하고 정서적으로 다독여주면 아이는 정신 에너지를 중화시킬 수 있고, 따라서 중화된 에너지를 자기 표상에 집중시킬 수 있게 된다. 엄마의 '안전기지(home base)' 역할은 매우 중요하게 작용한다.

- 재접근 위기 동안 유아는 자율성을 철저하게 연습하지만 엄마로부터 사랑이 상실될까봐 두려워하는 마음도 커진다. 이들은 또한 엄마의 도움을 필요로 하지만 동시에 분리와 개별화를 위해 도움을 거절한다. 그 결과 한편으로는 엄마에게 심하게 매달리기도 하고, 다른 한편으로는 심하게 반항하기도 한다. 말러는 이 시기에 대부분의 유아가 양가적인 태도를 보인다고 했다. 이때 보이는 '엄마 따라다니기', '엄마 품에 돌진히기', '달이니기' 등과 같은 행동양식은 임마로부터의 분리에 따른 사랑 상실에 대한 두려움이나 다시 공생적 궤도에의 재함입에 대한 두려움을 암시한다. 재접근 위기에 흔히 사용하는 '아니'라는 말도 자율을 의미하기도 하고 반항과 공격을 뜻하기도 한다.
- 가장 격렬한 재접근 위기는 분리 반응에서 나타난다. 18~21개월쯤 피아제의 인지적 대상영속성이 형성되는 시기임에도 불구하고 혼자 남겨지는 것을 싫어해서 모와 작별하는 과정에서 매달리거나 우울한 기분을 가지거나, 놀이를 시작하더라도 집중할 수 없는 상태가 될 수 있다.
- 재접근 단계가 진전됨에 따라 엄마의 부재에 대처하는 적극적인 방법을 발견하게 된다. 이들은 엄마를 대신하는 성인들과 관계를 맺고 상징적인 놀이를 즐긴다. 예를 들면, 사물이 사라지고 다시 나타나는 놀이, 엄마 혹은 아빠와의 초기 동일시를 나타내는 인형 놀이, 분리된 대상을 다시 찾아내는 느낌과 환상에 맞는 공놀이 등을 들 수 있다.

- 이 시기의 또 다른 발달 과제는 성 정체감이 시작되면서 겪게 되는 분리 문제다. 대략 16-17~20-21개월의 영아는 해부학적인 성차를 발견한다. 남아는 12~14개월부터 직립 자세를 취하면서 자신 성기의 불수의적 발기에 대해 시각적 및 감각-운동적 탐색을 하면서, 감각적 쾌락에 리비도를 집중하곤 한다. 하지만 여아는 성기가 없는 불완전함을 발견하고 이를 엄마의 탓으로 돌려 분노하고, 요구하고, 실망하고, 저항하는 양가적 경향을 나타내게 된다. 그리하여 분리의 과제가 남아보다 여아에게 더 어려운 것이 된다. 남아는 2~3세 동안 분리가 여아보다 더 쉽고, 외부세계와 자신의 신체로 관심을 돌려 즐거움과 만족을 얻고, 동일시 대상으로서의 아버지에게 관심을 기울이고 그와 특별한 관계를 맺는다.

- 21개월이 되면 이제 재접근하려는 영아의 노력은 감소하게 되고 가장 잘 기능할 수 있는 엄마와의 '최적의 거리'를 재발견하는 개인적 양상이 나타난다. 자율성 연습으로 인한 개별화 능력의 증가, 사물을 명명하는 언어능력의 향상 등으로 영아는 (가) 환경 통제에 대한 자신감 증대, (나) 규율과 요구의 내재화(초자아의 시작)를 위한 '좋은' 부모와의 동일시, (다) 상징적인 놀이발달, 즉 소망과 환상을 표현하는 능력의 발달 등을 보인다.

- 그런데 재접근 위기가 지속·심화되어 적절한 발달을 이루지 못하는 유아가 있다. 이는 엄마에게 필사적으로 매달리는 행동과 거부하는 행동이 빠르게 교차하는 양가적 갈등이 심한 경우이다. 이러한 양가적 경향성은 대상 세계를 '좋은 것'과 '나쁜 것'으로 분열시키게 된다.[23] 대상세계에 대한 지나친 분열은 성인의 경계선 장애에서 그 모습이 나타난다. 이 분열의 기제는 '분리-개별화의 네 번째 단계'에서 두드러지게 된다.

(4) '정서적 대상항상성 및 개별성' 하위단계

분리-개별화의 네 번째 '정서적 대상항상성 및 개별성'(Libidinal[24] Object Constancy and Individuality, 24-30개월~36개월) 하위단계는 정서적 대상항상성과 개별화의 공고화가 시작되는 시기를 말한다. 이 단계는 삶 전체에 걸쳐

23) 대상에 대해 지나친 호(好), 불호(不好)의 편파적인 시각은 반발심, 공격, 실망, 두려움, 혼란 등으로 연결되어 심리적 문제를 가져온다. 현실 그대로 객관적으로 바라보는 성숙된 시각은 심리적 건강에 매우 중요하다.

24) 정서적 대상항상성은 말러에 의해 리비도적 대상항상성이라 일컬어졌다. 리비도란 원래 생물학적 본능 에너지를 뜻하나, 말러에게는 상상 속에서 어머니의 존재를 마음에 간직할 수 있는 아이의 능력을 의미했다.

서 계속 진행되기 때문에 선행하는 단계들과는 달라서 다양한 결과를 갖는 단계이기도 하다. 이 하위단계의 특징은 두 가지이고, 하나는 어느 정도의 '정서적 대상항상성'을 갖는 것이고, 다른 하나는 개별성을 강화시키는 것이다.

① **정서적 대상항상성** : 정서적 대상항상성이란 애정 대상인 엄마에 대한 좋고 나쁜 표상을 하나의 전체적인 표상으로 통합시켜 엄마가 부재하는 동안 그 표상을 유지하는 것을 말한다. 이러한 정서적 대상항상성의 기능은 다음과 같다.

- 정서적 대상항상성은 엄마의 상이 점차 내재화됨으로써 확립되며, 이 정서적 대상항상성이 확립된 영아는 어느 정도의 긴장과 불편에도 불구하고 엄마로부터 분리되어 기능할 수 있게 된다. 유아가 3세에 이르러 유치원에 입학하는 이유는 이러한 대상항상성을 획득하여 차츰 엄마의 부재동안 자동적으로 엄마의 상에 의존해서 엄마와 잠시 떨어져서 잘 놀 수 있기 때문이다. 이 단계에서 영아는 친구들과 놀 수 있는 상황에 처하게 되면 엄마를 따라가지 않는다. 이는 정서적 대상항상성이 성취되기 시작하는 징후이다. 만약 이것이 성취되지 않는다면, 아이는 계속적으로 심리적인 안정을 위해 엄마의 신체적인 현존에 의존하게 되어 자율적인 자기감을 발달시킬 수 없게 된다.
- 유아는 엄마에 대한 '좋은 표상'과 '나쁜 표상'을 통합시킨 하나의 온전한 엄마 표상을 통해 자아의 광범위한 구조화를 하게 되고 단일화된 자기 이미지를 계발하게 된다. 그 다음 초자아의 전조인 부모의 요구에 대한 내재화가 일어나면서 자기가 형성되는 순서를 밟으면서 성격발달이 이루어진다.

② **정서적 대상항상성 전제조건** : 말러는 3세 이전에는 결코 성취되기 어려운 정서적 대상항상성이 3세에 시작되기 위해서는 다음과 같은 본질적인 두 가지 선행조건을 제시했다.

- 첫째, 피아제의 대상영속성의 발달이다. 즉, 보이지 않아도 대상이 존재한다는 것을 인지적으로 알고 있어야 한다. 그렇다고 피아제의 대상영속성 발달은 엄마에 대한 상징적인 내적 표상의 확립을 위한 필요조건이지 충분조건이 아니다. 즉, 피아제의 대상영속성 발달이 이루어진다고 해서 반드시 정서적 대상항상성이 확립된다는 것은 아니라는 것이다. 18~20개월에 확립되는 피아제의 대상영속성이란 일

시적으로 집중되는 물리적 대상에 대한 것인 반면, 정서적 대상항상성은 엄마와 반복 접촉하되 종종 갈망, 좌절, 만족, 흥분의 각성 등 고도로 깨어있는 상태의 경험을 반복해서 겪어야 성취될 수 있기 때문이다.

- 둘째, 유아는 에릭슨이 언급한 신뢰감이 필요하다. 이는 믿을 수 있고 예측할 수 있는 엄마에 대한 느낌을 말하여, 이러한 신뢰감을 가져야 정서적 대상항상성을 확립하게 되어 아이는 엄마를 필요로 하거나 기대고 싶어 할 때 엄마를 떠올릴 수 있게 된다. 신뢰감은 공생단계에서도 분리-개별화의 단계에 이르러서도 계속 쌓여야 형성될 수 있다. 이들 단계 아이의 욕구에서 발생하는 긴장이 엄마에 의한 정규적인 이완을 통해 해소되면서 엄마에 대한 믿음과 신뢰가 축적·형성되고, 그리하여 엄마는 점차 내재화 과정에 의해 엄마 표상으로 만들어지게 된다.

③ **개별성의 강화** : 개별성의 강화는 복잡한 인지기능을 획득하면서 독특한 '정체성'을 형성하려는 데서 나타난다. 이를 위해 우선 다음과 같은 개별성의 성취가 이루어져야 한다.

- 앞서 언급한 대로, 정서적 대상항상성은 복잡한 과정을 거쳐 엄마의 상징적인 내적 표상의 인지적 획득에 의해 확립된다. 엄마에 대한 '좋은 표상'과 '나쁜 표상'을 통합시킨 하나의 온전한 표상을 통해 아이는 점차 자기에 대한 안정된 개념을 형성하고 타인에 대한 안정된 개념 또한 형성하게 되어, 엄마가 없는 동안에도 적절하게 기능할 수 있게 된다. 즉, 엄마 상에 의존해서 엄마와 떨어져 놀 수 있게 된다. 그리고 이러한 안정적인 자기 및 타인에 대한 개념을 형성하게 되면 유아 자신의 개별성도 확보하게 된다. 이는 유아의 심리 내적인 분리가 성취되었음을 암시해 주는 지표가 된다.

- 개별성의 강화는 복잡한 인지기능을 획득하면서 독특한 '정체성'을 형성하려는 데서 나타난다. 여기서 인지기능이란 언어적 의사소통, 유목적적인 놀이(예: 환상놀이, 역할놀이, 가상놀이 등), 현실 생활에 대한 자세한 관찰, 놀이친구와 엄마 이외의 성인에 대한 관심 증가, 시간 및 공간 감각의 발달시작, 만족을 위한 기다림, 분리 인내능력 증대, 나중이나 내일에 대한 개념의 이해 등이다. 아직도 어떤 유아들은 성인의 요구에 반항하면서 자율성에 대한 강한 욕구와 소망을 보일 수도 있다. 자아가 급속히 분화하는 20-22 ~ 30-36개월 동안 개별화는 매우 크게 발달한다.

3 말러 이론과 영유아 정신건강

1) 말러 이론의 요약

말러의 대상관계 발달단계에 따른 주된 양육자인 엄마의 역할을 다음 <표 6-1>에 요약했다. 여기서 역할이란 영유아 정신건강을 위한 성인의 역할이라 할 수 있다.

표 6-1 말러의 발달단계별 주된 특징과 엄마의 역할

단계		말러 이론의 주된 특징에 따른 양육 시사점
정상적 자폐 단계		생후 1개월 동안 유아는 껍질에 둘러싸여 영양을 공급받는 '새알'로, 원초적인 나르시즘 상태. ➜ 엄마는 자궁 밖 갓난아이로 하여금 유기체의 항상적 평형을 이루게 함.
정상적 공생 단계 (생후 2~4개월)		아기는 엄마와 '양자 단일체'라는 공생적 궤도의 심리적인 막 안의 융합 상태. ➜ 최초로 엄마와 유대관계 형성. 엄마는 공생 궤도 안 아기가 유쾌한 상태에 머물게 하면서 주변 환경을 감각적으로 조성하면(예: 모빌달기), 아기는 자기능력의 내재화, 자아의 깨달음, 엄마로부터 심리적으로 분화발생. 엄마를 향한 선택적인 미소 반응은 엄마-아기의 유대 확립의 단서이자, 분화의 시작임.
분리 개별화 단계 (4-5 ~ 30-36 개월)	분화	4-5개월 ~ 6-8개월 분화기는 아기가 '부화(hatching)'하면서 외부로 주의가 확장하고, '아기 자신과 엄마의 신체 구별'이 시작됨. '8개월 불안' 혹은 '낯가림'이 나타남. ➜ 아기 자신과 엄마 신체를 구별한다는 것은 엄마 신체가 유아발달을 위한 교구를 의미. 엄마를 빤히 쳐다보고, 만져보고, 아이 자신과 엄마를 교대로 살펴보는 등과 같은 행동이 유아에게 어떤 의미인지를 엄마가 이해하고 이를 허용하고, 호기심을 가지고 응대해주고, 즐거워하는 모습은 이 시기에 유아의 발달을 유도. '8개월 불안'으로 나타나는 울기, 칭얼거리기, 매달리기, 소리 지르기 등의 낯가림 반응을 민감하게 알아차리고 엄마의 신체 감각적 공감 능력을 보여주는 것이 필요.
	연습	아이는 기고, 기어오르고, 다시 일어나는 '초기 연습기'(8~11개월)를 거쳐 드디어 걷게 되는 '본 연습기'(10-12 ~ 16-18개월)는 인간의 개별화를 위한 첫 번째의 위대한 시기. 아이는 이제 '세상에 대한 사랑'을 시작하고, 현실검증 능력을 확장. 유아 자신의 '전능성'에 대한 믿음이 최고. ➜ 독립된 인간 존재의 세상으로 나아가는 걸음마 유아에게 아이가 잘해낼 수 있다는 엄마의 기대와 믿음 그리고 격려가 중요함. 그렇다고 '어른'이

단계		말러 이론의 주된 특징에 따른 양육 시사점
	연습	된 것처럼 대하면 엄마로부터 떨어지거나 밀착을 요구하는 것 모두 어려워하고, 유아의 개별화 욕구를 방해해도 발달지체와 자기와 타자의 구별 능력의 지체를 가져옴. 엄마는 아이가 잘하리라는 기대·믿음·격려 이외, 여전히 '정서적 재충전'을 원하는 아이의 욕구를 충족시켜주는 안식처, 즉 안전기지(home base)의 역할과 아이의 마음을 다독이는 공감의 역할이 중요함.
분리 개별화 단계 (4-5 ~ 30-36 개월)	재접근	연습단계 말부터 세상은 결코 만만한 것이 아니라는 좌절을 맛보면서 연습시기 동안 중지된 친밀감에 대한 욕구가 재개되어 엄마 소재를 계속 확인·접근하고, 외부세계에서의 발견들을 엄마와 공유하려는 '초기 재접근'(15, 16 ~ 18-20개월), 그리고 엄마를 필요로 하는 욕구와 자신이 자율성 욕구 사이의 양가적 갈등에 따른 내적 긴장감으로 불만족, 채워지지 않는 욕심, 빠른 기분 변화, 양가감정, 짜증, 분리불안 등과 같은 투쟁의 모습을 보이는 '재접근 위기'(18-20 ~ 24-30개월)에 처함. 이 시기 언어사용, 전화놀이, 인형놀이와 같은 표상적 지능의 발달로 인해 이전 연습시기의 자율적 기능은 더욱 발달하게 됨. ➜ 말러는 다음과 같은 엄마 태도의 중요성을 거듭 주장 • **전능성 상실의 대처** : 초기 재접근 시기 유아는 이전 연습기의 자신에 대한 망상적인 전능성이 점차로 상실됨에 따라 자존감이 낮아짐. 상처입기 쉬운 유아에게 엄마의 대응능력, 즉 영아의 모험적 행위를 함께 나누고 즐겁게 상호작용하는 일은 매우 중요. 아이는 이를 모방·동일시하고, 자율적 자아는 최상의 기능을 획득하고, 의사소통도 발달시킴. 아이는 엄마와의 좋은 관계를 내면화시키면서 점차적으로 마술적 전능성을 감소시켜 전능성 상실의 타격을 줄일 수 있음. • **갈등의 수용과 정서적 지원** : 엄마는 재접근 위기에 처한 아이의 양가적 갈등에 따른 격렬한 투쟁을 수용하고 정서적으로 다독여주면 아이는 정신 에너지를 중화시킬 수 있고, 따라서 중화된 에너지를 자기 표상에 집중시킬 수 있게 됨. 이와 같은 엄마의 갈등수용과 정서적 지원을 위한 안전기지 역할은 이후 성격발달에 지대한 영향을 미침.
	정서적 대상항상성 / 개별성	24-30개월 ~ 36개월의 유아 과제는 정서적 대상항상성을 갖고, 자신의 개별성을 강화시키는 것임. '정서적 대상항상성'이란 엄마가 부재하는 동안 그 표상을 유지하는 것으로, 이제 엄마와 떨어져서 잘 놀 수 있게 됨. '개별성의 강화'는 복잡한 인지기능을 획득하면서 독특한 '정체성'을 형성하려는 데서 나타남. ➜ 정서적 대상항상성 획득은 인지적 대상영속성의 발달과 엄마에 대한 신뢰감 확보가 전제되어야 함. 특히, 신뢰감은 공생단계 이후 계속해서 아이의 욕구에서 발생하는 긴장이 엄마에 의한 이완을 통해 해소되면서 점차적으로 쌓여지게 되면 아이는 이러한 엄마를 내재화하여 좋은 엄마 표상을 가지게 됨. 이제 엄마 부재 시에도 좋은 엄마 상에 의존해서 친구와 놀이 가능. 이런 엄마 상을 통해 유아는 안정적인 자기 및 타인의 개념을 형성하여 자기 자신의 개별성을 확보하고, 점차 복잡한 인지기능을 획득하면서 독특한 '정체성'을 형성하려는 데서 개별성의 강화 또한 나타남.

위 <표 6-1>에서 알 수 있듯이, 말러의 분리-개별화의 각 단계들에서 제시한 구체적인 행동지표들은 성숙과정의 중요한 국면들을 밝힌 것이다. 예컨대, 분화 하위단계에서 낮가림은 유아가 다른 사람과 어머니를 감각적으로 구별하기 시작했음을, 연습 하위단계에서 걸음은 자신을 움직여 나갈 수 있는 능력이 있음을, 재접근 하위단계에서 언어사용은 대상관계의 도구를 획득했음을 나타낸다. 이러한 지표들을 통해 지금까지 어느 대상관계이론가들이 제시한 것보다 더 분명하게 분리-개별화 과정을 설명하고 있다(Cashdan, 2005).

2) 말러 이론과 영유아 정신건강

말러의 대상관계이론에서 영유아의 발달단계에 따른 욕구와 어머니 성격 사이의 상호작용이 불일치하여 외상을 입거나 어떤 과제들을 해결하지 못한 채 남겨두면 심각한 심리적 장애가 초래될 수 있다고 보았다.

(1) 정상적 자폐 및 정상적 공생 시기

정상적 자폐 시기와 정상적 공생 시기는 가장 상처입기 쉬워서 심각한 정신적 외상을 입게 되면, 정신병이 생길 수 있다. 유아 정신병을 보면 특히 공생 경험이 왜곡되어 있거나 상실된 경우가 많다. 즉, 정상적 공생기 동안 심리 내적으로 어머니를 사용하는데 있어 결핍이 있거나 결함이 존재할 가능성이 많다는 것이다. 엄마를 내면화할 수 없게 되면 유아는 부분 대상과의 융합 상태에서 자기를 구별해 내지 못한다. 엄마의 역할을 요약하면 다음과 같다.

① **정상적 자폐 시기** : 엄마는 자궁 밖 갓난아이에게 유기체의 항상적 평형을 이루도록 하고, 점차 환경을 감각적으로 잘 알게 하는 쪽으로 밀어주도록 한다.

② **정상적 공생 시기** : 정상적 자폐기 아기는 엄마와의 유대관계를 깨달을 수 없다. 하지만 정상적 공생 시기에 이르면 최초로 유대관계가 형성되면서 엄마를 내면화하게 되고 자아를 깨달아 간다. 아기가 엄마와의 유대관계를 통해 편안함과 안전감을 가지게 되고, 또한 엄마의 감각 지각적 자극을 통해 아기 자

신의 능력을 내재화할 수 있게 되면, 아이는 점점 더 자아인식과 자아발달을 이루게 된다. 따라서 엄마는 아기와의 유대를 공고히 해서 공생 궤도 안의 유아가 편안하고 안전함을 느낄 수 있는 유쾌한 상태에 머물게 하고 모빌과 같은 장난감으로 유아의 주변 환경을 감각적으로 더욱 잘 알게 하는 쪽으로 밀어주는 환경을 조성하도록 한다. 만일 유아가 이러한 최상의 경험을 하게 되면, 엄마로부터 심리적으로 자연스럽게 분화되어 공생적 상태를 뛰어넘어 심리적 확장이 발생한다. 이때가 생후 4,5개월쯤이다. 이 때 엄마를 향한 선택적인 미소 반응은 어머니-아기의 특정한 유대 확립의 결정적 단서이자 분화의 시작이다.

(2) 분리개별화의 시기

말러와 말러 이후 임상가 및 이론가들은 재접근기, 특히 '재접근 위기'때 심리적 유약성을 강조하면서 이 기간의 외상 및 정신적 혼란으로부터 경계선 장애가 생긴다고 보았다. 이 시기 아이-엄마의 관계 문제와 엄마의 역할을 제시하면 다음과 같다.

① **초기 재접근 시기** : 연습기 동안 유아는 자유로운 보행으로 세상을 탐험하지만 점차 장애물의 존재를 경험하면서 세상은 결코 만만한 것이 아니라는 좌절을 맛보게 된다. 연습기 중반기 이후 유아의 전능성에 대한 망상은 최고에 달하지만, 정상적 자기애는 극도로 상처받기 쉽다. 그동안 엄마 존재에 대해 비교적 무관심했다가 이제 엄마 소재를 확인하고 적극적으로 접근하는 친밀감 욕구가 15-16개월 ~ 18-20개월에 재개되어 '초기 재접근'의 시기에 이르게 된다. 이 시기 유아는 자신에 대한 망상적인 전능성이 상실되면서 자존감이 낮아지므로 엄마는 아이의 전능성 상실을 함께 대처해야 한다. 상처입기 쉬운 유아와 모험적 행위를 함께 나누면서 즐겁게 상호작용하는 엄마의 감정 대응능력은 매우 중요하다. 아이는 이를 모방·동일시하고, 자율적 자아는 최상의 기능을 획득하고, 의사소통도 발달하게 된다. 아이는 엄마와의 좋은 관계를 내면화시키면서 점차적으로 마술적 전능성을 감소시키면 전능성 상실의 타격을 줄이게 된다.

② **재접근 위기** : 유아는 외부세계에서 발견한 물건들을 공유하고 상호작용하는 자율의 기쁨을 누리는 17,18개월쯤 '초기 재접근'절정 이후, 유아와 엄마의 갈등이 드러나는 18-20개월~24-30개월쯤 재접근의 위기를 맞게 된다. '재접근 위기'란 엄마를 필요로 하는 친밀성 욕구와 아이 자신의 자율성 욕구 사이의 갈등을 말하며, 이는 엄마에게 매달리는 행동과 거부하는 행동이 교차하는 양가적 갈등 행동으로 나타난다. 유아는 이러한 갈등에 따른 내적 긴장감으로 불만족, 채워지지 않는 욕심, 기분의 빠른 변화, 양가감정, 짜증, 분리불안 등과 같은 투쟁의 모습을 보인다. 이 시기 엄마는 아이의 갈등에 따른 투쟁에 대처하는 것이 쉽지 않겠지만, 말러는 아이의 갈등을 수용하고 정서적으로 지원하는 엄마역할을 거듭 강조했다. 아이는 엄마가 자신의 격렬한 투쟁을 수용하고 정서적으로 다독여주면 정신 에너지를 중화시킬 수 있고, 따라서 중화된 에너지를 자기 표상에 집중시킬 수 있게 된다. 반대로, 엄마가 정서적으로 덜 유용할수록 점점 더 강하게 엄마에게 매달리게 되어 유아의 발달 에너지를 지나치게 고갈시킬 수 있다. 그리하여 여러 자아 기능의 발달을 위해 사용될 리비도와 건설적인 공격성이 충분히 남아있지 않게 된다. 이 시기에 엄마가 유아의 갈등과 투쟁을 수용하면서 정서적으로 지원해 주는 '안전기지(home base)'의 엄마 역할은 매우 중요하다.

③ **재접근 위기의 지속 및 심화** : 재접근 위기가 지속·심화되어 적절한 발달을 이루지 못하는 유아가 있다. 이는 엄마에게 필사적으로 매달리는 행동과 엄마를 거부하는 행동이 빠르게 교차하는 양가적 갈등이 심한 경우이다. 이러한 양가적 경향성은 대상 세계를 '좋은 것'과 '나쁜 것'으로 분열시키게 된다. 대상세계에 대한 지나친 분열은 성인의 경계선 장애에서 그 모습이 나타난다. 이 분열의 기제는 분리-개별화의 네 번째 단계인 '정서적 대상항상성 및 개별성 하위단계'의 핵심 특징인 '정서적 대상항상성'의 형성을 방해한다.

④ **정서적 대상항상성, 자율성 획득, 분열** : 정서적 대상항상성이란 애정 대상인 엄마에 대한 좋은 표상과 나쁜 표상을 하나의 전체적인 표상으로 통합시켜 엄마가 부재하는 동안 그 표상을 유지하는 것을 말한다. 여기에는 아이의 자율성 획득이 중요하게 작용한다. '자율성 획득'이란 엄마의 좋은 측면을 계속 받

아들이면서도 자신을 구속하고 제한하려는 엄마의 나쁜 측면에 대해서는 도전하고 독립해 나가는 것을 말한다. 정서적 대상항상성을 확립한 아이는 엄마와 떨어져도 잠시 후 다시 만날 수 있기 때문에 보고 싶어도 참을 수 있게 되어 친구와 놀기도 하고 유치원에 가기도 한다. 그런데 만약 엄마가 하나의 온전한 엄마 표상으로 통합·수용하지 못한다면 문제가 발생한다. 엄마에 대한 안정적인 이미지를 형성하지 못할 뿐 아니라 나아가 자기의 정체감을 형성하는데도 혼란을 겪게 된다. 이렇게 좋은 엄마와 나쁜 엄마 사이의 심리적 경계가 적절히 융화되지 못하여 발생하는 대상 '분열'의 성격병리가 바로 경계선 성격 장애이다(10장 참조).

결론적으로, 말러의 분리-개별화과정의 재접근 위기의 시기에 엄마의 역할, 즉 갈등을 수용하고 정서적 지원을 위한 엄마의 적절한 심리적 융통성은 절대적으로 필요하다. 갈등을 지닌 유아에 대해 지나치게 불안해하거나, 심하게 다루거나, 지나치게 무관심하거나 한다면 갈등은 심화된다. 아이의 이원적 양가적 갈등으로 인한 불균형이 어떤 것이며 어떤 도움이 필요한지를 파악하여 정서적으로 지원하되 일관성 유지 또한 신경 써야 한다. 다시 말해, 유아가 엄마의 다음 행동을 예상할 수 있도록 일관적인 행동을 보여주면서 아이의 갈등을 파악·수용하고 적절한 도움을 줄 수 있는 부드러운 정서적 지원은 아무리 강조해도 지나치지 않다.

Chapter

7 코헛 : 자기심리학과 나르시즘

하인즈 코헛(Heinz Kohut, 1913~1981)은 비엔나에서 출생, 비엔나 대학교에서 의학 박사 학위를 받았고, 미국으로 건너가 시카고 정신분석 연구소에서 정신분석 전문가로 활동했다. 코헛은 전통적 정신분석 이론을 발판으로 경력을 쌓았지만, 점차 이를 뛰어넘어 인간 본래의 '자기'에 대해 관심을 기울였고, 이를 구성하는 나르시즘, 즉 자기애의 역할을 중시했다. 1966년 자기애에 대한 이론을 제시하였고, 1978년 '자기심리학'이 공식적으로 선언되어 시카고에서 자기심리학 컨퍼런스가 열리는 전통이 수립되었다.

코헛의 자기심리학에 의하면, 인간은 근본적으로 자기에 대한 신뢰가 없으면 대상을 있는 그대로 받아들이거나 사랑할 수 없기 때문에 우선 자기사랑부터 시작해야 한다고 보았다. 코헛은 성격의 중심에 '자기'를 두고, 자기 발달을 위해 '관계'가 중요함을 강조했다.

코헛 이론의 개요

코헛 이론은 자기애적 성격장애자를 분석하는 데서 유래하였다. 그는 시대의 변화에 따라 부모-자녀의 관계는 새로운 심리적인 문제를 지닌 자기애적 성격장애를 가져 올 수 있다고 보았다. 코헛은 이러한 장애가 프로이트의 고전적 욕동모델, 즉 오이디푸스기에 원초아, 자아, 그리고 초자아라는 심리 내적 구조들 사이의 갈등에서 기인한다는 모델로는 치료될 수 없다고 주장했다. 그는 그 원인이 전 오이디푸스기에 성격의 중심 구조인 '자기'에 결함에 있고, 이 자기 결함은 부모-유아 관계에서 자기의 혼란에 그 뿌리를 두고 있다고 여겼다. 그에게 성공적인 치료란 새로운 자기 구조를 획득함으로써 성격상의 결핍이 치료되는 것을 말한다.

코헛의 이론이 프로이트의 욕동모델로부터 떠나 관계를 강조하고 있다는 점에서 대상관계이론이라고 볼 수 있다. 하지만 그의 이론은 대상관계이론과는 다소 다르다. 코헛은 성격의 중심에 '자기'를 두고, 자기 발달을 위해 '관계'가 중요함을 강조했다. 다시 말해, 인간이란 대상을 있는 그대로 받아들이고 사랑하기 위해서는 근본적으로 자기에 대한 사랑부터 시작해야 하고, 이러한 자기애 발달을 위해서는 자기대상, 즉 부모와의 관계가 중요함을 강조했다. 여기서 자기애란 병리적인 것만은 아닌 정상적 발달의 건강한 측면을 말한다. 이것이 바로 코헛의 자기심리학이다.[25)]

1 코헛 이론의 주요개념

코헛의 이론은 자기애적 성격장애를 가진 환자를 분석하는 데서 도출된 이론이다. 그는 자기를 구성하는데 나르시즘[26)]의 역할을 중시하였다. 나르시즘을 나르시시즘, 혹은 자기애(자기사랑), 혹은 과대자기와 혼용해서 사용하기도 한다. 코헛의 중심개념인 나르시즘을 비롯한 자기, 자기대상, 변형적 내면화 등을 살펴보기로 하자.

1) 자기애 혹은 나르시즘

프로이트와 코헛의 나르시즘에 대한 관점은 차이가 있다. 프로이트의 욕동 모델에서 나르시즘은 대상에게 가야하는 본능적 에너지, 즉 리비도가 자기 자신에게로 되돌아 온 상태로 자기 밖의 모든 일에 대해서는 무관심하고 모든 에너지와 관심이 자기에게만 집중된 것을 말한다. 이는 다른 사람을 사랑하거나 관계를 맺을 수 없고, 자기 스스로에게 몰두되어 있는 상태이다. 프로이트는 나르시즘을 병리적으로 보고 치료적 관계를 맺을 수 없어 분석할 수 없고 치료될 수 없다고 보았다.[27)]

---

25) 7장은 윤순임(1995), Cashdan(2005), Clair & Wigren(2009), Fonagy(2001), McWilliams (2008)를 참고했고, 간혹 내용을 발췌하거나 요약하였다. 이들 책 속에 인용된 문헌은 생략했다.

26) 자기애 혹은 나르시스(narcissism)라는 용어는 프로이트가 그리스의 신화에서 빌려온 것으로, 연못에 비친 자기의 아름다운 모습을 너무 사랑하여 결국 그 모습을 따라 물속으로 들어가 죽었다는 그리스 신화 속의 인물 나르키소스(Narcissus)에서 연유한다.

27) 프로이트는 나르시즘을 원초적인 일차적 나르시즘과 이차적 나르시즘으로 구분했다. 일차

반면, 코헛의 나르시즘은 건강한 의미를 내포한다. 코헛은 유아의 자기애적 욕구, 즉 반영 받고 싶어 하는 거울반응 욕구와 부모를 이상화하려는 욕구는 정상적인 것으로 이러한 욕구에 대해 '자기대상', 즉 부모가 공감적인 적절한 배려를 한다면 건강한 자기애가 발달한다고 코헛은 보았다. 그런데 이러한 욕구가 심하게 좌절되거나 과잉 충족되면 심적 에너지가 어린 시기에 집중·고착되어, 자기를 인정하거나 지지해달라고 타인에게 지나치게 매달리거나 혹은 타인을 무시하는 자기애적 성격장애를 가져온다고 보았다. 코헛은 프로이트와 달리, 이러한 장애의 성격상의 결핍은 새로운 자기구조 획득을 통해 치료될 수 있다고 보았다.

2) 자기, 자기대상, 자기의 발달

(1) 자기

코헛에 의하면, '자기(self)'란 주위를 둘러싸고 있는 대상세계와 대비를 이루는 온전한 전체로서의 자기, 모든 심리적 기능체가 통합되고 조직화된 전체로서의 자기를 가리킨다. 또한 자기는 '내가 여기 이렇게 존재하는구나.'와 같이 자기 존재의 직접적인 체험을 일컫기도 한다. 이렇게 코헛에게 자기란, 프로이트가 밝혔던 성격의 한 특정 구조(이는 원초아, 자아, 초자아 중 자아를 말함)로서의 좁은 의미의 자기가 아니었다. 그는 자기를 심리적 우주의 중심으로 보다 넓게 정의했고, 코헛의 나르시즘은 이러한 자기가 리비도에 점유되어 자기 자신이 리비도 에너지로 차있다고 보았다.

(2) 자기대상

코헛의 '자기대상(self object)'이란 자기의 한 부분으로 경험되거나 자기가

적 나르시즘은 정상적인 발달과정에서 일어나는 것으로서 갓난아이들의 자기 자신과 대상을 구분할 수 없는 미분화된 초기 전능감을 가진 상태를 말한다. 성장하는 아이들은 점차 이것을 대상에 부여함으로써 대상 사랑으로 변형시킨다. 반면, 이차적 나르시즘은 본능적 에너지인 리비도가 대상에 점유되었다가 자기 자신에게로 되돌아 온 상태를 말한다. 위 본문은 이차적 나르시즘에 해당한다(윤순임, 1995).

기능을 할 수 있도록 도와주는 도구로 사용되는 대상, 특히 부모이다. 다시 말해, 자기대상은 유아가 성숙해지면 스스로 담당하게 될 자신의 정신구조의 기능을 유아기에 대신 해주는 부모이며, 이 자기대상은 자기화(selfhood)의 경험을 촉진시키는 기능을 한다. 따라서 부모의 역할은 자기대상이 되어줌으로써 유아의 자기애적 욕구를 충족시켜주는 것이라고 코헛은 보았다.

(3) 자기의 발달

자기의 발달이란 미발달된 '초보적 자기(rudimentary self)'가 '응집적 자기(cohesive self)'로 발달하는 것을 말하고, 코헛은 이를 자기발달의 핵심으로 보았다. 초보적 자기는 '과대자기'와 '이상화된 부모상'이라는 두 가지 요소를 가지고 있는데, 아이의 과대자기는 점차적으로 변형하고 통합되어 자신의 '포부'로, 그리고 아이의 이상화된 부모상도 보다 현실적인 대상으로 아이가 점점 깨달으면서 이를 초자아로 내사하여 자신의 '이상'으로 나타난다. 이제 과대자기는 '포부자기', 이상화된 부모상은 '이상자기'라는 응집적 자기로 발달한 것이다. 이렇게 초보적 자기가 점점 응집적 자기로 발달하기 위해서는 자기대상과의 관계, 즉 자기대상의 거울반응과 이상화반응에 의한 공감적 배려, 최적의 좌절을 통한 변형적 내면화는 필수적인 요건이라고 코헛은 주장했다.

3) 공감적 배려와 최적의 좌절을 통한 변형적 내면화

(1) 공감적 배려

코헛에 의하면, 공감적 배려는 거울반응과 이상화반응을 말한다. 거울반응(mirroring)이란 아이에게 아이 자신의 모습을 성인이 자기의 얼굴 표정, 말투, 태도 등을 통해 마치 거울처럼 비추는 것을 말한다. 이 거울반응을 통해 아이는 자신의 존재를 감지하게 된다.

이상화반응이란 아이가 부모를 이상화할 수 있게 하는 부모반응이다. 예를 들어, '엄마는 뭐든지 다 할 수 있어!', '엄마는 힘이 있어!' 등과 같은 엄마의 반응은 아이에게 엄마를 최고라고 보게 하고, 이러한 아이의 부모에 대한 이상화를 부모가 허용하고 으쓱해 하면서 기분 좋아하는 이러한 관계를 가짐으로써 아이는 이상화된 부모상을 형성하게 된다.

(2) 최적의 좌절을 통한 변형적 내면화

최적의 좌절(optimal frustration)이란 공감적이고 친밀한 정서적 유대관계 가운데서 발생하는 좌절을 말한다. 정상적인 부모들은 가끔씩 유아의 욕구 만족을 지연시키거나 무산시키기도 하는데, 이때 아이가 느끼는 좌절감이나 실망은 견딜 만하고 외상적이지 않아서 이를 최적의 좌절이라 한다.

변형적 내면화(transmuting internalization)란 유아가 최적의 좌절을 견디면서 자기대상의 구체적인 기능적 특성들을 자기로 흡수·내면화하는 것을 말한다. 여기서 기능적 특성들이란 자기대상이 이전에 유아에게 행했던 기능들, 예컨대 위로하기, 거울 반응하기, 긴장 견디도록 반응하기 등을 말하고, 이들 기능들을 아이가 내면화하여 대신 행하게 되는데 그 구체적인 상황을 들어보자.

- **부모의 위로하기 → 아이 스스로 자기 위로하기** : 부모의 위로하기("○○가 기다리는 거 힘들지? 엄마가 곧 이것 끝내고 갈게.")를 아이가 내면화하여 스스로 자기를 위로한다.
- **부모의 거울반응 하기 → 거울반응에 따라 아이 행동하기** : 부모의 거울반응("○○는 컵을 식탁 위에 놓네.")에 따라 아이가 그대로 행동으로 옮긴다.
- **긴장 견디도록 부모 반응하기 → 아이의 긴장 견디기** : 긴장되는 상황이 괜찮다("○○는 참을 수 있지? 의사 선생님이 진찰하면 곧 나아질 거야.")고 말하는 부모를 보고 아이는 스스로 괜찮다고 말하면서 두려운 긴장을 견디게 된다.

이러한 변형적 내면화, 즉 자기대상의 측면들을 유아의 자기로 흡수·내면화하는 과정이 반복되면서 유아는 자신의 심리적 내적 구조를 형성하게 된다. 아이의 자기구조 구축은 최적의 좌절을 통한 변형적 내면화의 역할이 매우 크다.

2 코헛의 유아초기 자기 발달에 대한 관점

코헛의 자기 발달은 건강한 자기애 발달을 뜻한다. 자기애의 핵심적인 발달이 이루어지는 유아초기 자기(자기애)의 발달 과정부터 살펴보자.

1) 유아초기 자기의 발달 과정

코헛에 따르면, 인간의 초보적 자기의 형성과 초보적 자기에서 응집적 자기로의 정상적인 발달은 아주 어린 유아시절에 이루어진다. 코헛은 이러한 발달을 순차적인 발달단계로서가 아니라 유아의 자기대상과의 관계측면에서 보았다.

우선 그림을 통해 발달과정을 살펴보도록 하자.

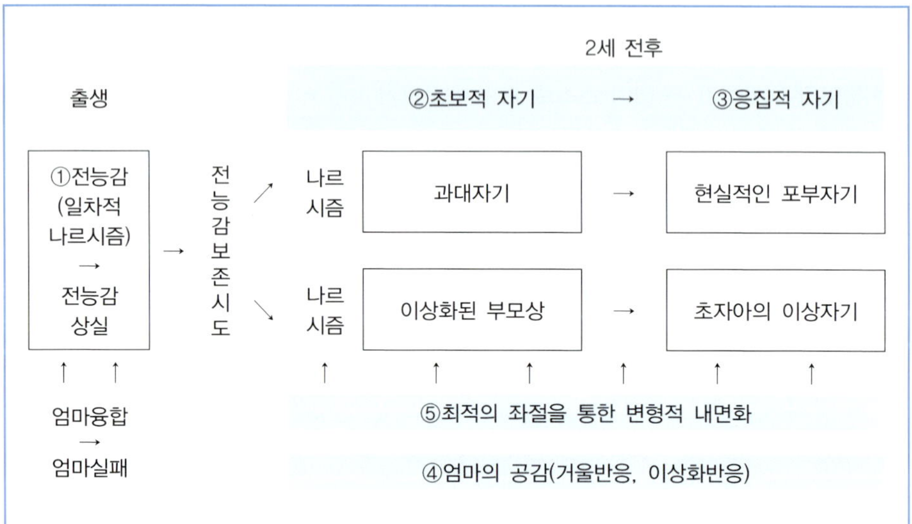

그림 7-1 유아초기 자기의 발달 과정

위 그림을 간단히 설명하면 다음과 같다.

① **전능감·전능감 상실·전능감 보존 시도** : 생후 최초의 일차적 나르시즘(각주 27 참조)기간에 엄마와 융합되어 있는 유아는 전능감과 완전감을 지니고

있다. 그러나 유아의 따뜻한 돌봄 욕구에 대한 엄마의 안이한 대처나 무반응이라는 엄마의 실패는 아이로서는 자기애적 전능감의 평정과 평안을 상실하는 매우 부정적인 경험이다. 아이의 이러한 자기애적 전능감의 좌절에 따라 이를 보존하려는 시도를 하게 되면서 초보적 자기가 생겨난다.

② **초보적 자기** : 초보적 자기는 '과대자기'와 '이상화된 부모상'이라는 두 가지 요소로 구성되어있다. 아이는 자신이 위대하며 내세울 만하다는 이미지를 더욱 확고히 하면서 과대자기가 생겨나고, 더 나아가 아이는 자기애적 전능감의 원인을 자신이 숭배하고 전능하다고 생각하는 자기대상에게 귀착시킴으로써 이상화된 부모상이 생긴다.

코헛은 초보적 자기를 '핵심자기' 또는 '중심자기'라 불렀고, 또한 과대자기와 이상화된 부모상을 두 가지 형태의 '나르시즘'이라고도 했다.

③ **응집적 자기** : 과대자기와 이상화된 부모상이라는 초보적 자기는 점점 자기대상과 경계를 정하고 변형·응집하게 된다. '과대자기'는 점차 현실을 향해 길들여지고 온전하게 응집·통합하여 '포부자기'로 나타난다. '이상화된 부모상'에 대해서도 현실적으로 바라보면서 이상화된 부모상은 초자아로 내사되어 이전에 이상화된 대상이 맡아 행하던 기능들을 떠맡아 '이상자기'로 나타난다.

④ **공감(거울반응, 이상화반응)** : 초보적 자기가 형성되고, 초보적 자기가 응집적 자기로 나아가기 위해서는 자기대상의 거울반응과 이상화반응과 같은 공감적 배려가 중요하게 작용한다. 다시 말해, 엄마는 아이의 거울반응 욕구와 이상화 욕구에 공감적 반응을 해 주어야 한다.

⑤ **최적의 좌절을 통한 변형적 내면화** : 아이가 성장하다 보면 공감적이고 친밀한 정서적 유대관계 가운데서 아이의 욕구를 지연시키거나 무산하는 것과 같은 실패가 발생해서 아이는 좌절감이나 실망을 느끼게 되는데, 아이는 이를 대처하기 위해 자기대상의 측면들, 즉 자기대상이 아이에게 행했던 기능들(예: 위로하기, 거울 반응하기, 긴장 견디도록 반응하기 등)을 아이의 자기로 흡수해서 내면화하게 된다. 이러한 최적의 좌절의 통한 변형적 내면화도 공감적 배

려와 아울러 초보적 자기의 형성, 특히 응집적 자기로의 발달을 이루기 위해서는 반드시 필요하다고 코헛은 주장했다.

이상과 같은 자기의 발달과정은 시간적 순서를 나타내는 발달단계가 아니라 자기대상과의 관계 측면에의 발달을 의미한다. 코헛은 대체로 말러의 공생단계 후반기와 개별화 단계 초반기 사이의 기간과 상응해서 과대자기와 이상화된 부모상이 나타나고, 생후 1년 후반기나 2년 초반기, 즉 2세 전후에 초보적 자기가 점차 응집적 자기로 조직화된다고 보았다.

일단 응집적 자기가 나타나기 시작하면 자기대상과 대립하면서 자기 경계를 확정하는 더욱 진보된 관계를 이룩하게 된다. 아이가 "아니!" 라고 말하게 되면 환경과 자기를 확연히 구별하는 시기임을 뜻하고, 이제 아이는 자기 영역을 강화시켜 나아가게 된다.

2) 초보적 자기의 형성과 응집적 자기의 발달

[그림 7-1] '유아초기 자기의 발달과정'에서 초보적 자기의 형성과 응집적 자기의 발달을 중심으로 다시 구체적으로 살펴보도록 하자.

(1) 초보적 자기의 형성

초보적 자기(혹은 핵심자기)는 과대자기(grandiose self)와 이상화된 부모상(idealized parent image)이라는 두 가지 요소로 구성되어 있다.

① **과대자기의 확립** : 과대자기는 아이의 자기중심적 세계관을 말하며, 사랑받고 있음에 기쁨이 넘치는 측면을 말하고 있다(예: "나는 훌륭해, 완벽해. 날 좀 봐!"). 이러한 과대자기는 아이의 과대성을 인정하는 자기대상의 거울반응을 보여 주는 공감적 관계를 통해 확립된다. 간단히 말해, 과대자기란 자기의 과대성에 대해 거울반응이라는 공감적 배려를 보여주는 자기대상 앞에서 자기확신에 찬 건강한 모습이다.

② **이상화된 부모상의 수립** : 이상화된 부모상이란 이상화반응을 보여주는 자기대상을 향한 건전한 숭배의 상을 말한다. 이상화된 부모상 역시 자기대상의 반응을 통해 형성된다. 즉, 아이가 부모를 이상화할 수 있도록 이상화반응(예: '엄마는 뭐든지 다 할 수 있어.', '엄마는 힘이 세다.', '엄마는 네가 무서워하는 것 모두 물리칠 수 있어!' 등)을 보여 주는 자기대상의 공감적 관계를 통해 수립된다. 이처럼 이상화 과정이 자기 아닌 다른 사람이 완벽하다는 것은 과대자기와 대조를 이루어 모순되나, 아이는 인지적으로 미숙해서 대상과 자신이 융합되어 있다고 경험한다(예: "당신은 완벽해, 그리고 나는 당신의 일부야.").

이렇게 초보적 자기는 자기대상의 반응을 통해 형성된다. 자기대상은 어떤 기대감을 가지고 출현하는 아이의 자기를 특정한 방향으로 유도함으로써, 즉 아이가 드러내 주는 과대자기의 측면들과 아이가 존경하는 이상화된 이미지의 측면에 대해 수없이 반응해줌으로써 초보적 자기가 형성되는 것이다.

(2) 응집적 자기의 발달

코헛에 따르면, 초보적 자기(혹은 핵심 자기) 형성의 다음 국면은 2세 쯤 자기대상과 경계를 정하고 자기가 점점 응집하여 조직·강화되는 것이다. 응집적 자기는 현실적인 '포부자기'와 초자아의 '이상자기'로 구성된다.

① **포부자기의 발달** : 이전의 과대자기의 과대성은 점차 조절하여 현실적인 것으로 길들여진다. 과대성은 온전하게 응집·통합하여 에너지, 야망, 자존감을 지닌 포부로 발전하여 과대자기는 '포부자기'로 발달하게 된다.

② **이상자기의 발달** : 이전의 이상화된 부모상에 대해서도 아이는 점차 현실적으로 바라보게 된다. 부모를 유아 자신과 분리된 대상으로 깨달으면서 지금까지 부여하였던 이상적이고 자기애적인 에너지 투여를 철수하게 된다. 이상화된 부모상은 이제 초자아로 내사되어, 이전에 이상화된 대상이 맡아 행하던 기능들을 떠맡아 이상화된 부모상은 '이상자기'로 발달하게 된다.

이렇게 과대자기가 포부자기로, 이상화된 부모상이 이상자기로 발달하기 위해서는 자기대상의 공감적 배려, 특히 최적의 좌절을 통한 변형적 내면화는 필수적이라고 코헛은 거듭 강조했다.

(3) 자기구조 형성과 부모-아이 관계

출생한 아이는 아직 자기를 가지고 있지 않다. 점차 초보적 자기가 형성되고, 초보적 자기에서 응집적 자기로 정상적으로 발달하면서 자기구조를 가지게 된다. 이 과정에서 부모는 아이에게 이미 자기가 있는 것처럼 행동하고 반응하는 부모-아이 관계의 결과로 자기는 생겨난다. 즉, 부모의 거울반응과 이상화반응을 보여주는 공감적 관계는 자기 출현을 자극하는 필수 요건이고, 점차 견딜만한 최적의 좌절을 제공해서 이를 통한 아이의 변형적 내면화는 자기구축을 위한 필수 요건이라고 코헛은 보았다.

① 공감적 관계와 자기구조 형성

공감적 관계는 거울반응과 이상화반응을 보이는 부모-아이 관계를 말한다.

‖ **거울반응** ‖ 거울반응이란 아이에게 아이 자신의 모습을 성인이 자기의 얼굴 표정, 말투, 태도 등을 통해 마치 거울처럼 비추는 것을 말한다. 이 거울반응을 통해 아이는 자신이 가치 있는 존재인지 아닌지를 감지하게 된다. 엄마가 아기를 보면서 행복한 표정, 긍정적인 말투, 사랑스런 태도를 보이면 아이는 좋은 자기를 경험하는 반면, 우울한 표정, 부정적인 말투, 짜증스런 태도를 보이면 아이는 나쁜 자기를 경험한다. 영유아기는 부모라는 거울에 비춰진 자신의 모습이 마음속에 자리 잡게 되어 자기 윤곽을 결정한다. 특히 엄마와 융합된 생후 초기의 아기는 엄마가 비춰주는 얼굴 표정, 태도, 말투 등을 자신의 모든 것인 양 그대로 받아들인다. 과대자기의 형성이나 응집자기의 발달은 자기대상이 보여 주는 공감적 관계, 즉 거울반응이 매우 중요한 역할을 한다.

‖ **이상화반응** ‖ 이상화반응이란 아이가 부모를 이상화할 수 있게 하는 반응이다. 부모가 이상화반응을 보여 주는 자기대상의 공감적 관계를 통해 이상화

된 부모상이 수립된다. 예를 들어, '엄마는 뭐든지 다 할 수 있어.', '엄마는 강해.', '엄마는 네가 무서워하는 것 모두 물리칠 수 있어!', '귀신! 무찌를 수 있어.' '너에게 가까이 오는 고양이 물리칠 수 있어! 이런 엄마가 있어 넌 괜찮아.', '엄마는 네 편이야!' 등과 같은 엄마의 반응은 아이에게 든든한 배수진이 되고 우리 엄마를 최고라고 보게 되며, 이러한 아이의 부모에 대한 이상화를 부모가 허용하고 으쓱해 하면서 기분 좋아하는 이러한 관계를 가짐으로써 아이는 이상화된 부모상을 형성하게 된다.

② 최적의 좌절을 통한 변형적 내면화와 자기구조의 구축

‖ **최적의 좌절** ‖ 최적의 좌절이란 공감적이고 친밀한 정서적 유대관계 가운데서 발생하는 좌절을 말한다. 이는 시간이 흐르고 아이가 성장하다 보면 부모의 반응 중에 외상을 일으키지 않는 좌절을 주게 된다. 예를 들면, 유아의 욕구 만족을 지연시키거나 무산시키기도 하고, 또 규제나 질책을 가하는 것 등을 들 수 있다. 이때 아이가 느끼는 좌절감이나 실망은 견딜 만하고 외상적이지 않아서 이를 최적의 좌절이라 한다. 이러한 최적의 좌절을 아이의 관점에서 보면, 일차적인 자기애적 평정이 깨어지는 실망을 감당할 수 있을 정도로만 경험할 수 있는 좌절이라 할 수 있다. 이러한 좌절을 아이가 경험하게 될 때, 자기애의 영역 안에 긴장을 견딜 수 있고 자기를 달래어 위로할 수 있는 능력을 가지게 되는데, 이는 내적 자기구조의 구축에 매우 중요하다.

‖ **변형적 내면화** ‖ 최적의 좌절로 인해 아이에게는 자기애적 평정의 교란을 다룰 수 있는 새로운 심리구조 구축의 과정이 발생하게 된다. 여기서 새로운 심리구조란 자기대상이 지금까지 아이에게 행했던 위로하기, 거울 반응하기, 긴장 견디도록 반응하기 등의 기능들을 아이가 내면화하여 수행함으로써 자기대상을 대체하는 것을 말한다. 이렇듯 견딜만한 좌절을 아이가 대처하기 위해 자기대상의 기능들을 아이의 자기로 흡수하는 변형적 내면화는 자기구조 구축 과정에서 필수적 역할을 한다고 코헛은 거듭 주장했다.

3 자기애의 전생애 발달

코헛에 따르면, 자기애의 발달은 생애 초기에 시작되어 평생 동안 지속된다고 보았다.

1) 생애 초기 자기애 발달

코헛의 자기 발달, 즉 자기애 발달이란 초보적 자기를 형성하고, 이 미발달된 초보적 자기가 응집적 자기로 발달하는 것이다. 이러한 자기애 발달을 위해 자기대상인 부모의 거울반응과 이상화반응에 의한 공감적 배려의 중요성에 대해 앞서 언급했다. 또한 아이가 점차 성장하면서 부모의 최적의 좌절 제공과 아이의 이에 대한 변형적 내면화도 필수 요건이다. 다시 말해, 부모의 아이 욕구에 대한 지연이나 무산, 혹은 아이 행동에 대한 규제나 질책과 같은 최적의 좌절을 아이가 경험하는 가운데 아이는 이를 대처하기 위한 변형적 내면화에 의해 자신의 심리구조를 형성한다. 이 과정에서 아이는 자신이 대단한 존재가 아님을 깨닫는 것도 필요하다. 이러한 깨달음을 통해 아이는 성숙하고 현실적인 자기애를 가지게 되고, 적절하게 자기를 사랑하는 건강한 인간으로 발전하게 된다.

2) 자기애의 전생애 발달

코헛에 의하면, 나르시즘은 생애 전반에 걸쳐 계속된다고 보았다. 어린 유아는 부모를 자기대상으로, 청소년은 또래 친구들끼리 서로 자기대상으로, 성인 역시 연인들끼리 혹은 배우자끼리 서로 이상화 할 수 있는 자기대상을 필요로 한다. 사람은 누구나 자기애적 욕구를 지니고 있기 때문에 자기대상으로부터 공감받고 싶어 하고, 이상화 대상과 결합하여 돋보이고 싶어 하고 완벽하게 보이고 싶어 한다. 서로 자기대상으로서 기능하며 상호 거울반응과 이상화반응을 주고 받으면서 두 사람의 자존감은 고양된다. 이렇듯 성장·발달하면서 달라지는 자기대상을 통해 자기애는 점차적으로 보다 성숙한 자기애의 변형으로 나아가게 된다.

3) 프로이트이론·대상관계이론·코헛의 이론의 비교

코헛의 자기애 발달 모델은 프로이트의 욕동 강조로부터 자기를 강조하는 쪽으로 방향을 전환한 것이었다. 여기서 자기란 부모의 아이 행동에 대한 승낙이나 거절을 단순히 욕동에 대한 승낙 또는 거절이 아니라 실제 자기 존재에 대한 승낙 또는 거절로 아이가 경험한다는 차원의 자기를 말하고, 실제 자기의 존재는 자기대상, 즉 부모와의 관계에 달려있다.

코헛의 이론은 프로이트의 욕동모델을 떠나 관계를 강조하고 있다는 점에서 대상관계이론이라고 볼 수 있다. 하지만 그의 이론은 대상관계이론과는 다소 다르다. 정상적인 자기애의 발달과정에서 자기를 강화하려는 욕구의 중요성을 강조했고, 이를 위해 관계가 중요함을 강조했다. 코헛은 성격의 중심에 '자기'를 두고, 자기 발달을 위해서는 '관계'가 중요함을 강조한 것이다.

4 코헛 이론과 영유아 정신건강

1) 코헛 이론의 요약

코헛 이론은 건강한 자기애 발달이론이다. 그의 발달이론에서 핵심은 '초보적 자기'('과대자기'와 '이상화된 부모상'으로 구성됨)가 형성된 후, 이 미발달된 '초보적 자기'가 '응집적 자기'(현실적인 '포부자기'와 초자아의 '이상자기')로 발달하는 것이다. 이러한 자기애 발달을 위해서는 양육자인 부모가 자기대상이 되어 도움을 주는 것은 필수적이라 코헛은 주장했다. 즉, 유아의 정상적인 자기애적 욕구인 반영 받고 감탄 받고 싶어 하는 거울반응 욕구와 부모를 이상화하려는 욕구에 대해 자기대상이 거울반응과 이상화반응을 보이는 공감적 배려는 중요하다. 아울러 부모의 최적의 좌절, 예컨대 아이가 점차 성장하면서 아이 욕구에 대한 지연이나 무산 혹은 아이 행동에 대한 규제나 질책과 같은 최적의 좌절을 제공해 주는 일도 중요하다. 그리하여 아이는 이러한 최적의 좌절경험 속에서 이를 대처하기 위한 변형적 내면화에 의해 심리구조를 형성하고, 자신이 대단한 존재가 아님을 깨닫게 된다. 이러한 깨달음을 통해 아이는 성숙하고 현실적인 자기애를 가지게 되고, 적절하게 자기를 사랑하는 건강한 인간으로 발전하게 된다.

코헛에 의하면, 나르시즘은 평생에 걸쳐 계속된다고 보았다. 생애 초기 부모가 자기대상이었다가 점차 성장·발달과 더불어 선생님, 또래 친구, 연인, 배우자 등과 같은 자기대상을 필요로 하고, 자기대상과 서로 거울반응과 이상화반응을 주고 받으면서 자기애적 욕구를 충족시키고 자존감을 고양시켜 나가게 된다.

2) 코헛 이론과 영유아 정신건강

생애 초기 아이의 자기구조 형성과정에서 부모의 공감적 배려, 견딜만한 최적의 좌절의 제공, 최적의 좌절을 통한 아이의 변형적 내면화가 필수적임을 성인이 이해하고 실제 돌봄에 적용하는 것은 영유아 정신건강을 위한 중요한 과제이다.

(1) 유아의 자기구조 형성을 위한 공감적 배려와 최적의 좌절을 통한 변형적 내면화

① **공감적 배려** : 유아의 자기애적 욕구, 즉 반영 받고 감탄 받고 싶어 하는 거울반응 욕구와 부모를 이상화하려는 욕구는 매우 크고 정상적인 것이다. 따라서 유아의 자기애적 분노는 그들의 발달 단계에서 부적절한 것이 아니다. 사소한 모든 자신의 활동에 대해 엄마의 거울반응을 끊임없이 요구하고, 아이 자신이 엄마를 이상화할 수 있는 엄마의 이상화반응을 요구하면서 울거나 소리지른다. 심지어 별이라도 따 줄 수 있는 존재로 이상화한다. 이는 어린 시기의 정상적인 발달의 모습이다. 자기대상은 아이의 자기애적 욕구에 대해 수없이 거울반응과 이상화반응을 해주는 공감적 배려를 함으로써 아이는 자신의 내적 구조를 구축해서 자기를 형성하게 된다. 여기서 자기대상은 엄마를 비롯한 아빠, 대리양육자들 모두가 될 수 있다.

② **최적의 좌절과 변형적 내면화** : 최적의 좌절이란 공감적이고 친밀한 정서

적 유대관계 가운데서 발생하는 좌절로, 예컨대 욕구만족의 지연이나 무산, 혹은 행동의 규제나 질책 등을 말한다. 변형적 내면화는 유아가 최적의 좌절을 견디면서 자기대상의 구체적인 기능적 특성들을 자기로 흡수·내면화하는 것을 말한다. 여기서 기능적 특성들이란 자기대상이 이전에 유아에게 행했던 기능들, 예컨대 위로하기, 거울 반응하기, 긴장 견디도록 반응하기 등을 들 수 있는데 이들 기능들을 아이가 내면화하여 대신 행하게 된다.

즉, 아이는 부모의 위로하기("○○가 기다리는 거 힘들지? 엄마가 곧 이것 끝내고 갈게..")를 내면화하여 스스로 자기를 위로하기도 하고, 부모의 거울반응("○○는 컵을 식탁 위에 놓네.")에 따라 그대로 행동하기도 하고, 긴장되는 상황이 괜찮다("○○는 참을 수 있지? 의사 선생님이 진찰하면 곧 나아질 거야.")고 말하는 부모를 보고 아이는 스스로 괜찮다고 말하면서 두려운 긴장을 견디기도 한다. 이러한 변형적 내면화, 즉 자기대상의 측면들을 유아의 자기로 흡수·내면화하는 과정이 반복되면서 아이는 자신의 내적 구조를 구축해서 자기를 형성하게 된다.

(2) 지나친 과잉보호 및 지나친 좌절의 양육문제

어린 시기 자기애 발달의 과정, 즉 과대자기와 이상화된 부모상을 형성하는 과정과 과대자기와 이상화된 부모상을 현실 지향적 응집적 자기구조로 통합하는 과정에서, 자기대상의 아이의 자기애적 욕구에 대한 공감적 배려와 아이에게 최적의 좌절 제공 그리고 아이의 최적의 좌절경험을 통한 변형적 내면화가 반복되면서 아이는 자기 구조를 구축하고 현실적인 자기애를 가져 적절하게 자기를 사랑하는 인간으로 발전하면 건강한 자기애를 지닌 사람이 된다. 그런데 이러한 자기애 발달의 과정을 완성하지 못하면 자기 구조의 결함을 초래해서 '자기애적 성격장애'(Box 7-1 참조)를 가져온다고 코헛은 보았다. 그 원인으로 작용하는 양육의 문제는 다음과 같다(권석만, 2014).

① **지나치게 받아주는 과잉보호의 양육** : 부모가 아이를 지나치게 받아주는 과잉보호로 인해 아이가 좌절을 경험하지 못하게 되면, 유아기적 자기애가 지속되어 남들이 평가하는 것보다 현저하게 자신을 과대평가하여 웅대한 과대자

기상에 집착하여 타인을 무시하는 자기애적 성격장애로 발전하게 된다. 예컨대, "넌 우리 왕자야(혹은 공주야), 가만히 있어! 엄마가 뭐든지 대신해 줄게." 와 같은 반응처럼 부모가 아이를 지나치게 과잉보호하면 유아기적 자기애가 지속되어 타인이 평가하는 것보다 지나치게 자신을 과대평가하여 타인을 우습게 여기고 비하하고 무시한다.

② **지나치게 받아주지 못해 좌절을 주는 양육** : 부모가 아이를 지나치게 받아주지 못하게 되면 아이는 웅대한 과대자기상에 대한 지나친 좌절을 경험할 수 있다. 어린 시기 자기애적 욕구, 즉 반영 받고 감탄 받고 싶어 하는 거울반응 욕구와 부모를 이상화하려는 욕구에 대해 부모가 장기간에 걸쳐 공감적으로 반응하지 못하는 비공감적 반응, 정도가 심한 둔한 반응, 선택적인 반응, 귀 기울이지 않는 무관심 등과 같은 반응을 보이면, 강한 심리적 충격을 받아 비참한 현실을 외면한 채 부모-아이 관계의 실망에 대한 보상으로 웅대한 과대자기상에 더욱 집착하게 되고 주변 사람들로 부터의 인정과 칭찬을 강렬하게 추구하는 자기애적 성격장애로 발전될 수 있다.

자기 자신을 사랑하는 것은 자연스럽고 건강한 것이다. 그러나 이 자기사랑이 지나치면 웅대한 과대자기상에 집착하여 타인을 무시하거나 혹은 타인으로부터 인정과 칭찬을 끊임없이 추구하는 것과 같은 타인 통제 환상의 자기중심적인 행동을 나타내게 되고, 그리하여 대인관계의 갈등과 부적응을 초래하는 자기애적 성격장애자가 된다.

[Box 7-1] 자기애적 성격장애 패턴

자기애적 성격장애(narcissistic personality disorder)를 지닌 사람은 어린 시기에 고착이 되어 자신의 내적 자원에 의지하지 못하는 자기가 '텅 빈' 사람으로 다른 사람에 대하여 극단적으로 집착하게 되고, 다른 사람을 마치 자기 자신처럼 통제하는 환상을 갖는다. 자기애적 병리의 패턴은 다양하다. 여기서 몇 가지만 소개하자.

첫째, 고갈된 자기를 채우기 위해 자기를 지지해 줄 자기대상 누군가를 열망하는 사람이다. 이런 사람은 거울반응에 굶주려서 내적 자존감의 결핍을 방어하기 위해 다른 사람의 관심을 끌려고 자신을 드러내며 행동한다. 이러한 사람의 자존감은 외부의 확인, 즉 인정, 지지, 칭찬 등을 통해 유지하기 때문이다.

둘째, 생동감이 부족하거나 풀이 죽어 있고 지루해 하는 사람이다. 이는 자신에 대한 외부 자극이나 반응이 지나치게 모자란 사람이다. 아이인 경우에는 머리를 찧거나 강박적인 자위행위를 통해 죽은 것 같은 고통스런 감정과 싸울 수 있고, 성인이라면 난잡한 성행위나 도박, 혹은 다른 강박적인 행위를 통해 공허한 절망감을 극복하고 자기를 자극하기 위해 노력한다.

셋째, 비현실적인 위대함으로 가득 차 있는 사람이다. 부모가 아이의 모든 것을 대신해 주는 지나친 과잉보호의 양육으로 인해 유아기적 자기애가 지속되어 자신이 비현실적으로 위대하다는 환상을 갖는다.

코헛에 의하면, 자기애적 성격장애에 대한 성공적인 치료란 새로운 자기 구조를 획득함으로써 성격상의 결핍이 치료되는 것을 말한다. 다시 말해, 자기애적 성격장애에 대한 치료는 초기 자기구조 형성 중에 성격상의 결핍에 따른 환자의 주관적인 경험에 대해 민감하게 공감적으로 반응함으로써 새로운 자기구조를 획득하는 것이다.

[Box 7-2] 영유아 정신건강을 위한 성인의 적절한 반응 기법

성인은 영유아에 대해 깊은 관심과 애정을 바탕으로 이들의 마음을 읽어주게 되면 아이는 그 관심과 애정을 의지 삼아 건강한 발달을 이루게 된다. 영유아 정신건강을 위한 대표적인 성인의 아이에 대한 반응으로 위니컷과 코헛이 주장한 홀딩(holding), 클라인의 유아의 투사적 동일시에 대한 반응으로 비온(Bion)이 강조한 컨테이닝(containing), 위니컷과 코헛이 제시한 미러링(mirroring) 등을 꼽을 수 있다.

1. 홀딩

홀딩(holding)이란 용어는 영유아발달 영역에서는 일반적으로 '안아주기', 상담 상황에서는 '버텨주기'라 번역된다. 어린 아이는 성인의 입장에서는 이유 없는 것 같아 보이는 그들 자신만의 막연한 큰 불편감, 즉 두려움과 불안으로 노여워하는 경우가 많다. 이때 그들의 깊고 깊은 두려움과 불안을 성인 자신이 잘 알고 있다는 것을 얼굴 표정이나 스킨십(예: 안아주기, 어루만지기, 토닥이기 등)을 통해 적절한 순간에 전해주면서, 아이에게 큰 힘으로 의지가 되어주고 따뜻한 배려로 아이의 마음을 녹여 안정시켜주는 것이 안아주기이다.

여기서 성인이 큰 힘으로 의지가 되어주고 따뜻한 배려를 해준다는 것은 이들의 비위를 맞추어준다는 뜻이 아니다. 아이를 일관성 있게 대하면서 신뢰할 만한 사람으로 여겨져야 하고, 그들의 욕구와 소망이 무엇인지 이해하려고 애쓰고, 아이의 입장에서 아이의 마음을 읽어주는 진실한 반응을 보이고, 길을 잃어 혼란스러워 하는 아이에게 현실적 상황을 정리해주고, 아이가 못살게 굴더라도 아이한테 적대적으로 반응하지 않는 등 버텨주는 환경이 되어야 한다는 뜻이다. 아이는 이러한 성인의 버텨주기를 점차 내재화하여 자기 자신을 위해 그 역할을 수행하게 된다. 이때 성인은 아이의 자기대상(self object) 역할을 하게 되고, 그리하여 아이는 스스로 자기를 보호하면서 마음은 안정되어진다.

2. 컨테이닝

컨테이닝(containing)이란 아이가 두려워하는 모든 감정, 충동, 체험 등을 성인이 간직하여 누그러뜨리고 완화시켜 되돌려주는 것을 말한다. 유아들은 특히 투사적 동일시를 통해 성인에게 강한 불쾌의 정동을 느끼게 되는데 이때 성인은 날 것으로 즉각적으로 반응할 수 있다(예: "너 왜 징징대니!", "뭘 잘했다고 화내니!", "넌 또 그럴 줄 알았다!" 등). 하지만 성인은 이를 성인 자신의 마음에 간직하여 뜸들이고 길들여 위험하지 않도록 변화시키고, 이렇게 완화시킨 정동을 아이가 받아들일 준비가 되었다고 판단될 때 해석을 통해 전달해야 한다(예: "○○가 화났구나!", "○○ 상태를 보니 이유가 있을 것 같은데..", "무엇 때문에 화가 날까?" 등). 아이는 이렇게 성인이 해주었던 이들 역할을 내재화 하여 스스로 자신을 위해 점차 수행하게 된다. 이 기법은 버텨주기와 직결된다고 할 수 있다.

성인이 이 기법을 잘 활용하기 위해서는 아이에 대한 심한 좌절을 견딜 수 있어야 하고 강한 감정을 통제할 수 있어야 한다. 또한 아이의 내적 위험을 아이보다 더 예리하고 절실하게 경험하는 동시에 적당한 거리를 유지하여 이런 경험을 객관화시킬 수 있어야 한다. 이렇듯 성인은 자기 자신의 역전이 반응, 다시 말해 성인 자신의 과거의 경험에서 기인한 아이에 대한 어떤 감정이나 태도를 통제함으로써 효율적으로 이 기법을 활용할 수 있게 된다.

3. 미러링

거울반응(mirroring)이란 아이에게 아이 자신의 모습을 성인이 자기의 얼굴 표정, 태도, 말투 등을 통해 마치 거울처럼 비추는 것을 말한다. 이 거울반응을 통해 아기는 자신이 가치 있는 존재인지 아닌지를 감지하게 된다. 엄마가 아기를 보면서 행복한 표정, 사랑스런 태도, 긍정적인 말투를 보이면 아기는 좋은 자기를 경험하는 반면, 우울한 표정, 짜증스런 태도, 부정적인 말투를 보이면 아기는 나쁜 자기를 경험한다.

인간에게는 타인으로부터 자신을 확인받고 싶어 하는 욕구가 있다. 자기애적인 것을 기초로 다른 사람과 관계를 맺고 자신이 확인받고 타당성을 인정받으려는 어쩔 수 없는 욕구가 우리 인간에게 존재한다는 것이다. 초기 대상관계에서는 타인을 자기의 연장으로 자신을 확증시켜주고 고양시켜주는 의도에서만 존재한다고 믿는다. 한 사람이 태어나 가장 처음 자신을 들여다보는 거울은 바로 부모다. 영유아기는 부모라는 거울에 비춰진 자신의 모습이 마음속에 자리 잡게 되어 자기 윤곽을 결정한다. 더군다나 엄마와 융합된 생후 초기에 엄마가 비춰주는 얼굴 표정, 태도, 말투 등을 자신의 모든 것인 양 그대로 받아들인다. 이렇게 '거울부모'란 아이에게 모범이 되는 완벽한 부모가 아닌 것이다.

상담의 경우에도 거울반응의 역할이 강조된다. 내담자의 모습을 상담자가 거울처럼 조건 없이 비추어 되돌려주면, 다시 말해 거울처럼 되비추어주는 반영을 하게 되면, 내담자는 자기 생각이나 느낌이 확실해지고 혼란한 마음 상태에서 벗어날 수 있게 된다.

4. 이상화반응

이상화반응이란 아이가 부모를 이상화할 수 있게 하는 반응이다. 예를 들어, '엄마는 뭐든지 다 할 수 있어.', '엄마는 강해.', '귀신! 무찌를 수 있어.', '너에게 가까이 오는 고양이 물리칠 수 있어! 이런 엄마가 있어 넌 괜찮아.', '엄마는 네 편이야!' 등과 같은 엄마의 반응은 아이에게 든든한 배수진이 되어 아이는 엄마에게 딱 달라붙거나 엄마 뒤에 숨으면서 우리 엄마를 최고라고 보게 되고, 이러한 아이의 부모에 대한 이상화를 부모가 허용하고 으쓱해 하면서 기분 좋아하는 이러한 관계를 가짐으로써 아이는 이상화된 부모상을 형성하게 된다. 이렇게 이상화반응은 초보적 자기와 응집적 자기, 특히 초보적 자기가 형성되는 아주 어린 시기에 중요한 역할을 한다. 코헛에 의하면 인간은 생애 전반에 걸쳐 자기가 이상화할 수 있는 자기대상과 적절한 이상화 반응을 주고 받으면서 자존감을 고양시키고 더욱 성숙한 자기애 발달로 나아간다고 보았다.

Chapter

8 볼비(1) : 애착이론

존 볼비(John Bowlby, 1907~1990)는 영국 출생으로, 케임브리지대학 트리니티칼리지에서 심리학을 공부한 후, 의과대학과 정신분석연구소에서 수학하여 정신과 의사이자 정신분석가가 되었다. 그의 2차 세계대전 참전, 런던의 정신병원이자 정신의학 연구기관인 타비스톡 병원에서의 개인적 경험은 전쟁 중 엄마를 잃어 모성결핍을 지닌 아이들에 대한 관심으로 이어졌다.

볼비의 이론은 2차 세계대전 후 1950년 세계보건기구로부터 위탁받은 받은 1차 연구와 5년 후 2차 연구가 바탕이 되었다. 그는 생애 초기에 엄마와 아이 사이의 안정적인 관계가 정상적인 심리발달에 중요한 역할을 한다는 것을 입증했고, 이를 애착이론으로 정리했다. 튼튼한 건물을 지으려면 안전한 기초공사가 중요하듯이, 볼비는 어린 시기 애착경험이 인간의 발달과정에서 매우 중요하다는 이론을 그의 유명한 저서인 『애착』, 『분리』, 『상실』 등에 담았다.

볼비 이론의 배경과 개관

볼비는 2차 세계대전 후 엄마로부터 장기간 분리되어 엄마와의 관계 경험이 결핍된 아이들을 직접 관찰하고, 당시 생물학, 동물행동 연구, 인지발달이론 등의 경험 과학적 연구 성과들을 적용해서 체계적인 이론을 정립하고자 하였다(Box 8-1 참조). 정신분석학과 행동주의가 팽배한 시대 분위기 속에서 애착이론이라는 새로운 개념적 틀을 피력하고자 최대한의 증거에 기초하고자 했기 때문이다.

볼비는 프로이트, 클라인 등으로부터 영향을 받았지만, 프로이트가 엄마-아기 관계보다 본능의 만족을 강조한 것을 비판했고, 클라인이 심리내적인 환상 세계를 강조한 것을 반대했다. 볼비는 생애 초기 어머니의 적절한 돌봄 행동에 의해서 형성되는 '안정적 애착'은 자신과 타인 그리고 자기-타인 관계에 대한 인지적 표상인 '내적 작동모델'을 만들고, 이 내적 작동모델은 전 생애 동안 모든 관계에 지속적으로 영향을 미치는 토대가 된다고 보았다. 만약 애착형성이 잘되지 않으면 아동기뿐 아니라 성인기의 정신병리의 발생에 주요 원인이 될 수 있다는 것은 이후 많은 연구들을 통해 입증되었다.

간단히 말해, 볼비의 애착 이론은 인간의 관계 욕구를 중시한 대상관계이론에서 파생되어[28], 당시 경험 과학적 토대위에서 에인스워스(Ainsworth), 메인(Main) 등 수많은 학자들에 의해 새로운 발전을 거듭하여 독립된 지위를 구축한 이론이다. 최근 애착이론은 현대 발달심리학에서 핵심적 패러다임이 되고 있다.

[Box 8-1] 볼비 애착이론의 배경

볼비는 당시의 생물학, 동물행동 연구, 인지발달이론 등의 과학적 연구 성과들을 적용하여 체계적인 이론을 정립하였다. 이들 세 가지 과학연구의 성과들은 다음과 같다.

1. 생물학

볼비 애착이론의 생물학적 관점은 유아가 자신의 타고난 미소, 발성, 울기 등과 같은 애착행동을 통해 양육자가 아이를 향한 관심이나 친밀감을 형성할 수 있는 돌봄 행동을 하도록 만들어 유아를 생존하게 만드는 가치를 지닌 생물학적 기능을 뜻한다. 이는 양육자가 아이를 학대해도 애착(불안정 애착)이 형성될 수 있음을 설명할 수 있다(Bowlby, 1956).

2. 동물행동 연구

볼비 이론은 동물행동 연구들, 즉 로렌츠의 각인 현상이 그 배경으로 작용했고, 그리고 할로는 원숭이 실험을 통해 볼비의 이론을 지지했다.

① **로렌츠의 각인 현상과 결정적 시기** : 태어난 직후 처음 본 움직이는 물체를 따라다닌다는 콘라트 로렌츠(Konrad Lorenz)의 동물의 '각인(imprinting)' 현상에서 볼비는 본능적 동기와 결정적 시기를 인간에게 적용했다. 본능적 동기란 무력한 아기는 어떻게든 엄마를 옆에 두려는 욕구가 있고, 엄마는 그런 존재에 대해 애착을 느껴 돌봄의 행동을 하려는 것을 말하고, 결정적 시기란 이러한 본능의 충족에는 결정적인 예민한 시기가 있음을 말한다. 만 2세 이전이 바로 그 시기로, 만약 본능이 이 시기동안 적당하게 충족되면 안정적 애착이 형성되어 아이가 건강하게 발달하지만, 제대로 충족되지 못하면 발달에 영구적 손상이 생길 위험이 따른다. 이 손상으로 인한 결핍은 만회되기 쉽지 않아 이

28) 볼비와 대상관계이론가들의 가설 사이에는 미묘하고도 중요한 차이가 있다. 볼비에 의하면, 아이의 목표는 처음에는 엄마와의 긴밀함을 유지하기 위한 물리적인 것이나, 점점 친밀감을 느끼려는 심리적·정서적 목표로 바뀐다는 점이다. 이는 목표가 대상이 아니고 어떤 느낌임을 뜻하고, 그리하여 엄마의 반응은 애착체계에 강하게 영향을 미치고 아이의 행동체계에 영향을 미치게 된다(Fonagy. 2001).

후 성격적 결함이나 정신병리가 발생할 확률이 높다. 이렇게 볼비는 로렌츠의 개념을 인간에게도 적용해서 애착이론을 발전시켰다.

② **할로의 원숭이 실험** : 해리 할로(Harry Harlow)는 볼비의 이론을 지지하는 원숭이 실험을 했다. 어미와 격리시킨 새끼원숭이를 우유병이 걸려있는 철망 원숭이와 우유병은 없지만 헝겊으로 싸놓은 헝겊 원숭이를 제시하자, 새끼원숭이는 헝겊원숭이와 더 많이 가까이하는 것으로 나타났다. 특히 공포상황에서는 따뜻함을 주는 헝겊원숭이에게 달려갔다. 이 실험연구가 근거가 되어 인간의 애착형성은 수유에 의한 것이라는 기존의 입장을 반박하고 정서적인 만족이 중요하다는 것이 입증되었다.

그림 8-1 볼비의 애착이론은 로렌츠를 따라다니는 새끼오리의 각인 현상이 그 배경으로 작용했다.

그림 8-2 할로의 실험에서 새끼 원숭이가 우유는 없지만 따뜻함을 주는 헝겊 원숭이를 선택한 것은 볼비의 애착이론을 지지했다.

3. 인지발달이론과 정보처리이론

피아제의 인지발달이론은 볼비의 내적 작동모델이라는 개념 형성에 영향을 주었다. 내적 작동모델의 형성은 감각체계를 통해 받아들인 여러 정보를 애착체계가 인지적으로 표상할 수 있는 인지발달이 선행될 때 비로소 가능하다. 예컨대, 낯선 사람과 친숙한 사람을 구분할 수 있는 인지발달, 애착 대상이 시야에서 사라지더라도 존재한다는 대상영속성의 획득이 전제 되어야 한다.

정보처리이론은 볼비가 내적작동 모델을 정교화 하는 작업에 영향을 주었다. 즉, 내적작동 모델의 발전과정에서, 컴퓨터의 투입 → 과정 → 산출이라는 정보처리과정처럼, 애착행동이 생존가능성을 높여준다는 점에서 영아는 다른 어떤 정보보다도 애착과 관련된 정보에 주의 집중 → 장기기억 저장 및 지식기반과 같은 내적작동 모델 형성 → 이후에 유입되는 애착관련 정보 해석 및 수용이라는 과정을 따른다. 이와 같이 정보처리과정의 개념을 내적작동 모델에 접목시켜 내적작동 모델이 어떻게 정교하게 발전해나가는가에 영향을 미쳤다(Tyson & Tyson, 2013).

1 애착 이론의 주요개념

1) 애착

애착이란 영아가 주양육자인 어머니에게 형성하는 정서적 유대감이다. 이 애착의 정의를 보다 구체적으로 규정한다면, 유아가 주양육자에게 근접·접촉 추구하는 행동들, 즉 빨기, 울기, 미소 짓기, 매달리기, 향하거나 따라가기, 기어가기 등을 통해 자신의 보호 및 생존을 확보하려는 생물학적으로 내재된 안전조절 행동체계이다. 이 애착체계는, 마치 신체의 혈압이나 체온과 같은 생리조절 체계처럼, 중추신경계에 내재되어 있는 것으로 다음과 같은 의미를 지닌다(Bowlby, 1956; Cassidy, 1999; Marrone, 1998).

첫째, 애착은 본능이다. 애착은 모든 인간에게서 나타나는 현상으로 애착행동은 특정조건에 의해 활성화되고 종결된다. 유아는 환경을 지속적으로 민감하게 모니터링하면서, 스트레스와 낯선 상황에서 애착행동이 활성화되어 자신을 보호해주는 주양육자에게 근접·접촉하여 종결되는 과정을 되풀이 한다.

둘째, 애착체계는 생존에 기여한다. 따라서 여러 행동체계들 중 가장 먼저 나타나고 여러 행동체계들과 구별된다. 친구에 대한 근접행동은 재미나 흥미로 탐색하는 행동이지 애착행동은 아니다. 생존과 관계없기 때문이다.

셋째, 애착과 탐색활동은 인과관계에 놓여있다. 애착과 탐색활동은 시간차가 발생한다. 먼저 애착행동이 나타나서 아이를 위한 정서적 안전기지(secure base)[29]로서의 역할을 하는 주양육자와 안전감이 형성되면, 양육자에게서 떨어져 세상을 향한 호기심을 적극적으로 나타내 보이는 탐색활동을 하게 된다.

넷째, 애착체계는 재조정된다. 애착체계는 아동의 성장과 발달, 그리고 환경적 상황에 따라 재조정되어 가면서 일정한 유형과 예측 가능한 과정을 따른다.

29) 볼비가 언급한 '정서적 안전기지(secure base)'와 앞서 말러가 제시한 '정서적 안전기지(home base)'는 유사하나 미묘한 차이가 있다. 볼비의 안전기지(secure base)는 유아가 주양육자에게 접근·접촉 추구하는 행동들(예: 빨기, 울기, 미소 짓기, 매달리기, 향하거나 따라가기, 기어가기 등)에 대해 민감한 반응을 보이는 부모 반응성의 역할을 강조하나, 말러의 안전기지(home base)는 정서적 재충전을 원하는 아이의 욕구를 충족시켜주는 부모의 안식처 역할을 강조한다.

2) 내적 작동모델

내적 작동모델(internal working-model)이란, 볼비(1969)에 의해 최초로 제시된 개념으로, 영아 자신과 일차적 애착대상자인 주양육자와의 관계에 대한 인지적 표상[30)]을 말한다. 최근에는 이를 좀 더 확장시켜, 영아가 양육자들과의 상호작용을 통해 형성한 자기, 타인, 그리고 자기-타인 관계에 대한 인지적 표상을 내적 작동모델로 규정하고 있다(Schaffer, 2000). 내적 작동모델은 다음과 같이 애착인물에게 예상되는 유효성과 인지발달이 그 중요한 전제조건이 된다.

첫째 전제조건은 유효성이다. 유효성(availability)이란 아이가 양육자에게 도달할 수 있는 접근성(accessability)과 양육자가 아이에게 보이는 반응성(responsiveness)을 말한다. 내적 작동모델에는 아이가 애착대상을 필요로 할 때 양육자가 항상 반응을 보여서 접근 가능한지, 아니면 반응이 없어서 우회적으로 대응할 후 있는 전략을 세워야 하는지의 표상체계의 의미가 내포되어 있다(Fonagy, 2001).

둘째 전제조건은 인지발달이다. 특히, 내적 작동모델의 형성은 감각체계를 통해 받아들인 여러 정보를 애착체계가 인지적으로 표상(representations)할 수 있는 인지발달이 선행될 때 비로소 가능하다. 예컨대, 낯선 사람과 친숙한 사람을 구분할 수 있는 인지발달, 애착 대상이 시야에서 사라지더라도 존재한다는 대상영속성의 획득이 전제 되어야 한다. 그밖에 피아제(Piaget)의 동화와 조절의 과정을 통한 도식의 질적 변화도 애착이론에 영향을 주었다. 내적 작동모델은 영아기 이후에도 다양한 새로운 애착경험들에 의해 지속적으로 영향을 받아 축적되어간다. 이는 마치 새로운 환경에 대해 동화와 조절의 과정을 거쳐 도식의 질적 변화를 가져오듯이, 최초의 내적 작동모델은 환경과 상호작용하면서 변화해나간다. 즉, 영아기에 형성된 내적 작동모델을 바탕으로 해서 새로운 애착경험들이 추가되어 통합·재조정된다. 그런데 초기의 애착경험을 통해 일단 형성된 내적 작동모델은 수정이 쉽지 않고 지속적으로 영향을 미칠 수 있다. 이는 자신의 내적 작동모델과 일치하는 정보에 대해서는 기존의 내적 작동

30) 표상이란 물리적으로 눈앞에 없는 것을 지각 또는 기억에 근거하여 머릿속에 떠올리는 것을 말하며, 심상(心像)이고도 한다.

모델을 수용·강화하는 반면, 그렇지 못한 정보에 대해서는 무의식적으로 왜곡하고 방어하기 때문이다(Bowlby, 1989).

2 애착의 형성과 발달

영유아기 애착의 형성과 발달에 대해 최초로 그 단계를 제시한 쉐퍼와 에머슨(Schaffer & Emerson, 1964), 그리고 볼비(Bowlby, 1969), 에인즈워스(Ainsworth, 1973)의 연구를 살펴보고자 한다. 이들은 공통적으로 애착이 생후 1년 이내, 즉 6~9개월쯤 형성되는 것으로 보았다.

애착단계들을 애착형성이전 시기, 애착형성과정 시기, 애착형성 및 그 후 발달시기 등 세 시기로 묶어 보면 다음 <표 8-1>과 같다.

표 8-1 애착의 형성 및 발달 시기

애착형성시기	Schaffer/Emerson (1964)	Bowlby (1969)	Ainsworth (1973)
애착형성 이전시기 (출생~2, 3개월)	1단계: 비사회적 단계 (출생~6주)	1단계: 무분별적 사회적 반응단계 (출생 ~ 8-12주)	1단계: 전애착단계 (출생~6주)
애착형성 과정시기 (2, 3 ~ 8, 9개월)	2단계: 무분별적 애착 단계 (6주 ~ 6·7개월) 3단계: 특정인 애착단계 (7~9개월)	2단계: 분별적 사회적 반응단계 (3개월 ~ 6-8개월)	2단계: 애착형성단계 (6주~8개월)
애착형성 및 그 후 발달 시기 (6-9개월 ~)	4단계: 다인 애착단계 (9개월 이후)	3단계: 특정한 애착대상에 대한 근접성 유지단계 (6개월 ~ 1-3세) 4단계: 목표수정적 동반자 관계 형성(유아기)	3단계: 애착단계 (6-8개월 ~ 18개월) 4단계: 상호관계의 형성 단계 (18개월 이후)

1) 쉐퍼와 에머슨(1964)의 연구

쉐퍼와 에머슨(1964)은 영아 초기부터 18개월까지의 영아들을 추적하여 한 달에 한 번씩 어머니와의 인터뷰를 통해 어머니가 없는 상황에서 어떤 반응을 나타내는지를 연구한 결과 다음의 애착형성 단계를 제시했다.

① 1단계, 비사회적 단계(Asocial Phase: 출생~6주) : 신생아들은 주변의 모든 자극에 대해 전적으로 호의적이다.
② 2단계, 무분별적 애착단계(Phase of Indiscriminate Attachment: 6주~6-7개월) : 특정인에 대한 선호는 없지만 자기를 안아주면 좋아하고, 내려놓으면 싫어한다.
③ 3단계, 특정인 애착단계(Specific Attachment Phase: 7~9개월) : 낯선 사람을 경계하면서 어머니와 같은 특정인과 헤어질 때 분리불안을 보이기 시작한다.
④ 4단계, 다인 애착단계(9개월 이후) : 아버지, 형제자매, 조부모, 정규적인 돌보미 등 어머니 외에 다른 사람들과 애착을 형성하고, 18개월이 되면 단지 한 사람에게만 애착을 형성하는 경우가 거의 없고, 영아가 좋아하는 순서대로 애착을 형성한다.

2) 볼비(1969)의 연구

볼비는 영유아기를 중심으로 애착발달 단계를 제시했고, 이후의 애착발달은 발달단계 대신 내적 작동모델의 개념으로 설명했다. 볼비는 전 생애 동안 여러 사람과 애착을 형성할 수 있다고 보았다. 하지만 영아기에는 영아의 신호에 지속적으로 반응하는 주양육자 한 사람에게만 고정되어 나타나는 애착을 강조함으로써 다인 애착을 주장한 쉐퍼와 에머슨과는 구별된다.

① 1단계, 무분별적 사회적 반응단계(Orientation and Signals with Limited Discrimination of Figure: 출생~8-12주) : 시각의 미발달로 청각이나 후각으로 사람을 구분하고, 사물보다는 움직이는 사람에게 응시, 미소,

옹알이 등 사회적 신호를 많이 보내지만 아직은 모든 사람에게 무분별하게 사회적 반응을 보인다.

② 2단계, 분별적 사회적 반응단계(Orientation and Signals Directed towards One or More Discriminated Figures: 3개월 ~ 6-8개월) : 이전 시기보다 친숙한 사람들에게 더 적극적인 사회적 행동을 보이나 아직 주양육자에 대한 애착이 완전하게 형성되지 않아 낯가림과 같은 낯선 사람에 대한 경계심을 보이지 않는다.

③ 3단계, 특정한 애착대상에 대한 근접성 유지단계(Maintenance of Proximity to a Discriminated Figure by Means of Locomotion as well as Signals: 6개월 ~ 1-3세) : 기기와 걷기와 같은 이동이 가능해지는 시기로, 주양육자에 대해 본격적으로 능동적인 접근과 접촉추구 등의 애착행동을 보이고 이 행동은 2, 3세까지 이어진다. 이제 어머니를 안전기지로 삼아 환경 또한 탐색한다. 영아는 한 대상에 대한 애착이 강할수록 다른 대상에 대해서는 배타적이고 낯가림을 심하게 나타내고, 애착 대상이 떠나려하면 심한 분리불안을 보인다. 아직 대상영속성이 완전히 획득되지 않아서이다.

④ 4단계, 목표수정적 동반자 관계 형성(Formation of a Goal-Corrected Partnership: 유아기) : 언어와 대상영속성의 발달과 같은 인지발달로 인해 목표 지향적 체계의 형성, 애착대상과 환경에 대한 예측 등이 가능하게 된다. 독립적이고 자율적인 행동을 즐기고, 자기행동의 조절과 어머니와의 분리 및 긴밀한 관계가 가능해진다.

3) 에인스워스(1973)의 연구

에인스워스(1973)는 볼비의 애착발달단계 명칭을 단순하게 전애착단계, 애착형성단계, 애착단계, 상호관계의 형성단계 등으로 명명하였으며, 다음과 같은 4단계를 통해 발달된다고 했다.

① 1단계, 전애착단계(Pre-Attachment Phase: 출생 후 6주) : 애착이 형성되지 않은 단계이다. 모든 사람에게 호의적인 반응을 보이나 성인의 얼굴, 사람의 목소리, 움직임, 명암의 대비 등에 주의를 집중한다.

② 2단계, 애착형성단계(Attachment-in-the-making: 6주~8개월) : 시청각의 발달로 어머니와의 상호작용에서 더 많은 미소, 옹알이 등으로 낯선 사람을 구별할 수 있으나 아직 낯선 사람에 대해 불안 반응을 나타내지 않는다.

③ 3단계, 애착단계(Clear-Cut Attachment: 6-8개월 ~ 18개월) : 어머니가 보이지 않으면 분리 불안을 나타낸다.

④ 4단계, 상호관계의 형성단계(Formation of Reciprocal Relationships: 18개월 이후) : 2세경 언어 및 인지발달(특히 대상영속성의 발달)로 애착대상의 행동을 예측할 수 있게 되고 자신의 감정과 생각을 표현하면서 분리 불안이 점차 줄어들게 된다.

3 애착의 유형

볼비와 함께 애착이론의 양대 축을 이룬 에인스워스는 1969년 경험적으로 측정할 수 있는 애착척도를 개발하였다. 그녀가 개발한 '낯선 상황 실험'은 낯선 상황에서 영아의 애착을 객관적으로 관찰할 수 있는 표준화된 평가절차를 지닌 실험실 관찰방법이라서 애착에 관심을 가진 사람이라면 누구나 연구할 수 있게 되었다. 이 낯선 상황 실험 척도는 애착연구의 견인차 역할을 하여 애착이론은 더욱 발전하게 된다. 애착이론에 과학적으로 입증할 수 있는 근거를 제공할 수 있었기 때문이다.

에인스워스는 이 실험을 통해 애착의 개인적인 차이, 즉 애착의 질(예: 안정적인 애착이냐 혹은 불안정적인 애착이냐)을 발견하였다.

1) 낯선 상황 실험

에인스워스의 '낯선 상황 실험(The Strange Situation)'에는 어머니, 낯선 사람, 12~18개월의 영아가 참여하고 영아의 흥미를 끌 수 있는 장난감을 준비한 후 다음과 같은 절차로 진행하였다(Ainsworth, Blehar, Water, Wall, 1978).

엄마와 아기가 놀이방에 들어가 엄마는 의자에 앉아 잡지를 읽고 영아는 놀이를 한다(관찰되는 애착행동: 안전기기로서의 어머니). 그리고 낯선 사람이 들어와 앉는다(관찰되는 애착행동: 낯선 사람에 대한 반응).

엄마가 그 방을 떠나고(관찰되는 애착행동: 분리 시 반응), 약 3분 후 엄마가 돌아와 영아를 반기고 위로한 후 잡지를 읽는다(관찰되는 애착행동: 재회 시 반응).

또 엄마와 연구자 모두 방을 떠나고(관찰되는 애착행동: 분리 시 반응), 약 3분 후 낯선 사람이 들어와 아기를 위로하거나 앉는다(관찰되는 애착행동: 낯선 사람에 의해 진정되는 정도). 약 3분 후 엄마와 돌아와 아기를 반기고 위로한다(관찰되는 애착행동: 재회 시 반응).

이상의 실험 상황에서 분리 시 나타나는 행동과, 특히 재회 시 보이는 행동에 따라 에인스워스와 동료들(1978)은 세 가지 애착유형으로 나눌 수 있었다. 또한 어머니의 가정에서 양육행동도 이러한 낯선 상황 실험에서의 영아의 애착행동과 밀접하게 연관되었다.

2) 애착의 유형

(1) 안정애착

이 유형에 속하는 영아는 어머니와 같이 있을 때 애착체계와 탐색체계 중 탐색체계가 활성화되어 적극적으로 주변을 탐색하면서 놀이에 몰두한다. 어머니가 안전기반의 역할을 한 것이다. 그러나 어머니가 보이지 않을 때에는 애착체계가 활성화되어 불안을 보이고 울면서 어머니를 찾는다. 그리고 어머니와 재회하게 되면 어머니에 의해 쉽게 진정되고 다시 탐색활동에 집중하였다.

안정애착 영아의 어머니는 가정에서 영아의 울음을 비롯한 미소나 옹알이, 응시와 같은 영아의 신호에 대해 민감하게 반응했다. 영아와 정서적으로 친밀하고, 영아에게 표현적이고 유연하게 대하며, 영아를 수용하고, 영아의 활동에 대해 협력적이었다.

(2) 불안정-회피애착

이 유형에 속하는 영아는 어머니와 분리할 때 별로 동요하지 않으며, 재회 상황에서도 어머니에게 안아달라고 요구하지 않고 오히려 어머니를 회피 또는 무시했다.

회피애착 영아의 어머니는 가정에서 영아와 거리를 두고 영아에 대해 거절하는 거부적 양육행동을 보였다. 영아와의 친밀한 신체적 접촉을 편안하게 받아들이지 못하고, 영아를 다루는데 엄격하고, 자주 분노나 좌절을 나타내고, 불필요한 간섭으로 영아의 활동을 방해하였다.

(3) 불안정-저항애착

이 유형의 영아는 어머니가 실험실을 나가게 되면 심한 분리불안 반응을 보이고, 어머니와의 재회상황에서도 쉽게 진정하기 어렵다. 어머니에게 안기는 등의 접촉을 요구하지만 동시에 밀거나 발로 차는 등의 공격적인 행동을 나타내었다.

저항애착 영아의 어머니는 가정에서 비일관적으로 반응하는 것이 주된 특징이다. 영아의 신호에 민감하지 못하고, 영아와의 신체적 접촉을 서두르고, 자발적인 애정표현을 잘하지 못하였다.

[Box 8-2] 혼란애착

메인과 솔로몬(Main & Solomon, 1990)은 이상의 세 가지 유형에 속하지 않는 애착집단을 발견하여 이 집단을 혼란애착 유형이라 명명했다. 이 유형의 영아는 어머니와의 재회 시 강한 애착, 회피애착, 저항애착에서 보이는 행동을 복합적으로 나타내어 모순되고 혼란스러운 행동 특징을 지니는 것으로 보고되었다. 이들은 매우 강한 애착행동이나 분노를 표현한 후 갑자기 회피하거나, 두려워하거나, 얼어붙거나(freezing), 정지자세를 보이거나(stilling), 혹은 방향성 없는 느린 움직임과 멍한 표정을 보이거나 했다.

출처: 솔로몬과 조지(Solomon & George, 1999)

이상의 '낯선 상황 실험'은 영아 애착행동의 개인차를 관찰하기 위한 객관적이고 과학적인 측정 도구로 많은 관심을 받아왔다. 하지만 실험실이라는 폐쇄된 환경이라는 한계를 지녀, 워터즈와 딘(Waters & Deane, 1985)이 가정에서 측정할 수 있는 12~48개월 영유아 대상의 애착척도인 '애착 Q 분류법(Attachment Q-Sort: AQS)'을 그 대안적 방법으로 제시했다. 그밖에 연령에 따른 대표적인 애착척도의 예로는 브레더턴과 동료들(Bretherton et al., 1990)의 3~6세 유아를 위한 '애착이야기 완성과제(Attachment Story Completion Task: ASCT)', 컨즈와 동료들(Kerns et al., 2003)의 아동기(8~12세) 대상의 '애착인물면접(Attachment Figure Interview: AFI)', 메인과 동료들(Main et al., 1985)의 '성인애착면접(Adult Attachment Interview: AAI)', 쉐버와 하젠(Shaver & Hazan, 1987)의 '성인애착질문지(Adult Attachment Questionnaire: AAQ)' 등을 들 수 있다. 이들 애착을 측정할 수 있는 도구들의 개발로 영아중심의 초기 애착연구는 전 생애적 관점으로 확산되어 갔다. 어린 시절 주양육자와 형성된 애착은 내적 작동모델을 통해 자신의 전 생애와 다음 세대까지 영향을 미치는 것으로 여러 연구들에 의해 보고되었다. 이에 대해 9장에서 살펴보기로 하자.

4 애착과 기질

영아의 애착은 기질과 어떤 관계인가. 기질은 영아의 접근방식이나 반응방식(예: 활동성, 새로운 경험의 수용성, 감각적 자극에 대한 민감도, 반응의 강도, 기분의 유지정도 등)과 같은 선천적으로 이미 결정되어 일관되게 나타나는 유전적 특성이다. 그러나 애착은, 모든 사람에게서 나타나는 보편적인 생물학적 특성이긴 하나, 주양육자와의 상호작용을 통해 형성된다는 점에서 기질과는 다르다. 생애 초기부터 나타나는 기질과 애착 모두 이후 발달의 토대를 이룬다는 점에서 그 관련성에 대한 연구들이 그동안 많이 이루어져왔다. 그런데 이들 연구들은 대체로 세 가지 상반된 결과들을 보고하였다.

토마스와 체스(Thomas & Chess, 1977)는 순한 영아는 안정애착, 까다로운 영아는 저항 애착, 느린 영아는 회피애착의 유형에 영향을 준 것으로 주장하였다. 특히 저항애착의 영아들은 양육자와의 애착형성 때문이 아닌 '낯선 상황 실험' 자체에 대한 영아의 기질로 인한 과민반응이 작용한 것으로 보았다(Calkins & Fox, 1992; Goldsmith & Harman, 1994; Kagan, 1994).

이들 기질 결정론적인 입장과는 상반되게, 기질이 애착에 영향을 주지 않는다는 연구들이 있다. 영아의 기질과 '낯선 상황 실험'에 의한 애착의 유형과는 상관관계가 없고(Bates et. al., 1985; Belsky, 1984), 국내 연구들(박응임,

1994; 이영환, 1992)도 기질에 따라 애착의 차이를 보이지 않았다.

한편, '조화의 적합성(goodness-of-fit)'을 강조하는 연구들이 있다. 이들은 영아의 기질 자체보다는 기질과 어머니의 양육행동의 조화의 중요성을 주장했다(Thomas & Chess, 1999). 까다로운 기질의 영아는 안정적인 애착을 형성하기 쉽지 않다. 그러나 영아가 까다롭더라도 영아의 기질에 맞춘 민감한 양육자에 의해 양육된다면 대부분의 아기들은 안정애착을 형성한 것으로 나타난 연구결과들(van den Boom, 1995; van Ijzendoorn et al., 1992)은 어머니가 평온하고도 수용적인 양육을 하는 경우, 까다로운 영아일지라도 보다 적응적인 영아가 된다는 것이다. 국내에서도 이와 같은 조화의 적합성이 필요함을 강조하는 연구들이 많다(박혜주, 2004; 양연숙, 2000; 최영희, 1990; 홍계옥, 정옥분, 1995). 영아의 기질에 따라 이를 적절하게 수용적으로 받아들이는 주양육자의 자세와 양육행동은 성공적인 애착의 발달에 기여하게 된다는 것이다.

5 애착이론과 영유아 정신건강

1) 애착이론의 요약

애착이론은 인간의 관계 욕구를 중시한 대상관계이론에 근거를 두고 있고, 당시 생물학과 동물행동 연구, 인지발달이론의 경험 과학적 토대위에서 새로운 발전을 거듭하였다. 그동안 애착이론의 창시자인 볼비를 비롯한 수많은 학자들이 이론의 발전에 기여했고, 그리하여 최근 애착이론은 현대 발달심리학에서 핵심적 패러다임이 되고 있다.

애착이란 영아가 6-9개월~2-3세 사이에 주양육자인 어머니를 통해 형성·발달하는 정서적 유대감이다. 애착에 대한 객관적 평가는 볼비의 제자인 에인스워스(Ainsworth)의 낯선 상황 실험에 의해 이루어져 안정 애착, 불안정-회피 애착, 불안정-저항 애착의 세 가지 애착의 질을 발견하게 되었고, 이후 혼란애착이 추가되었다. 애착과 기질의 관련성에 대한 최근 연구는 영아 기질 자체보다는 기질과 어머니 양육행동의 조화의 중요성을 강조했다.

2) 애착이론과 영유아 정신건강

볼비가 소개한 접근성과 반응성이 아이에게 미치는 결과, 애착 유형에 근거한 양육자의 태도와 행동은 영유아 정신건강에 시사하는 바가 크다.

(1) 볼비의 접근성·반응성과 영유아 정신건강

볼비는 아이의 주양육자인 엄마를 향한 애착 형성욕구에 대해 엄마가 적절한 반응을 보이지 않는 경우 부분적 박탈이나 완전한 박탈을 경험할 수 있다고 했다. 여기서 적절한 반응이란 아이가 양육자에게 편하게 도달할 수 있는 접근성(accessability)과 양육자가 일관되게 유지하는 반응성(responsiveness)을 말한다. 볼비는 이를 한 마디로 '유효성(availability)'이라 했고, 유효성은 내적 작동모델을 형성하기 위한 전제조건이라고 앞서 지적한 바 있다.

볼비는 엄마가 적절히 반응해 주지 않고 분리하는 경우 아이는 처음에는 저항하다가 이어서 절망하고, 결국 이탈하게 되는 과정을 겪는다고 보았다. 양육자 분리에 대한 반응의 틀은 다음과 같이 저항 → 절망 → 이탈의 순으로 보았다(Bowlby, 1969, 1973).

- **저항** : 저항(protest)은 아이가 분리 위협을 감지하면서 시작되고, 울음, 분노, 도망 시도, 부모 찾기 등이 대표적이다. 이런 반응은 일주일까지 지속될 수 있고 밤에는 심해진다. 이런 저항 후에는 절망이 이어진다.
- **절망** : 절망(despair)의 시기에는 활동적인 신체 동작이 줄어들고 가끔씩 울고, 슬퍼 보이며, 접촉이 줄어들고, 다른 아이들에 대해 혹은 집에서 가져온 좋아하는 물건에 대해 적대적으로 대하는 일이 많아지고, 애착 인물의 상실에 대한 애도기로 접어든다.
- **이탈** : 이탈(detachment)이라는 최종단계는 사교성으로의 복귀가 두드러져 돌봐주는 다른 어른에 대해 거부 반응을 보이지는 않는다. 하지만, 양육자와의 재결합 시 완전히 비정상적으로 행동한다.

이렇게 아이의 주양육자를 향한 애착형성 욕구에 대해 주양육자가 적절한 반응을 보이지 않으면 아이는 저항 → 절망 → 이탈의 순으로 이어지는 부정적이고도 파괴적인 결과를 가져온다. 애착이라는 단어, 즉 attachment가 '달라붙다'를 의미하듯, 아이가 주양육자에게 달라붙어 가까이 하려고 할 때, 예컨대 미소를 짓거나, 울거나, 기어가거나, 매달리거나, 졸졸 따라가거나 할 때 주양육자는 아이가 자신에게 편하게 접근할 수 있도록 관심을 보이고 수용하는 태도와 행동을 일관되게 보여주어야 한다. 만약 적절한 반응을 할 수 없는 피치 못할 사정이 생긴다면 그 이유를 아이가 예측할 수 있도록 알아듣기 쉽게 잘 설명해주어야 한다.

(2) 애착유형과 영유아 정신건강

어린 유아에게 주양육자인 엄마는 세상의 전부이다. 엄마가 주는 안정감은 세상이 그리 위험한 곳이 아니어서 자신에게 나쁜 일이 생기지 않을 것이며, 설령 생기더라도 부모가 자신을 지키고 보호해준다는 믿음과 신뢰감을 주게 된다. 다음 주양육자와의 관계에 따라 형성되는 애착유형은 영유아 정신건강을 위한 중요한 메시지가 될 수 있다(이보연, 2010; Ainsworth, et al., 1978; Solomon & George, 1999).

① **안정 애착** : 에인스워스의 낯선 상황 실험에서 이 유형에 속하는 12~18개월 영아의 경우, 어머니와 같이 있을 때 어머니가 안전기반이 되어 애착체계와 탐색체계 중 탐색체계가 활성화되어 적극적으로 주변을 탐색하면서 놀이에 몰두했다. 하지만, 어머니가 보이지 않을 때에는 애착체계가 활성화되어 불안을 보이고 울면서 어머니를 찾다가 어머니와 재회하게 되면 어머니에 의해 쉽게 진정되고 다시 탐색활동에 집중하였다. 이렇게 안정적으로 애착이 형성된 아이는 이후 지속적으로 엄마와의 관계에서 더욱 안정감을 느끼고 엄마를 신뢰하게 된다면, 환경에 대해 즐거움, 자신감, 호기심을 느끼므로 낯선 상황에서도 적극적으로 주변을 탐색하며 놀게 된다.

에인스워스의 낯선 상황 실험에 참여한 안정 애착 영아의 어머니는 가정에서 영아의 울음을 비롯한 미소나 옹알이, 응시와 같은 영아의 신호에 대해 민감하게 반응했다. 즉, 영아에 대해 수용적이며, 정서적으로 친밀하고도 유연하게 대하고, 따뜻한 접촉을 나타내는 표현적인 면을 보이고, 영아의 활동에 대해 협력적이었다. 간단히 말해, 안정 애착의 어머니는 영아가 필요로 할 때 이를 수용하고 적절한 도움과 자극을 주는 민감한 사람이다. 이러한 태도와 행동을 일관되게 제공하는 어머니는 아이에게 아이 자신이 소중한 존재라고 느끼게 해주게 더욱 안정적인 애착을 가지게 된다.

그리하여 안정적인 애착을 지닌 아이는 잠시 위협적인 상황에 처하더라도 고통에 압도되지 않는다. 아이는 엄마가 돌아와 자신을 보호하리라고 믿으며 참을 수 있게 되고, 엄마가 돌아오면 기뻐하면서 쉽게 원상복귀 한다. 이러한 아이는 이후 또래나 다른 어른들과 잘 사귀고, 자신의 감정도 잘 조절한다. 또래의 고통을 이해하고 달래주는 공감능력도 잘 발달되어 또래에게 인정받고 존경받는다. 그렇다고 어떤 친구가 자신을 험담하거나 싫어한다고 해서 지나치게 집착하거거나 의존하지 않아 크게 상처받지 않는다. 이들은 친구들끼리도 생각이 서로 달라 그럴 수 있음을 인정하고 별로 중요한 것이 아니므로 자신의 생각에서 밀어내 버리고, 자신과 관계가 좋은 아이들과 더 잘 어울려 지낸다. 이렇듯 안정 애착은 긍정적인 대인관계와 긍정적인 삶의 태도를 형성하는 기초가 된다. 부모와의 관계에서 형성된 자신과 타인에 대한 긍정적인 믿음이 작용한 것이다.

② **불안정-회피 애착** : 에인스워스의 낯선 상황 실험에서 이 유형에 속하는 12~18개월 영아의 경우, 어머니와 분리할 때 별로 동요하지 않으며, 재회 상황에서도 어머니에게 안아달라고 요구하지 않고 오히려 어머니를 회피 또는 무시했다. 평상시 아이가 엄마를 필요로 하지만 엄마가 그런 자신의 필요를 충족시켜주지 못했기 때문이다. 이러한 아이들은 엄마를 비롯한 다른 사람들에 대해서도 실망을 느끼고 거부하려 하고, 낯선 상황에서는 사람보다는 장난감이나 사물과 같은 무생물에 더 많은 관심을 보이게 된다. 이런 것들이 자신을 더 편하게 해주고 안정시켜준다고 느끼기 때문이다.

에인스워스의 낯선 상황 실험에서 회피애착 영아의 어머니는 가정에서 영아와 거리를 두고 영아에 대해 거절하는 거부적 양육행동을 보였다. 영아와의 친밀한 신체적 접촉을 편안하게 받아들이지 못하고, 영아를 다루는데 엄격하고, 자주 분노나 좌절을 나타내고, 불필요한 간섭으로 영아의 활동을 방해하였다. 회피애착의 유형을 보이는 아이의 대다수 양육자는 이렇게 아이와 친밀하지 못하고 거리감이 있으며, 아이를 자주 거부하고 밀어내는 행동을 보인다.

예컨대, 놀아달라고 하는 아이에게 짜증내면서 지겹다고 한숨 쉬거나 귀찮게 하지 말라고 소리 지르는 부모, 아이에 대한 기대가 높아 사사건건 잔소리 하는 부모, '되는 것'보다는 '안 되는 것'이 훨씬 많은 제재를 가해서 피곤을 안겨주는 부모 등을 들 수 있다. 이런 아이들은 의젓하고 제 할 일 잘하는 완벽한 아이라고 칭찬을 받을 수 있지만 자신의 욕구를 너무 억압하여 감정표현이 적고 다른 사람과 잘 어울리지 못할 수 있다. 부모에게 질려 위축되었기 때문이다. 부모로부터 이보다 좀 더 강도가 심한 거부나 비난을 많이 받은 아이들은 친구들을 따돌리고 괴롭히는 공격자가 되기도 한다. 이런 아이들은 부모로부터 받은 절망감에 대처하기 위해 '공격자와의 동일시'라는 역기능의 방어적 동일시를 사용하게 되고, 그리하여 타인에게 칼을 휘두르며 돌진하는 가해자가 된다는 것이다.

요약하면, 불안정-회피 애착을 보이는 아이들은 부모의 지지나 도움을 받지 못해 상처 받은 아이들이다. 이러한 아이들은 외로움과 두려움으로 동굴로 숨어들어 외톨이가 되기도 하지만, 부모의 특성을 취해서 남을 괴롭혀 힘들게도 한다. 자신이 부모한테 받은 부정적인 경험을 자기나 타인에게 고스란히 옮겨놓은 셈이다.

③ **불안정-저항 애착** : 에인스워스의 낯선 상황 실험에서 이 유형에 속하는 12~18개월 영아의 경우, 어머니가 실험실을 나가게 되면 심한 분리불안 반응을 보이고, 어머니와의 재회상황에서도 쉽게 진정하기 어렵다. 어머니에게 안기는 등의 접촉을 요구하지만 동시에 밀거나 발로 차는 등의 공격적인 행동을 나타내었다. 마치 이들은 마지못해 품에 안긴 채 단단히 삐졌다는 표정으로 '도대체 날 두고 어딜 갔다가 왔느냐'라고 말하듯 째려보면서 때린다는 것이다.

에인스워스의 낯선 상황 실험에서 저항애착 영아의 어머니는 가정에서 비일관적으로 반응하는 것이 주된 특징이었다. 영아의 신호에 민감하지 못하고, 영아와의 신체적 접촉을 서두르고, 자발적인 애정표현을 잘하지 못하였다. 이런 불안정-저항 애착을 보이는 아이의 부모는 아이의 욕구와 기분에는 상관없이 본인이 원할 때는 아이에게 잘 대해 주다가 또 본인이 싫을 때는 아이를 무시하거나 거부한다. 그러니 아이는 부모란 자신이 필요로 할 때 이용하거나 도움

받을 수 있는 존재가 아니라고 생각하게 된다. 언제 어떻게 나올지 모르는 '예측 불허'의 대상이라 여기게 되므로 부모와의 관계에서 불안을 느낄 수밖에 없다.

불안정-저항 애착을 보이는 아이들은 부모의 예측 불허의 비 일관된 행동으로 기대감을 갖게도 하고 실망감을 갖기도 해서 힘들어 한다. 일반적으로 이들의 모든 신경은 양육자를 향해 있어 혼자서는 아무 것도 하지 못하고 계속 엄마 주위를 맴돌거나 같이 놀자고 요구한다. 이들은 자신이 끝까지 치대고 징징대야만 원하는 것을 얻을 수 있다고 생각하며, 감정표현을 과장해서 나타낸다.

이들은 자라서도 정서적으로 불안정하고 작은 일에도 쉽게 당황하며 좌절하는 모습을 보인다. 낯선 환경에서 쉽게 적응하기 힘들어 하고 불안해하는 모습으로 인해 또래의 놀림감이나 따돌림의 대상이 되기 쉽다. 부모에 대한 신뢰는 부모가 언제 화를 낼지, 웃을지, 놀아줄지를 아이가 예측하고 그 예측이 일치하는 환경에서만 형성되어 안정된 애착이 이루어질 수 있다.

④ **불안정-혼란 애착** : 메인과 솔로몬(Main & Solomon, 1990)은 이상의 세 가지 유형에 속하지 않는 애착집단을 발견하여 이 집단을 혼란애착 유형이라 명명했다. 이 유형의 영아는 어머니와의 재회 시 강한 애착, 회피애착, 저항애착에서 보이는 행동을 복합적으로 나타내어 모순되고 혼란스러운 행동 특징을 지니는 것으로 보고되었다. 이들은 매우 강한 애착행동이나 분노를 표현한 후 갑자기 회피하거나, 두려워하거나, 정지된 자세를 보이거나(stilling) 얼어붙거나(freezing), 혹은 방향성 없는 느린 움직임과 멍한 표정을 보이거나 했다.

아동학대를 당한 아이들이나 행동장애를 가진 아이들의 80% 정도가 이 유형을 보인다. 알코올 의존적 부모를 둔 경우에도 이런 애착 유형을 흔히 보인다. 아이의 양육자는 자신의 심리적 상태에 따라 들쑥날쑥 행동의 변화가 잦고, 아이에게 강한 위협과 공포를 제공하고, 아이를 화풀이 대상으로 삼는 경우가 많다. 이 유형의 아이는 매우 혼란스럽고 불안정하고 반항적이며, 무엇보다 큰 문제는 타인과 친밀해지기 어려워 평생 외롭게 살아가게 된다는 점이다.

Chapter

9 볼비(2) : 애착의 전생애 발달

애착은 단지 영아기에 국한된 현상이 아니다. 볼비(Bowlby)의 주장처럼, 애착은 요람에서 무덤까지 인간을 특징짓는다. 1980년대 성인애착을 측정할 수 있는 방법이 개발되면서 초기의 영아중심의 애착연구는 점차 전 생애, 특히 성인기 애착연구로 확산되었고, 애착은 세대 간 전이됨으로써 대물림되고 있는 것으로 밝혀져 그 중요성이 더욱 부각되고 있다. 이에 대한 이론적 근간을 이루는 것은 바로 '내적 작동모델'이다.

이장에서는 애착의 전 생애 발달, 특히 성인기 애착발달을 살펴보고, 최근에는 일차적 양육자인 엄마의 역할 변화에 따른 2차·3차 애착인물의 애착에 대해서도 고찰할 것이다.

1 애착의 전생애 발달

애착의 발달을 초기 영아기, 유아기, 아동기, 청년기, 성인기로 나누어 간략히 살펴보도록 하자(정옥분, 정순화, 황현주, 2009).

1) 영아기 애착

영아기 애착은, 앞 8장에서 설명하였듯이, 영아 초기의 미소 짓기, 울기 등의 행동으로 애착 형성을 위한 신호를 보이게 된다. 점차 영아가 신체적·인지적 발달을 이루어 가면서 대략 6-9개월 ~ 24개월에 다음과 같은 행동으로 주양육자와의 애착을 완전하게 형성·발달하게 된다.

- 능동적으로 기어가기, 매달리기, 따라다니기 등과 같은 주양육자와의 적극적인 접근 및 접촉 추구의 애착행동을 보인다. 주양육자를 안전기지(secure base)로 삼아 환경을 탐색한다.
- 주양육자가 떠나려하거나 보이지 않으면 격렬한 울음으로 분리불안을 보이고 주양육자를 찾아다닌다.
- 영아는 주양육자인 어머니 외에 다른 대상에 대해서도 낯가림이 심하다.
- 영아에 따라 이러한 애착 현상은 2~3세까지도 이어진다.

2) 유아기 애착

24개월~만5세까지의 초등학교 이전 시기의 유아들은 이제 영아기에 보였던 근접 및 접촉 추구의 애착행동에서 벗어나게 된다. 이 시기의 발달, 즉 언어의 급속한 발달과 인지발달(특히 단기 기억능력의 발달)이 다음과 같은 유아기 애착에 기여하는 바가 크다.

- 분명하게 애착대상을 인식하고 애착대상의 의도를 인식할 수 있다. 따라서 주양육자가 잠시 보이지 않아도 불안감을 느끼지 않는다.
- 주양육자와 오랫동안 분리해도 영아기와 달리 격렬하게 반응하지 않는다. 주양육자의 직장생활로 일상적인 분리를 경험할수록 분리 시 덜 당황해 한다.
- 애착대상과의 근접이나 접촉에 대한 욕구를 상황에 따라 고려하여 표현하고, 특히 불안하거나 힘들거나 아플 때와 같이 스트레스가 많을 때 요구한다.
- 애착욕구와 탐색욕구를 모두 충족시키며 둘 사이의 균형을 이룰 수 있다.

이상과 같은 유아기 애착은 볼비의 애착발달의 4단계인 "목표수정적 동반자 관계"에 해당한다. 즉, 주양육자와의 근접 및 접촉추구와 같은 자신의 목표 달성에서 벗어나 어머니의 목표에도 관심을 갖고 협상할 수 있게 됨으로써, 서로의 공통적 목표를 조절하게 된다.

3) 아동기 애착

만 6~11세까지의 초등학교 시기는 친구와 교사와의 사회적 교류 확대, 사춘기의 도래, 논리적 사고의 증대, 의사소통기술의 발달 등의 발달적 특징을 가진다. 이 시기 아동들의 애착은 주로 부모와의 의사소통에 의해 영향을 받고, 그들의 애착은 보다 확장된 사회적 관계에 영향을 미친다. 이에 대한 연구를 중심으로 아동기 애착을 살펴보면 다음과 같다.

- 부모와의 적절한 대화를 통한 '조정관계'가 아동기 애착의 핵심 과제이다. 즉, 부모와 아동 간의 대화를 통한 서로 간의 목표 및 정보 제공, 감정의 공유, 문제의 수용 등은 서로에 대한 이해도를 높여 협력을 가능하게 한다. 이러한 긍정적인 부모-아동의 의사소통은 안정적인 아동기 애착형성에 영향을 미친다(Goldberg, 2000; Kobak & Duemmler, 1994).
- 아동기 의사소통기술은 영유아기 애착의 내적 작동모델과 관련성이 있다. 즉, 영유아기에 형성된 내적 작동모델이 아동의 의사소통기술의 발달을 촉진시키는 한편(Feeney & Noller, 1990), 아동과 부모와의 적절한 대화는 아동기 이전의 부적절한 내적 작동모델을 수정할 수 있는 기회를 제공한다(Kobak & Duemmler, 1994).
- 아동기 애착은 또래와의 조화로운 관계를 맺는데 긍정적인 영향을 미친다. 예컨대, 또래와의 관계에 대한 긍정적인 기대와 실제 놀이의 공유, 다툼상황에서 정서규제, 사회적인 유능감 등이 아동기 애착으로부터 영향을 받는다(Stroufe et al., 2005).

4) 청년기 애착

만 12~24세까지의 청년기는 아동기에서 성인기로 넘어가는 과도기로서 성적 성숙의 가속화에 따른 이성에 대한 관심, 부모로부터의 독립 추구 등의 발달적 특징을 지닌다. 청년들의 부모와의 관계는 이들의 강한 독립의 욕구에도 불구하고, 애착의 유지를 원하는 것으로 다음과 같은 연구에서 나타났다.

- 13~19세 청년들은 어머니, 아버지, 또래와의 애착관계에서 또래에 비해 어머니와 아버지에 대한 애착의 질이 안정적인 것으로 나타났다(Paterson et al., 1994).
- 대학생들은 친구에 대한 애착보다는 부모에 대한 애착이 그들의 적응과 안녕감과

높은 상관을 보였고(Armsden, Greenberg, 1987), 부모를 떠난 대학 1년생들은 부모를 안전기지로 삼아 스트레스 상황에서 부모에게 의지하고 도움을 구했다(Kenny, 1987). 대학생의 진로결정에서도 부모와의 애착수준이 낮을수록 진로 결정을 하는 데 혼란과 외적 갈등은 더 많이 겪는 것으로 나타났다(최현영, 서영석, 2005).

- 스트로우프와 동료들(Stroufe et al., 2005)은 미네소타 종단연구에서 청년들은 동성 친구뿐만 아니라 이성 친구와 친밀한 관계를 형성하고 몰두하면서 그들이 갖는 애착은 자신의 부모와의 정서적 유대관계에서 친구나 이성과의 유대관계로 확대·발전하는 것으로 나타났다.

5) 성인기 애착

만 24세~30대의 성인 초기는 전 생애에서 최고의 신체 활력이나 인지적 수준에 달하고, 이성과의 관계를 기초로 연인관계, 직업선택, 결혼, 부부관계, 자손 탄생 등 삶에서 가장 핵심적인 변화를 겪는 시기이다. 성인기 애착연구는 그동안 많이 이루어져 왔는데, 이는 활발한 성인애착 척도개발 때문이다.

(1) 성인애착 척도개발과 성인기 애착 연구

성인애착척도, 예컨대 '성인애착면접(Adult Attachment Interview: AAI)' (Box 9-1 참조), '성인애착질문지(Adult Attachment Questionnaire: AAQ)', '관계질문지(Relationship Questionnaire: RQ)' 등의 개발은 성인기 애착연구에 기여한 바 크다.

[Box 9-1] 성인애착면접(Adult Attachment Interview: AAI)

성인기 애착의 질을 측정하는 '성인애착면접(AAI)'은 다양한 성인애착척도들 중 하나로, 애착의 내적 작동모델을 토대로 개발된 반구조화된 면접법의 척도이다. 그 일부 내용을 발췌하면 다음과 같다(George, Kaplan, Main, 1985).

1. 가족과 관련된 이야기를 해주세요(어디에서 살았고, 이사한 경험이 많았는지, 부모는 무슨 일을 했는지, 할아버지와 할머니와 얼마나 자주 보았었는지, 형제자매들은 같이 살았는지, 식구 이외 같이 살았던 사람이 있었는지 등 가족에 대해 간단한 질문을 한다.).

3. 기억해낼 수 있는 아주 어린 시절(5~12세)로 돌아가서, 어머니와의 관계를 표현할 수 있는 5개의 형용사나 단어를 말해보세요(이 단어들 각각과 관련된 어릴 때 구체적인 사건이나 기억을 떠올리도록 한다.). 아버지에 대해서도 어머니 면접처럼 똑같은 과정을 밟도록 한다.
4. 부모 중 누구와 더 가까웠습니까? 그 이유는요? 다른 한쪽 부모와 덜 가까웠다고 느낀다면 그 이유는 무엇인지요?
7. 어린 시절에 부모로부터 거부, 또는 거절당했다고 느낀 적이 있습니까? 물론 지금 생각해보면 그것이 정말로 아무 것도 아니었다고 생각될 수도 있겠지만, 제가 묻고 싶은 것은 어린 시절에는 그런 느낌을 가졌는지 알고 싶습니다.
   - 그 때가 몇 살이었습니까? 그리고 그렇게 느꼈을 때 어떻게 했는지요?
   - 당신의 부모가 왜 그렇게 행동했다고 생각합니까? 부모는 그런 당신의 마음을 알고 있었다고 생각하는지요?
9. 전반적으로 당신 부모와의 경험이 지금 당신의 성격에 어떤 영향을 주었다고 생각합니까?
16. 아동기와 지금 성인기를 비교해 볼 때 부모와의 관계가 변화했다고 생각합니까?
17. 성인으로서 지금 당신의 부모와의 관계는 어떤지요? 자주 대화를 나누거나 방문을 하거나 하는지요?
18. 현재 자신의 아동과 분리가 된다면 어떻게 느낄 것 같습니까? 자신의 아동에 대해서 걱정을 느껴 본 적이 있습니까?
19. 지금으로부터 20년이 흘렀다고 가정하고 자신의 자녀에게 바라는 세 가지 소원을 말해보십시오. 당신이 자녀에게 바라는 미래는 어떤 것인지요?
21. 당신의 자녀가 당신에게 양육되면서 어떤 것들을 배우길 바라십니까?

이상에서 볼 수 있듯이, AAI는 성인에게 초기 아동기 애착 관련 경험을 이야기하게 하여 아동기 애착 경험과 현재의 애착관계를 살펴보는 척도이다. AAI의 특징은 성인자신들의 양육자와 겪은 아동기 경험에 대한 표상, 다시 말해 실제로 경험한 내용보다 성인으로서 양육자에 대해 회상하여 떠오르는 정서적 인지적인 표상을 강조한다.

① **성인애착면접(Adult Attachment Interview: AAI)과 성인기 애착** : 메인과 동료들(Main et al., 1985)이 AAI를 통해 성인의 애착표상을 살펴보았다. 성인의 애착표상, 즉 자율(autonomous)애착, 무시(dismissing)애착, 집착(preoccupied)애착, 미해결-혼란(unresolved-disorganized)애착 각각은, 다음 <표 9-1>에서 볼 수 있듯이, 에인즈워스와 동료들(Ainsworth et al., 1978)이 낯선 상황 실험에서 발견한 안정, 회피, 저항의 세 가지 애착유형 및 이후 메인과 솔로몬(Main & Solomon, 1990)이 발견한 혼란애착과 아주 유사했다. 이는 영아기에 형성된

애착의 질적 특성이 내적 작동모델을 통해 성인기에도 계속됨을 말해준다(Main, Goldwyn, 1998).

② **성인애착질문지(Adult Attachment Questionnaire: AAQ)와 성인기 애착** : 하젠과 쉐버(Hazan & Shaver, 1987)는 연인 및 부부관계에 초점을 둔 AAQ를 통해 성인애착의 유형을 세 가지 범주, 즉 안전, 회피, 불안-양가로 분류하였고, 이는 에인즈워스의 영아애착유형, 즉 안정애착, 회피애착, 저항애착과 유사하였다. 이 또한 영유아기에 형성된 애착유형이 내적 작동모델의 형태로 지속되어 성인기에서도 이성 관계와 같은 다른 사람들과의 관계양식에서 지속되는 것으로 밝혀진 것이다. 다만 영유아기 애착과 다른 점은 영유아의 일방적인 주양육자에 대한 애착이 아니라 성인기에는 서로간의 애착을 형성하고, 다양한 기능(예: 정서적 결속과 유대감, 동료애, 동일한 경험 공유, 성적 결속 등)을 수행한다.

③ **관계질문지(Relationship Questionnaire: RQ)와 성인기 애착** : 바소로뮤와 호로위츠(Bartholomew & Horowitz, 1991)는 하젠과 쉐버(Hazan & Shaver, 1987)의 세 가지 범주(안정, 회피, 불안-양가)를 RQ, 즉 자신 및 타인에 대한 표상에 의거해서 네 가지 범주(안정, 무시, 두려움, 집착)의 유형으로 분류하였다. 바소로뮤와 호로위츠는 하젠과 쉐버의 세 가지 범주 모형의 회피에는 자신에 대한 신뢰감과 독립성을 지키기 위해 회피전략을 사용하는 '무시' 유형이 타인에게 상처를 받거나 거절당하지 않기 위해 회피전략을 사용하는 '두려움' 유형과 공존하고 있음을 발견했다. 이들은 자신과 타인에 대한 표상을 긍정적·부정적 표상으로 구분하고 이를 기준으로 성인애착의 네 범주(자기긍정·타인긍정, 자기긍정·타인부정, 자기부정·타인부정, 자기부정·타인긍정)를 제시하였다.

표 9-1 학자들의 애착척도와 애착유형

	Ainsworth와 동료들 (1978)	Main과 Solomon(1990)	Main과 동료들 (1985)	Hazan & Shaver(1987)	Bartholomew & Horowitz(1991)
애착 유형	안정	안정	자율	안정	안정 (자기긍정·타인긍정)
	회피	회피	무시	회피	무시 (자기긍정·타인부정) 두려움 (자기부정·타인부정)
	저항	저항	집착	불안-양가	집착 (자기부정·타인긍정)
		혼란	미해결-혼란		
애착 척도	낯선 상황 실험	AAI	AAI	AAQ	RQ

(2) 성인기 애착

이상과 같이 대부분의 성인기 애착연구에 따르면, 어린 시절 부모와 정서적으로 밀접한 애착관계는 성인이 되어서도 사람들 사이에서 친밀한 관계를 유지하는 것으로 나타났다. 애착은 성인기에도 지속이 된다는 것이다. 이는 영아와 양육자와의 반복된 상호작용을 통해 형성된 애착은 내적 작동모델이 되어 이후 타인의 관계형성 방식에 지속적으로 영향을 미친다는 것을 뜻한다. 다시 말해, 성인애착관계는 한 개인이 어린 시절 주요 애착대상과의 상호작용을 통해 형성한 내적 표상의 지배를 받는다.

최근 성인애착의 연구는 성인애착을 3~4범주(category)로 분류하기보다 차원(dimension)으로 접근하고 있다. 예컨대 '회피-접근'의 연속적 차원과 '정서적 갈등-정서적 자신감'의 연속적 차원의 양축에서 그 수준의 높고 낮음에 따라 성인애착유형을 개념화하고 있다. 이러한 접근은 애착의 내적 작동모델을 보다 정교화하고 확장할 수 있다고 보고 있는 것이다(Fraley & Spieker, 2003).

2 애착의 안정성

생애 초기에 형성한 애착관계는 전 생애 동안 지속적으로 영향을 미치는 안정적인 것으로 보고되고 있다. 이는 내적 작동모델이 작용하기 때문이다. 우선 내적 작동모델부터 살펴보자.

1) 내적 작동모델

앞서 8장에서 언급했듯이, 볼비(1969)는 그의 이론 초기에 내적 작동모델(internal working-model)을 영아 자신과 일차적 애착대상자인 주양육자와의 관계에 대한 인지적 표상이라 했다. 이 내적 작동모델은 현대 정신분석 접근 이론의 부모-영아 관계, 즉 유효성(availability)[31], 인지적 표상(representations), 피아제(Piaget)의 동화와 조절을 통한 도식의 질적 변화 등과 같은 개념들로부터 영향을 받아, 볼비가 발전시킨 일종의 메타심리학[32] 개념이라 할 수 있다.

보다 최근에 내적 작동모델은 영아가 양육자들과의 상호작용을 통해 형성한 인지적 표상으로 정의내리고 있다(Schaffer, 2000). 여기서 인지적 표상이란 자기에 대한 인지적 표상, 타인에 대한 인지적 표상, 그리고 자기-타인 관계에 대한 인지적 표상 모두를 포함한다. 예컨대, 양육자들로부터 거절당한 경험이 많은 아이라면, 자신을 수용될 수 없는 가치 없는 존재로 여겨 자기에 대한 표상이 부정적일 뿐만 아니라 타인도 엄격하거나 분노를 잘 나타내어 자신이 의지할 수 없는 존재로 여겨 타인에 대해서도 부정적인 표상을 지니게 되고, 자기-타인 관계에 대해서도 자신이 회피해야 하는 부정적 관계 표상을 지니게 된다.

내적 작동모델(internal working-model)은, '작동(working)'이라는 단어의

31) 유효성(availability)이란 아이가 양육자에게 도달할 수 있는 접근성(accessability)과 양육자가 아이에게 보이는 반응성(responsiveness)을 말한다. 내적 작동모델에는 아이가 애착대상을 필요로 할 때 양육자가 항상 반응을 보여서 접근 가능한지, 아니면 반응이 없어서 우회적으로 대응할 후 있는 전략을 세워야 하는지의 표상체계의 의미가 내포되어 있다(Fonagy, 2001).

32) 매타심리학이란 경험적 심리학의 한계를 벗어나 현상, 사실, 이론 및 사상들을 포괄적이고 논리적으로 이해할 수 있도록 개념을 체계적으로 종합한 심리학이다(정옥분, 정순화, 황현주, 2009).

의미대로, 영유아기 이후 다양한 애착경험으로부터 영향을 받아 추가·통합되는 지속적인 과정이 된다. 그런데 이러한 과정은 이전에 형성된 내적 작동모델을 근거로 하기 때문에 초기 애착경험을 통해 일단 형성된 내적 작동모델은 수정이 쉽지 않고 지속적으로 영향을 미치게 된다. 이러한 현상은 자신의 내적 작동모델과 일치하는 정보에 대해서는 기존의 내적 작동모델을 수용·강화하는 반면, 그렇지 못한 정보에 대해서는 무의식적으로 왜곡하고 방어하기 때문이다(Bowlby, 1989). 이렇듯 내적 작동모델은 영유아기뿐만 아니라 아동기, 청년기, 성인기, 즉 전 생애 애착발달을 개념화하는 이론적 기초가 된다(Holmes, 1995; Schaffer, 2000).

요약하면, 내적 작동모델이란 삶의 초기에 주양육자를 포함한 다양한 양육자들과의 애착관계를 통해 형성한 자신과 타인 그리고 자기-타인 관계에 대한 인지적 표상인데, 이는 전 생애 동안 모든 관계에 지속적으로 영향을 미치는 토대가 된다.

2) 애착의 안정성에 관한 종단연구

영아기에 형성된 초기 애착유형이 청년기와 초기 성인기에도 안정적으로 나타나는지는 20여년의 추적 연구를 통한 종단연구에서 그 결과가 최근에 보고되었다. 영아기 때 불안정애착으로 분류되었던 18명 중 16명이 청소년기에도 불안정애착이었던 반면, 영아기에 안정애착으로 나타난 12명중 9명이 여전히 청소년기에도 안정대착인 것으로 나타난 해밀턴(Hamilton, 2000)의 연구가 그것이다. 또한 안정애착과 불안정애착으로 분류된 영아의 72%가 성인기에도 동일한 애착유형을 나타난 워터즈와 동료들(Waters et al., 2000)의 연구도 초기에 형성한 애착유형이 이후 삶의 애착유형에도 지속적으로 영향을 미친다는 것을 말한다. 내적 작동모델이 그 근거로 작용한 것이다.

다만, 고위험집단의 어머니의 자녀인 경우, 애착의 안정성이 지지되지 않았다. 영아기에 '낯선상황실험', 18개월부터 19세가 될 때까지 어머니와 11회의 인터뷰, 19세에 AAI를 통해 영아기 애착과 성인기 애착의 안정성을 비교한 결과 애착의 안정성이 지지되지 않은 것으로 나타났다(Weinfield et al., 2000).

3) 애착의 세대 간 전이

어떤 어머니는 영아 자녀에게 민감한 반응으로 자녀와의 애착을 안정적으로 형성하는데, 또 어떤 어머니는 그러지 못하다. 그 이유는 어디에 있을까. 이는 어머니 어린 시절에 자신의 어머니와의 애착경험에 대한 긍정적인 혹은 부정적인 표상이 지금 현재 자신의 자녀 양육에 긍정적으로 혹은 부정적으로 영향을 미치기 때문이다.

실제로 몇몇 연구(Posada et al., 1995; van Ijzendoorn, 1995)에서 지금 자녀와의 애착유형의 주요 변인은 어머니 어렸을 적 애착임이 밝혀졌다. 안정적인 애착의 어머니는 자녀에게 애정적이고 분리를 대비하기 위해 자녀에게 충분한 설명을 하였다. 그러나 불안정-회피애착의 어머니는 자녀와 신체적인 거리를 두었고, 분리 시에도 그냥 나가버렸고, 불안정-집착애착의 어머니는 자녀와 헤어지는 것에 대해 매우 불안해하는 모습을 나타내었다. 이는 어머니 자신의 양육자와 형성된 안정애착 혹은 불안정 애착이 내적 작동모델을 통해 자신의 자녀에 대한 양육 행동과 연결되어 자녀와의 애착 유형을 결정짓게 한 것이다(Crowell & Feldman, 1991).

이러한 애착의 세대 간 전이는 아기가 태어나기 전에 측정한 어머니의 내적 작동모델도 이후 영아가 안정애착을 형성할지, 혹은 불안정애착을 형성할지를 75%정도 예측했다(Fonagy et al., 1991). 국내 연구(장미자, 조복희, 1999; 최해운 외, 1998)에서는 어머니의 내적 작동모델과 영아의 애착유형 간의 일치도는 55~75%인 것으로 나타났다.

이와 같은 여러 연구를 통해 개인의 어린 시절 주양육자와 형성된 애착은 내적 작동모델을 통해 자신의 전생애와 다음 세대까지 영향을 미침으로써 애착의 세대 간 전이가 이루어지는 것으로 애착의 영향력은 알려져 있다. 하지만 애착의 영향력에 대한 한계를 주장하는 것도 만만치 않다(박응임, 1994; 이영환, 1992; 전효정, 2003; Goldberg, 2000; Rutter, 1997). 즉, 초기 불안정 애착의 내적 작동모델이 언제나 부정적, 혹은 초기의 안정애착의 내적 작동모델이 언제나 긍정적이지 만은 않다는 것이다. 안정애착이 형성된 이후라도 개인적인 삶이나 가정에서의 위기, 혹은 불안정 애착이 형성된 이후라도 좋은 친구나 연인 혹은 배우자의 만남 등이 내적 작동모델에 영향을 미칠 것이다. 앞으로 내적 작동모델 외에 애착을 설명하는 다른 변인에 대한 깊이 있는 연구가 필요하다.

3 애착 관련변인

볼비는 초기에 생물학, 동물행동학, 인지이론 등에 근거하여 영아와 주양육자인 어머니와의 독점적 애착관계를 설명하였다. 그러나 최근 여성들의 사회참여로 인한 취업모의 증가는 어머니뿐만 아니라 아버지에 의한 양육, 그밖에 유아교사나 조부모 등 기타 인물의 양육참여를 불가피하게 유도하고 있다. 다양한 인물과의 애착과 관련된 변인이 무엇인지 살펴보도록 하자.

1) 어머니 애착 관련변인

(1) 어머니 양육행동

어머니의 양육행동 중 영아의 안정애착을 위한 핵심변인은 바로 어머니의 민감성이다. 안정적인 애착을 위한 어머니의 민감성을 비롯한 그 밖의 어머니 변인들을 살펴보면 다음과 같다(Ainsworth et al., 1978; De Wolff, van Ijzendoorn, 1997).

① **민감성** : 민감한 양육행동 4가지는 다음과 같다.

- 신호에 대한 지각(awareness) : 영아의 신호를 지각한다. 어머니 자신의 욕구와 필요에만 몰입되어 있지 않아야 영아의 신호를 알아차릴 수 있다.
- 정확한 해석(interpretation) : 영아의 신호를 적절히 해석한다.
- 반응의 즉각성(promptness) : 영아가 좌절을 견디어 낼 수 있는 시간 내에 반응이 신속히 이루어진다.
- 반응의 적절성(appropriateness) : 영아의 신호에 맞는 적절한 행동을 한다. 한편 민감하지 못한 둔감한 어머니의 경우, 영아의 신호에 대해 즉각적이고 적절하게 반응하지 못해 그들의 필요와 욕구를 충족시켜주는데 어려움을 겪게 된다. 흔히

자녀에게 잘 해주려는 어머니의 의도와 다르게 자녀가 울음, 떼쓰기, 거부 등의 반응을 보여 양육의 좌절을 갖는다면 둔감한 양육이 아닌지 살펴보아야 한다.

② **긍정적 태도와 지지** : 영아에 대해 긍정적인 감정을 가지고 애정을 표현한다. 영아 옆에서 활동을 가까이 지켜보며 정서적 지원을 제공한다.

③ **동시 상호성과 자극** : 어머니와 영아가 함께 같은 놀이에 주목하여 부드러운 쌍방적인 상호작용을 하되, 영아에게 자주 직접적인 활동도 제공한다.

(2) 어머니 개인적 특성과 환경

양육행동이외 영아의 애착형성에 영향을 미치는 또 다른 주된 요인으로는 어머니 성격, 자신의 애착경험, 대화 형태 등을 들 수 있다. 이들 개인적인 특성이나 양육행동은 가족과 사회경제적 배경 등과 직간접적으로 관련된다.

① **어머니 성격, 어머니의 유아기 애착 경험** : 우울한 성격을 지닌 어머니들은 자주 영아의 신호를 무시하여, 영아는 화를 잘 내고 나중에도 다른 정상적인 성인들과의 관계에서도 화를 내면서 반응하였다. 또한 어머니 자신의 유아기 애착경험, 특히 학대나 무시와 같은 불행했던 유아기 경험은 자신도 모르게 부적절한 양육을 제공하는 것으로 나타났다. 이러한 어머니는 자신이 어린 시절에 부적절한 양육을 받았지만 자기 자녀에게는 따뜻한 양육을 제공하겠다고 다짐을 한다. 하지만 자녀가 계속 울고 짜증을 내면 자신이 자격 없는 무능한 부모인 것처럼 위축되거나 자신의 감정을 폭발시키거나 한다. 자녀가 자신의 기대에 부응하지 못할 경우도 마치 자신이 옛날 어머니에게 거부되었던 것과 같은 느낌을 자녀로부터 받아 감정이 격해지고 결국에는 자신의 자녀를 무시하거나 학대한다(정옥분, 정순화, 황현주, 2009). 이에 대해서는 앞서 '애착의 세대 간 전이'에서도 언급했다.

② **어머니 대화 형태, 가족의 지지, 결혼 만족도** : 어머니의 대화 형태, 예컨대 따뜻한 대화를 하는 어머니는 안정애착과 관련되고(김종순, 1989), 부부관계에서도 남편의 정서적이고 실제적인 지지는 어머니의 양육행동과 애착에 영향을

미쳤고(Howes & Markman, 1989), 결혼만족도 또한 민감한 양육행동과 관련되었다(Belsky & Rovine, 1988; Cox et al., 1989; Isabella, 1994). 사회경제적 배경 면에서는 중류층 보다 저소득층의 가정에서 불안정 애착이 빈번하게 나타났다(NICHD, 1997).

2) 아버지 애착 관련변인

아버지는 어머니에 비해 자녀와 함께 있는 시간이 절대적으로 짧다. 어머니는 출산, 수유, 그리고 영아의 신체적 욕구 충족에 따른 집중적인 돌봄 때문이다. 따라서 영아의 아버지 애착은 어머니에 비해 다소 늦게 형성될 수 있다. 영아의 걸음마 시작 전후에 놀이에 관심이 커지면서 아버지가 영아의 놀이 대상이 되어 자녀 양육에 참여하게 되는 경우가 많다.

아버지와 어머니는 자녀 양육에서 그 역할이 다르다. 어머니는 민감하고 온정적인 보호자 역할, 아버지는 재미있고 활동적인 놀이 대상자 역할을 한다. 따라서 영아애착은 어머니의 상호작용의 질과 양, 아버지의 놀이에 대한 기대와 태도가 큰 영향을 주게 된다. 즉, 양부모 각자에게 형성하는 애착이 그 속성을 달리한다고 보아야 할 것이다(Cox et al., 1992; Roopnarine et al., 1990; van Ijzendoorn & De Wolff, 1997).

3) 기타 인물과의 애착 관련변인

아버지와 어머니 모두 맞벌이하는 가정이 늘면서, 보육교사, 조부모, 베이비시터 등 다양한 인물이 육아에 참여하는 가정이 적지 않다. 어머니에게만 의존했던 애착에서 벗어나 이제 여러 사람과 애착을 맺어야 하는 상황이 된 것이다. 특히 애착의 전 생애 발달에 대한 관심 증가에 따른 여러 종단연구에서, 부모의 이혼이나 질병 등으로 인한 삶의 위기로 인해 영아기에 부모에게 형성된 안정애착이 불안정애착으로의 질적 변화를 가져오지만, 2차·3차 주변 인물의 정서적 지원이 중요한 역할을 하는 것으로 보고되고 있다(Belsky et al., 2000). 부모뿐만이 아니라 애착을 형성할 수 있는 가족이 많을수록 안정적 애착을 형성할 수 있다는 보고(Belsky, 1996; NICHD, 1997)도 있다.

최근 취업모 증가를 비롯한 이혼율 상승, 조손가족 증가, 가족해체 등 불안정적인 가족생활 속에서 자라는 영아가 증가하고 있다. 이들 영아도 안정애착을 지속적으로 형성하고 심신의 건강한 발달을 위해서는 정서적으로 지원 가능한 인물들과 함께 할 수 있는 2차·3차의 애착인물은 매우 중요하다고 볼 수 있겠다. 여러 사람과 애착관계를 형성하는 경우, 그 중 가장 좋아하는 애착인물이 있고 나머지 사람도 서열이 매겨진다. 서열의 결정 요소는 유아와 함께 하는 시간, 돌봄의 질, 아이에게 쏟는 정서 등이다(Cassidy, 1999; Colin, 1996).

4 애착의 전생애 발달과 영유아 정신건강

1) 애착의 전 생애 발달에 대한 요약

애착은 단지 영아기에 국한된 현상이 아니다. 성인애착을 측정할 수 있는 방법이 개발되면서 초기의 유아중심의 애착연구는 점차 전 생애, 특히 성인기 애착연구로 확산되었고, 또한 애착은 세대 간 전이됨으로써 대물림되는 것으로 밝혀졌다. 이는 삶의 초기에 형성된 '내적 작동모델', 즉 자기, 타인, 자기-타인 관계에 대한 인지적 표상이 전 생애 동안 모든 관계에 지속적으로 영향을 미치는 토대가 되기 때문이다.

애착관련 변인, 즉 애착형성 요소는 애착 대상에 따라 다소 달라서, 어머니의 경우 민감한 양육행동, 어머니 성격, 어머니 자신의 애착경험, 대화 형태 등을 들 수 있다. 아버지는 활동적인 놀이에 대한 기대와 태도 등이 주요 애착관련 변인이 된다.

최근에는 주된 양육자인 엄마의 역할 변화에 따른 대리양육자들, 즉 2차·3차의 인물에 의한 양육이 증가하고 있다. 영아기에 부모에게 형성된 안정애착이 중요하지만 부모이외 정서적 지원을 통해 애착을 형성할 수 있는 2차·3차의 애착인물도 매우 중요하다. 아이 하나 키우는데 마을 전체가 필요하다는 말이 있듯이, 가족뿐만 아니라 사회적 공동의 도움이 필요하다. 부모이외 애착인물이 많을수록 안정적 애착을 형성할 수 있다고 한다. 여러 사람과 애착관계를 형성하는 경우, 그 중 가장 좋아하는 애착인물이 있고 나머지 사람도 서열이 매겨지며, 서열의 결정 요소는 유아와 함께 하는 시간의 양, 돌봄의 질, 정서적 지원의 정도 등이다.

2) 대리 양육자와 영유아 정신건강

(1) 보육교사와의 애착

우리나라 국가경쟁력 확보를 위한 여성인력의 사회진출 증가는 국가에 의한 공보육의 현실화를 가져왔다. 최근에 많은 영아들에 대한 돌봄은 어린이집 보육교사들에 의해 이루어지고 있다.

① **보육교사와의 애착** : 말러(Mahler)에 따르면, 영아의 심리적 분리와 개별화는 만 3세에 이르러야 한다고 본다. 만 3세는 어머니와 떨어져 교육기관에서 보낼 수 있는 중요한 시점이다. 그러나 최근 취업모의 증가로 많은 부모가 만 0,1,2세 영아보육시설을 이용하면서 과연 보육교사에게도 어머니와 같은 따뜻한 애착을 형성할 수 있을지 걱정이 많다. 다수의 연구에서는 보육교사 애착은 어머니 애착과 크게 다를 바 없다는 주장을 하고 있다.

② **보육교사와 애착 질의 독립성** : 초기 애착이론에 따르면, 영아가 일차적 애착대상과 형성한 애착의 질에 따라 2차·3차 애착인물과의 관계의 질을 결정한다고 보았다. 그러나 최근 보육교사와 어머니에게 형성하는 애착의 질의 독립성, 즉 어머니 애착의 질과 관계없이 교사와 애착의 질을 형성한다고 주장한다(Main & Weston, 1981; Sagi et al., 1985). 또한 영아가 보육교사와 형성한 안정애착이 영아와 어머니와의 불안정 애착관계를 보완하는 경우도 많다(신지연, 최석란, 2005; Howes et al., 1988; Oppenheim et al., 1988). 교사-영아의 상호작용 시간의 양, 교사의 적절한 개입, 교사의 민감성 등은 영아와 교사와의 주요 애착형성 요인이며(Howes et al., 1999), 이들 요인은 어머니 애착형성 요소와 크게 다르지 않다.

(2) 보육교사 애착유형

메인과 동료들(Main et al., 1985)이 제시한 성인 애착유형(자율, 무시, 집착, 미해결-혼란)은 보육교사 자신의 애착유형을 자각할 수 있는 내용이 될 수 있다는 점에서 영유아 정신건강을 위한 간접적인 메시지가 될 수 있으며, 이들 성인애착 유형은 영아 애착유형과 매우 비슷하다(이보연, 2010).

① **자율형** : 이 성인 자율애착유형에 속한 사람들은 어린 시절 자신을 지지하는 주양육자인 부모와 함께 안정적인 가정에서 자란 경우가 많았다. 부모는 자신을 소중한 존재로 느끼게 해주었고, 따뜻한 접촉을 제공해주었다. 그리고 필요할 때 적절한 도움과 자극을 민감하게 제공해주었고, 일관적인 태도로 편안하고 안전감을 주는 믿을 만한 부모를 두었다. 이렇게 성인의 자율애착은 영아의 안정애착과 아주 유사하다.

한편, 이 자율형에 속한 사람들 중 어린 시절을 힘들게 보냈지만, 자기성찰 능력이 뛰어나 어려움을 극복하고 잘 성장한 사람들이 있었다. 이들은 비록 어릴 때 주양육자와의 관계에서 안전감을 얻지 못했지만, 살아오는 과정에서 친척이나 선생님이나 친구 등 다른 사람과의 관계에서 신뢰와 안전감을 느낀 애착 경험을 가졌던 사람들이다.

② **무시형** : 이 성인 무시애착유형에 속한 사람들은 마치 사랑 따위에는 연연해하지 않고 초연한 사람인 것처럼 행동한다. 아동기 때 한쪽 부모를 잃고 자기 혼자 살아왔거나, 사랑과 관심 그리고 지지받고 싶은 자연스러운 아이의 욕구를 부모가 비난했거나 혹은 위로나 공감을 해주지 않았거나, 지나치게 간섭이 많았던 부모를 둔 사람들이다. 이와 같이 성인의 무시애착은 영아의 회피애착과 아주 유사하다.

③ **집착형** : 이 성인 집착애착유형에 속한 사람들은 부모나 애착대상의 곁을 떠나지 못하고 지나치게 몰두하고 매달리는 것이 주된 특징이다. 이들은 부모를 기쁘게 해주려고 노력하다가도 자신의 마음을 잘 알아주지 않았던 둔감한 부모에게 원망과 분노를 느끼기도 하는 양가감정을 가지는 경우가 많다. 이러

한 집착형은 자신을 심각하게 방치하거나 학대하거나 거부하지는 않았지만 매우 둔감한 부모, 예측 불허의 행동이 많은 부모를 두었던 사람이다. 성인의 집착애착은 영아의 저항애착과 아주 유사하다.

④ **미해결–혼란형** : 이 성인 미해결-혼란애착유형에 속한 사람들은 일관성이 없고 정신을 다른 곳에 놓아둔 사람처럼 행동하는 경우가 많다. 과거 문제를 아직까지 해결하지 못했으니 이렇게 갈팡질팡하게 되는 것이다. 이는 영아의 혼란애착과 아주 유사하다. 이러한 미해결-혼란형은 어려서 학대를 당했거나, 부모를 일찍 여의었거나, 부모로부터 버림을 받았거나, 그밖에 심리적 충격을 받을 만한 사건을 경험한 경우에 자주 발견된다.

이상과 같이 성인애착 유형들, 즉 자율형, 무시형, 집착형, 미해결-혼란형의 네 가지에 대해 살펴보았다. 교사 각자 이들 유형 가운데 자신이 어느 유형에 속하는지 스스로 살펴보는 일은 현재 교사자신-아이 관계에 대한 이해와 통찰을 가져올 수 있다.

03 PART

영유아 정신건강과 교사교육

Chapter

10 영유아 성격발달과 정신건강

인간의 정신건강은 유아기 성격발달에 그 근거를 두고 있다는 것이 현대 정신분석 접근의 이론들에 의해 밝혀졌다. 만약 영유아 성격발달이 제대로 이루어지지 않아 고착된다면, 그 고착은 성격발달의 수준, 즉 정신건강의 수준인 신경증-경계선-정신병을 결정한다고 본다.

이장에서는 영유아의 성격발달의 고착으로 인한 정신건강의 수준에 대해 고찰하고, 또한 영유아가 자신을 보호하고 방어하는 방어기제를 살펴보기로 한다.[33)]

1 영유아 성격발달의 고착과 정신건강 수준

우리는 일반적으로 사람의 성격을 건강한지 혹은 병리적인지 구별한다. 그런데 현대 정신분석 이론에서는 성격 조직의 발달수준, 즉 정신건강의 수준을 신경증-경계선-정신병으로 구분하고, 이러한 발달 수준은 다음과 같이 생애 초기 성격발달의 고착에 그 기원을 두고 있다고 본다.

> "정신병적 취약성을 가지고 있는 사람들은 심리적으로 초기 공생기의 주제에 고착되어 있고, 경계선적 성격 조직을 가진 사람들은 분리-개별화 주제에 집착하며, 신경증적 구조를 가지고 있는 사람들은 오이디푸스적 주제에 머물러 있는 것으로 보인다."(McWilliams, 2008. p. 83)

33) 10장은 McWilliams(2008)와 권석만(2014)의 내용을 발췌하거나 요약하거나 참고했다. 이들 책 속에 인용된 문헌은 생략했다.

위 영유아 성격발달의 고착에 대해 현재 정신분석 접근의 이론들을 통해 살펴보도록 하자.

1) 정신병의 사람들: 공생기 주제 고착

현대 정신분석 접근의 이론에 의하면, 정신병적 어려움에 처한 사람들은 자신의 내부에 있는 것과 외부에 있는 것을 구별할 수 없는 '공생기'(말러의 이론 참조)의 융합 수준에 고착되어 있다. 정신병적인 사람은 자신의 내부 경험과 외부 경험을 나누는데 혼란스러워 자신의 현실적 문제를 조망하기 어려워한다. 이들은 이러한 공생기의 원시적 융합이외에 이상화 경향과 결합한 의존의 측면이 강하기도 하고(코헛의 이론 참조), 이들은 또한 기본적 신뢰감(에릭슨 이론 참조)이 결여되어 있기도 하다.

이처럼 정신병적인 취약성을 지닌 사람들은 심리적으로 초기 공생기 주제들, 즉 분리이전의 융합문제, 이상화 경향과 결합한 기본적인 의존 문제, 기본적인 신뢰 문제 등과 같은 주제들에 고착되어 있다.

2) 경계선의 사람들: 분리–개별화 주제 집착

경계선적 성격을 지닌 사람들은 어려운 딜레마에 사로 잡혀 있다. 그들은 다른 사람과 가깝다고 느낄 때는 상대방에게 삼켜져 완전히 통제당할 것 같은 공포를 느끼며, 다른 사람과 멀어졌다고 느낄 때는 완전히 버림받는 듯한 고통을 느낀다. 이런 핵심 갈등은 모든 관계에서 물러서기와 다가서기를 반복하도록 하며, 사람과 가까워지는 것도 멀어지는 것도 불편하게 만든다.

이러한 경계선 성격의 사람들은 말러의 분리-개별화 과정의 하위 단계인 '재접근기'에 고착되어 있다. 즉, 자신의 정체성을 앗아갈 완전한 휘말림과, 외상적 유기를 가져올 완전한 고립 사이의 극단적인 이원적 투쟁에 고착되어 있다. 이 단계의 유아는 어느 정도의 자율성을 성취했지만 여전히 힘 있는 부모가 늘 곁에 있다는 사실을 확인해야 한다. 두 살짜리 유아는 한번은 엄마의 도움을 거부하다가, 그 다음은 엄마의 무릎에서 울음을 터뜨린다. 엄마는 이러한 아이의 이원적 양가적 갈등을 수용하고 정서적 지원을 제공해야 하는데, 경계선 성격의 사람들은 불행하게도 처음부터 분리를 못하도록 좌절을 주는 엄마를 두었거나, 아니면 어느 정도 독립을 성취한 후 퇴행할 필요가 있을 때 곁에 있어주기를 거부한 엄마를 두었을 것으로 보인다. 그리하여 이들 경계선 성격의 사람들은 분리와 개별화의 딜레마, 즉 변화무쌍하고 요구가 많은 혼란을 주는 특징을 지닌다.

이처럼 경계선적 성격 조직을 가진 사람들은 분리-개별화 주제인 '휘말림-고립'이라는 이원적 투쟁에 집착한다.

3) 신경증의 사람들: 오이디푸스적 주제에 고착

신경증적 상태에 있는 사람들은 기본적이고 일차적인 의존의 문제나 이차적인 분리-개별화의 문제는 해결한 사람들이다. 그러나 이들은 보다 더 진보된 수준인 '동일시' 문제라는 오이디푸스적 주제에 머무르게 된다. 오이디푸스기 아이는 이전의 자기-엄마라는 이자관계(二者關係)에서 이 시기에 이르러 엄마와 아빠가 자신과 관계없이 그들끼리 관계를 맺을 수 있다는 것을 인식하고 자기-엄마-아빠라는 삼자관계(三者關係)를 이해하게 되는 엄청난 도약을 맞이하게 된다. 즉, 유아적 자아중심성을 뛰어 넘게 된다. 이 과정에서 오이디푸스적 갈등, 즉 동성부모를 때려눕히고 이성부모를 독점하고 싶은 갈등을 겪지만 현실적으로 불가능해서 결국 동성부모와 동일시함으로써 이를 해결한다. 그런데 신경증적 어려움을 지닌 사람들은 자신의 과거 어린 시절 오이디푸스기에 원하는 것(이성부모 독점하기)과 두려워하는 것(동성부모 때려눕히기) 사이의 오이디푸스적 갈등을 동일시(동성부모와의 동일시)를 통해 해결하지 못해서 이 문제에 머무르고 있는 사람들이다.

신경증 수준의 사람들은 또한 에릭슨의 첫 두 발달단계의 성과물인 기본적 신뢰감과 기본적 자율성을 대체로 성공적으로 획득한 사람들이다. 그런데 에릭슨의 세 번째 발달단계의 성과물인 주도성은 아직 얻지 못해 이들은 '주도성' 문제라는 오이디푸스적 주제에 머무르고 있는 사람들이다. 그리하여 신경증적인 사람들은 자신이 뭔가 주도적으로 하기를 원하는 것과 이를 방해하는 장애물 사이에서 반복해서 갈등을 겪는 문제로 고민하고 상담을 받기도 한다.

이와 같이 신경증적 상태에 있는 사람들은 '원하는 것'과 '두려워하는 것'

사이의 갈등 문제와 '원하는 것'과 이를 '방해하는 것'사이의 갈등 문제라는 오이디푸스적 주제에 머무르게 된다. 그리하여 이들은 인간 삶의 두 가지 영역인 '일'과 '사랑'을 잘 못하도록 억제하는 것들을 제거하고 싶어 몸부림친다.

이상의 신경증-경계선-정신병이라는 정신건강 수준에 미치는 생애 초기 경험에 대한 정신분석적 치료자들의 신념은 다음과 같다.

첫째, 현재의 심리적 집착은 유아기의 전조를 반영한다.

둘째, 초기 몇 년간의 양육자와의 상호작용이 이후의 경험을 어떻게 받아들일지를 결정하는 기본 틀이 된다. 사람은 이 틀에 따라 무의식적으로 유아기에 두드러졌던 범주에 맞추어 자신의 경험을 이해한다.

셋째, 개인의 발달 수준을 밝히는 것은 개인을 이해하는 데 결정적으로 중요하다.

[Box 10-1] 정신건강 수준 : 신경증-경계선-정신병

신경증-경계선-정신병이라는 정신건강의 수준은 생후 3년 동안 성격발달의 고착에 그 기원을 두고 있다. 영유아의 성격 발달이 고착됨이 없는 정신이 건강한 상태는 이들을 양육하는 성인이 감당해야 할 중요한 몫이다. 신경증-경계선-정신병의 수준을 구분하는 기준의 핵심은 현실검증력이다. 심리적으로 다소의 어려움은 있지만 현실검증력이 있다면 신경증, 없으면 정신병(혹은 정신증)이라 한다. 또 이들 두 발달수준 사이를 왔다 갔다 하는, 다시 말해 때로는 현실검증력이 있는 것처럼 보이기도 하지만 때로는 없는 것처럼 보이기도 하는 수준을 경계선적 성격이라 한다. 현실검증력이외 방어기제 역시 성격특성에 영향을 준다. 신경증-경계선-정신병의 수준을 좀 더 자세히 구분한다면 다음과 같다(McWilliams, 2008).

1. 정신병 수준의 성격 특성

정신병 수준의 사람들의 내면은 절망적이고 와해되어 있다. 이들은 환각, 망상, 비논리적 사고를 보인다. 이들은 다음과 같은 연약한 심리 구조를 가지고 있다.

첫째, 원시적 방어기제를 사용한다. 철수, 부인, 전능통제, 원시적 이상화 및 평가절하, 원시적 형태의 투사와 내사, 분열, 해리를 보인다(2절 방어기제 참조). 이러한 방어들은 언어 이전, 논리 이전의 것이지만, 절망적 수준의 공포로부터 환자를 보호해 준다. 이들의 공포는 너무나 압도적이어서 방어 자체가 만들어내는 무서운 왜곡이 차라리 덜 고약하게 여겨지는 것이다.

둘째, 심각한 정체감 혼란을 보인다. 자신이 존재한다는 사실 자체를 완전히 믿지 못하고, 자신이 누구인지에 대해 무척 혼란스러워하며, 신체 개념(예: "이게 내 몸이 아닌 것 같다."), 연령, 성별, 성적 지향과 같은 기본적인 자기 개념들과 씨름한다.

셋째, 현실에 닻을 내리고 있지 않다. 자신이 속한 문화가 관습적으로 받아들이는 현실에 대한 가정들을 이해할 수 없어서 상당한 혼란을 겪고 소외감을 느낀다. 경험을 환각이나 망상 속에서 잘못 해석하고, 오해나 왜곡된 렌즈를 통해 세상을 본다.

넷째, 관찰하는 자아능력이 현저히 떨어진다. 정신병적 수준의 편집증 환자는 다른 사람에 대해서는 지나치게 민감하나 자신의 심리적 문제에 대해서는 한발 물러서서 그것을 침착하게 볼 수 있는 능력이 현저하게 떨어진다. 이러한 관찰자아의 결손은 기질적, 생화학적, 상황적, 외상적 측면 등도 고려해야 한다.

다섯째, 주된 갈등은 실존적인 것이다. '죽느냐, 사느냐'라는 삶과 죽음, 존재와 멸절, 안전과 공포 사이의 갈등이 이들의 반복되는 주제이다. 이들의 꿈은 죽음과 파괴의 삭막한 이미지들로 가득 차 있고, 존재론적 불안으로 고통 받고 있다. 정신병적인 사람들은 '개별적 존재'로 생존할 수 있는 권리를 깊이 불신하며, 더 심하게는 존재감이라는 것 자체가 생소할 수 있다.

2. 신경증 수준의 성격 특성

신경증 수준의 사람들은 실제로 현실생활에 잘 적응하는 사람들이 많아 사회적으로 성공한 사람들이 많다. 자신에게 어떤 문제가 있다는 것을 스스로 인식한다. 주된 특성은 다음과 같다.

첫째, 성숙한 방어기제를 사용한다. 단, 특별히 심한 스트레스를 받을 때만 원시적 방어를 사용한다. 생애 초기 강렬하고도 고통을 주었던 마음의 상태는 공감적인 양육을 통해 의식에서 제거되고 망각될 수 있다. 신경증 수준의 사람들은 합리적이고 객관적인 능력을 상당한 정도로 유지한다.

둘째, 통합된 정체감을 가지고 있다. 행동의 일관성을 보이고, 연속성(내적 경험의 연속적 감각)을 지녀서 어떤 사람의 성격을 구성하는 복잡하면서도 응집된 여러 속성들을 종합적으로 이해하는 경향을 보인다. 그래서 자기 자신이나 부모나 연인에 대해 다차원적(예: 기질, 가치, 취향, 습관, 신념, 장점과 단점 등)으로 묘사한다.[34]

셋째, 현실과 견고하게 접촉한다. 경험을 환각이나 망상 속에서 잘못 해석하는 일이 없고, 오해나 왜곡된 렌즈를 통해 세상을 보는 일도 적다.

넷째, 관찰하는 자아를 지니고 있다. 신경증적 강박행동을 보이는 사람은 자신의 반복적인 행동이 어리석은 것인 줄 알지만 그렇게 하지 않으면 불안하다고 호소한다. 하지만 경계선적 혹은 정신병적인 사람은 강박행동이 자신을 보호한다고 정교하게 합리화한다.

34) '일관성'이란 외부자극에 대한 일관된 외현적 행동반응을 말하고, '연속성'이란 외부 자극에 대한 연속적인 내적인 생각이나 느낌을 말하고, '통합된 정체감'이란 복잡하고 응집된 속성들을 종합한 사람의 성격을 말한다. 예를 들어보자. 나는 남자에 대해서는 거리를 두고 딱딱한 행동반응을 보이지만 여자에 대해서는 친밀한 행동반응을 나타내는데(일관성), 이는 남자는 나에게 거칠고 긴장된 느낌을 주는 반면, 여자는 편안한 느낌을 주기 때문이고(연속성), 이러한 일관성과 연속성은 나의 남녀구별에 대한 취향(통합된 정체감)을 반영한다.

3. 경계선 수준의 성격 특성

경계선적 성격의 특성은 환각이나 망상을 보이지 않아 정신병적이라 할 수는 없지만, 신경증적 수준의 안정성과 예측가능성[35]이 결여되어 고통을 겪는다. 신경증과 정신병의 경계에 있는 경계선적 성격의 특성은 다음과 같다. 참고로 경계선이라는 말은 정상 지능과 정신지체의 중간을 의미할 때도 사용되는데, 이는 성격 발달수준에서의 경계선과는 엄연히 구별된다.

첫째, 원시적 방어를 사용한다. 이들은 투사적 동일시, 분열, 부인과 같은 원시적 방어를 사용하나 정신병적인 사람과의 차이점은 이들은 자신의 원시적 경험 양식이 작동하고 있음을 해석하면 일시적으로는 긍정적인 반응을 보인다.

둘째, 정신병적인 사람들처럼 정체성 통합이 결여되어 있으나 차이를 보인다. 이들의 자기 성격에 대한 묘사는 비일관성과 비연속성으로 가득 차 있지만 정신병적 환자들과 달리 기이할 정도로 과도하게 옆길로 새지는 않는다. 이들의 비일관성과 비연속성에는 실존적 공포가 없고 정체성 질문에 대해 적대적인 반응을 보인다. 이에 비해 정신병 환자는 존재감 자체에 대한 지나친 걱정 때문에 정체성 질문에 대해서는 화를 내지 않는다.

셋째, 현실검증력에서 경계선적 집단과 정신병적 집단은 근본적인 차이가 있다. 경계선적 환자들은 무엇이 현실인지 혹은 관습적인지에 대해 일정 수준의 분별력을 보여 주기 때문이다.

넷째, 자아 관찰의 능력이 매우 제한되어 있다. 경계선적 사람은 자아 관찰의 능력이 매우 제한되어 자신의 성격을 바꾸고 싶다는 생각을 가지고 상담 받으러 오는 경우가 없다.

이상의 신경증-경계선-정신병의 스펙트럼은 연속선상에 위치하기 때문에 사람의 정신건강 수준을 진단할 때는 어느 한 범주에 속한다고 말하기 쉽지 않다. 스트레스가 심할 때는 건강한 사람도 일시적으로 정신병적인 반응을 보일 수 있고, 망상이 심한 정신분열증 환자라도 아주 멀쩡할 때가 있다. 대체로 주변에서 자주 볼 수 있는 정신건강의 수준은 신경증 혹은 경계선 성격의 사람들이고, 정신병적인 상태의 사람이라면 먼저 약물치료를 받아야 한다. 약물치료를 받지 않으면 심리치료를 하는 것이 불가능할 뿐만 아니라 오히려 증상을 심하게 만들 수 있다.

35) 안정성과 예측가능성에 대해 예를 들어 설명하자. 만약 어떤 사람이 언제나 약속을 잘 지켜 신뢰감을 준다면 그 사람에 대해 나는 안정성을 가지고 되고, 이는 그 사람에 대한 예측을 가능하게 한다. 각주 34에서 일관성, 연속성, 통합된 정체감이 한 인간의 내외적 개인 특성이라면, 안정성과 예측가능성 역시 한 개인의 특성이지만 특히 타인과의 관계에서 드러난다는 점에서 다소 구별된다.

2 영유아 정신건강과 방어기제

1) 방어기제의 개념

프로이트의 구조모델에 따르면, 사람은 대체로 현실 요구에 맞추어 자아를 중심으로 세 심리적 구조(원초아, 자아, 초자아) 간의 균형을 유지하면서 살아간다. 자아가 현실적 삶 속에서 원초아의 추동요구, 초자아의 도덕적 속박 사이의 갈등을 중재하기 때문이다. 그러나 현실의 충격이 강하게 주어지거나 심리성적 발달과정에서 어떤 심리적 구조가 지나치게 미약 혹은 강한 경우, 세 심리적 구조간의 균형이 흔들려 불안정해질 수 있다. 특히 원초아의 본능적 욕구가 강해지거나 이를 통제할 수 있는 자아의 기능이 약화된 경우, 원초아의 본능적 욕구가 의식으로 올라오는 것에 대한 두려움을 느끼게 되는 데 이를 불안이라고 한다. 자아는 이러한 불안을 감소시키기 위해 무의식적으로 여러 가지 방어적 대처전략을 사용하게 되는데 이들을 방어기제(defense mechanism)라 한다.

요약하면, 방어기제란 원초아·자아·초자아의 불균형으로 자아가 위협받는 불안한 상황, 특히 원초아의 충동 표출에 따른 두려움으로 인한 불안을 느끼는 상황에서 자아가 불안을 감소시키기 위해 무의식적으로 사용하는 자아 보호 대처전략이다. 방어기제를 흔히 '적응기제'라고도 한다. 자아가 위협받는 불안으로 인해 건강한 심리발달을 저해할 위험으로부터 자기를 보호하고 주변 환경에 적응하는 수단이 되기 때문이다.

2) 원시적인 방어기제와 성숙한 방어기제

방어기제는 원시적인 것과 성숙한 것이 있다. 원시적인 방어는 삶의 괴로운 현실에 대해 심리적으로 회피를 하거나 심하게 왜곡을 하는 방어인 반면, 성숙한 방어란 현실을 좀 더 수용하는 특징을 지닌 방어이다.

성인의 경우, 정신적으로 건강한 사람은 적절한 성숙한 방어를 현실에 맞게 잘 사용하면서 나름대로 현실에 잘 적응해 가는 사람이고, 병리적인 사람은 미숙한 원시적인 방어기제를 과도하게 현실에 맞지 않게 사용하여 현실적응에 문제가 있는 사람이다.

그런데 영유아의 경우에는 어릴수록 자기 보호를 위해 원시적인 방어기제에 의존하고 점차 성장하면서 성숙한 방어기제를 사용하게 되는데, 이 모두 정상적이다. 다만 원시적 방어를 지속적으로 사용할 때만 문제가 된다. 다음은 클라인이 밝힌 언어이전 어린 유아의 원시적 방어 과정, 프로이트와 안나 프로이트가 소개한 방어 과정을 중심으로 소개하고자 한다(McWilliams, 2008).

(1) 원시적인 방어

원시적 방어는 다음과 같은 원시적 철수, 부인, 전능통제, 원시적 이상화, 투사, 내사, 투사적 동일시, 분열, 해리 등이다.

① 원시적 철수

유아는 많은 자극을 받거나 스트레스를 받으면 종종 그냥 잠들어버린다. 이런 심리적인 원시적 철수(withdrawal)는 자동적이며 자기보호적인 반응이다. 2세 된 어린 유아의 경우, 모르는 사람들에게 둘러싸인 체 집중적인 관심을 받게 되면 눈을 감아 철수해 버린다. 기질적으로 민감한 아이들이 이러한 철수 경향을 많이 보인다.

원시적 철수의 경향은 흔히 양육자의 정서적 침범, 즉 지나친 일상적 개입이나 간섭 혹은 모순되고 혼동을 주는 이중 메시지 등에 의해 강화된다. 정서적 침범 외에 관계의 박탈과 외로움으로 인해 관계 자체를 멀리하는 철수의 태도를 보일 수도 있다.

이와 같은 철수의 과정이 성인에게도 나타난다. 이는 대인관계적인 스트레스 상황에서 자신만의 내적 공상 세계에 물러나 있는 경우이다. 이러한 철수 방어는 대인관계 문제를 적극적으로 해결하는데 걸림돌이 되는 단점이 있으나, 현실을 왜곡하거나 오해할 필요가 거의 없다는 장점 또한 있다. 이들은 세상에서 물러나 스스로를 위로 하는 둔감한 사람으로 보이지만, 사실은 타인의 감정에 대해 상당히 민감하다. 만약 어떤 사람이 불안에 대처하는 다른 방법을 배제한 채로 습관적으로 철수할 때 이를 '분열성(schizoid)'이라 일컫는다.

분열성 성격 •••

위협적인 외부 현실세계에서 철수하거나 거부하고, 과격한 내용의 환상 속에서 만족을 구하는, 즉 삶으로 부터의 소외를 보이는 사람을 분열성 성격(schizoid personality)을 지닌 사람이라 한다. 분열적인 사람들은 스트레스를 받으면 외부 자극뿐만 아니라 자신의 정동으로부터도 철수해서 무디고, 단조롭고, 부적절해 보일 수 있지만, 그럼에도 불구하고 타인의 감정적 메시지에 대해서는 아주 예민하다.

② 부인

유아가 불쾌한 경험을 다루는 또 다른 방법인 부인(denial)은 그 일이 있어났다는 사실 자체를 받아들이지 않는 것이다. "내가 인정하지 않는다면, 그건 일어나지 않은 거야."라는 유아의 논리 이전 시기의 신념이 지배한 것이라 할 수 있다. 우리가 어떤 재앙을 만날 때 마음속에서 자동적으로 되살아나는 첫 번째 반응인 "오, 아니야!"라는 부인은 아이의 자아중심성에 뿌리를 둔 원초적인 부인 방어의 흔적이다.

'조증(mania)' 상태에 있는 사람이 보이는 핵심 방어는 부인이다. 우울증은 우울한 사람들의 마음속에 삶의 고통스러운 현실을 도저히 무시할 수 없는 것으로 만드는 반면, 조증은 이를 심리적으로 매우 사소한 것으로 만든다. 조증 상태에 있는 사람은 자신의 신체적 한계, 수면 욕구, 절박한 재정 상황, 인간적인 약점 등을 부인한다.

조증 상태의 사람 •••

조증 상태의 사람은 높은 에너지, 흥분, 이동성, 산만성, 사교성으로 유명하다. 이들은 또한 거대한 계획과 생각의 질주를 보이고 음식이나 수면 같은 일상적인 신체적 요구에 구애받지 않는 것으로 알려져 있다. 이들은 항상 '떠' 있다가 결국은 소진한다. 가볍게 뜨는 경조증적인 사람은 희극배우나 재담꾼들 중에 많다. 이들이 보이는 핵심 방어는 '부인'과 '행동화'이다. 부인은 크게 스트레스를 받아도 이들은 별일 아닌 것처럼 무시하거나 유머로 전환할 때 드러나고, 행동화는 도주의 형태로 나타나서 어떤 상실을 위협하는 상황을 만나면 달아나 버린다. 이들은 성애화(190쪽 참조), 약물중독, 도발적 행동 등의 행동화를 통해 고통스러운 감정으로부터 도망간다.

③ 전능통제

아주 어린 아기는 세상과 자기를 하나로 느낀다. 이들은 모든 사건의 근원이 어떤 식으로든 자기 내부에 있다고 이해한다. 엄마가 아기의 추위를 알아차리고 따뜻하게 해 주는 경우, 아기는 자신이 마술적으로 그 따뜻함을 만들어 냈다고 본다. 이렇게 통제소재가 자기 바깥의 분리된 다른 사람에게 있다는 인식이 아직 발달되지 있지 않은 언어 이전의 경험을 하는 것이다. 아기 자신이 세상을 통제한다는 전능통제(omnipotent control)의 환상, 즉 일차적 전능성은 정상적이다. 아이가 점차 성숙하면서 주양육자가 전능한 힘을 갖고 있다고 믿는 이차적 전능성의 단계로 자연스럽게 이동하고, 이후 아이가 더욱 성숙하면서 어느 누구의 힘도 무한하지 않다는 현실과 결국 타협하게 된다. 그런데 이러한 자신의 힘이 무한하지 않다는 성숙한 태도를 가지기 위해서는 더 어린 시절에 이와 반대되는 전능의 정서 경험을 해야 한다는 것은 역설적이다.

전능 환상은 유아적이고 비현실적이지만 발달적으로 정상적이다. 유아기 전능감의 건강한 잔여물은 우리에게 조금씩 남아있다. 자존감, 유능감, 효능감이 바로 그것이다. 그런데 만약 어떤 사람이 다른 모든 실제적이고 윤리적인 관심사를 제쳐 둔 채 남을 이겨먹는 것에 집착하면서 자신의 전능성을 효과적으로 행사한다는 느낌을 추구하고 그것을 즐기는 것을 중심으로 성격이 조직되어 있다면, 우리는 그 사람을 '반사회적'이라고 말한다.

반사회적 성격 •••

반사회적 성격(antisocial personality)의 사람들은 선천적으로 공격적 성향이 있고, 사고 및 행동방식에서 반사회적 감성을 보이며, 쾌감을 주는 흥분의 역치가 높은 편이다. 이들은 타인을 이겨먹거나 의도적으로 조종하며, 원시적인 방어, 즉 전능통제, 투사적 동일시, 해리과정 등을 사용한다. 이들 어린 시절은 불안정과 무질서로 꽉 차 있고, 양육자의 거친 훈육과 방임을 경험하여 애착 형성이 기본적으로 안 된 사람이다.

④ 원시적 이상화

자기 전능성에 대한 어린 유아의 원시적 환상(일차적 전능성)은 양육자의 전능성에 대한 원시적 환상(이차적 전능성)으로 서서히 대체되어 간다. 아이들은 부모가 자신의 모든 위험으로부터 보호해 줄 수 있다고 믿고 싶은 욕구는 매우 강렬하다. 엄마나 아빠는 내가 아무리 아파도 어떻게든 낫게 한다고 믿고, 나의 힘든 모든 일도 거뜬히 해결해 줄 수 있으리라 믿고, 심지어 내가 수영장에 갈 수 있도록 비를 멈추게 할 수 있다고도 믿는다. 이렇게 이상화(idealization)란 정서적으로 자기가 의지하는 사람들이 특별한 가치와 힘을 갖고 있다고 믿고 싶은 욕구이다. 그러나 시간이 흐르면서 점점 탈이상화하고 평가절하하게 되는데, 이는 분리-개별화 과정에서 정상적인 중요한 측면이다. 앞서 소개한 '전능통제' 방어는 자기 자신의 전능, 그 다음 '원시적 이상화' 방어는 자신이 의지하는 사람의 전능이라는 발달적으로 적절한 방어과정은 삶의 초기에 안전한 경험에서 비롯된다. 이들 전능 환상은 유아적이고 비현실적이지만 발달적으로 정상적이다.

우리 모두 어느 정도 정상적인 이상화 욕구를 지니고 있다. 성숙한 사랑에서 이상화는 필수적 요소이고, 신앙심을 통해서도 전능한 양육자에 대한 갈망이 표현된다. 그런데 어떤 사람들은 이상화 욕구가 유아기 때와 그다지 달라지지 않아 전지전능한 타자와 심리적으로 융합하여 자신의 안전을 지킬 수 있다고 믿는 원시적 시도가 있는 것처럼 보인다. 내 애인은 완벽하고, 내가 숭배하는 지도자는 절대 잘못이 없고, 우리 학교는 최고 등과 같은 믿음이 그 예들이다. 만약 어떤 사람이 자신의 조건이 다른 것들과 비교해서 얼마나 더 나은지 순위를 매기고, 또한 이상화 대상과의 결합이나 자기를 완벽하게 하려는 노력을 통해서 안전함을 추구하는 것을 삶의 주요 동기로 삼을 때, 우리는 그 사람을 '자기애적(narcissistic)' 사람이라고 한다.

자기애적 성격 •••

자기애적 성격(Narcissistic Personality)의 사람들은 뭔가 부적합하다는 주관적 공허감과 아울러 불충분함, 수치심, 나약함, 열등감 등의 내적 감각을 지니고 있어서 외부 인정이나 관심을 받고자 하며, 이를 통해 자존감을 유지하려는 특성을 보인다. 이런 성격의 소유자는 지나치게 받아주는 부모의 과잉보호의 양육으로 타인을 비하하고 무시하기도 하나, 대부분은 지나치게 좌절을 주는 부모의 양육으로 인해 외부 관심, 인정, 지지를 추구하게 된다. 이들이 근본적으로 의존하는 방어는 이상화와 평가절하이며, 자기가 이상화될 때는 타인이 평가절하 되고, 타인이 이상화될 때는 자기가 평가절하 된다는 점에서 상보적이다(7장 참조).

⑤ 투사

투사와 내사 모두는 자기와 세상 사이에 심리적 경계가 희미하다. 이들은 어떤 경험이 내부에서 오고 어떤 경험이 외부에서 오는지 구분할 수 있는 감각을 발달시키기 이전 시기, 다시 말해 '나'와 '세상'이 동등하다는 감각을 가지고 있는 시기에 나타난다.

투사(projection)란 실제로는 자신의 감정이나 충동인데, 마치 어떤 대상이 이를 가지고 있는 것처럼 믿는 판타지를 말한다. 투사는 아기 자신이 감당하기 어려운 미움이나 나쁜 것을 상대방에게 던지고, 자신의 좋은 것 또한 던짐으로써 상대방이 나쁘거나 좋은 것을 가진 것으로 믿는다. 예컨대, 배가 고파 좌절감을 느낀 아기는 이를 젖가슴에게 던져 나쁜 젖가슴이라고 믿는 것이나, 달콤한 사탕을 먹고 싶은데 엄마가 주지 않아 화가 난 유아는 이를 엄마에게 던져 엄마를 나쁜 엄마로 믿는 것이다(4장 클라인 이론 참조).

투사는 아이가 성장하면서 성숙한 혹은 미성숙한 형태로 나타난다. 성숙한 투사는 공감의 토대가 된다. 이는 "나도 그 때 유사한 경험을 하면서 그런 마음이었으니까, 너도 그런 마음일거야!"와 같이 자신의 경험을 투사하여 타인의 주관적 세계를 이해할 수 있게 된다. 반면, 미성숙한 투사는 위험한 오해와 대인관계의 손상을 초래한다. 예컨대, 질투와 시기심 많은 자신의 부정적인 특성을 타인에게 투사해서, "넌 꼭 이겨야 직성이 풀리지!"라고 투사하면, 상대방은 그런 오해에 대해 속상해하고 복수하고 싶은 마음이 생기게 된다.

만약 어떤 사람이 세상을 이해하고 삶에 대처하는 주된 방법으로 투사를 사용할 때, 그 사람은 '편집성(paranoid)' 성격을 가졌다고 말한다.

편집성 성격(Paranoid Personality) •••

자기 고통의 근원이 자신의 바깥에 있다고 보고, 다른 사람에 대해 의심, 불신, 분노, 위협 등의 태도를 보이는 성격을 말한다. 편집적 혼란이 심한 사람들은 자기 자신보다 다른 사람에게 더 위험한 공격적인 존재가 된다.

편집적인 사람의 주된 방어기제는 투사이고 부인도 사용한다. 편집적인 성격의 소유자는 성장과정에서 자기효능감에 대한 심한 상처와 지독한 모욕을 당했고, 비난과 조롱이 가족관계를 지배했고, 정서적 반응에 대해 두려움과 수치심이 주입된 사람이다.

⑥ 내사

내사(introjection)란 외부세계로부터 인식한 무언가를 자기 안으로 끌어들이는 정신적 판타지를 말한다. 내사 또한 투사와 마찬가지로 양질이거나 미성숙한 병리적인 형태로 나타난다. 양질의 형태일 때는 중요한 타인과의 원시적 동일시, 즉 어린아이들이 자신에게 중요한 엄마나 아빠의 온갖 정서와 행동을 받아들이는 혹은 삼켜버리는 과정과 같다.

미성숙한 병리적인 형태 두 가지를 들어보면, 그 하나는 '공격자와의 동일시'이다. 이는 강한 공포를 느끼거나 학대를 당하는 상태에서 학대자의 특성을 취함으로써 무서움과 고통을 극복하려는 것을 말한다. 이는 마치 "나는 무력한 희생자가 아니야, 나는 힘 있는 가해자야."라는 생각에 무의식적으로 끌리는 것 같다. 이 방어는 특히 가학증, 폭발성, 충동성을 보이는 성격적 소질에서 두드러진다.

또 다른 하나는 '우울'에서 볼 수 있다. 만약 죽음, 이별, 거절 등으로 인해 사랑하거나 애착을 느끼는 대상을 상실하게 되면, 그 대상에 대해 충분한 애도를 통해 떠나보내야 한다. 그런데 그러지 못하면, 위축이 되고 허전함과 공허감이 내면세계를 지배하고 어떤 잘못이나 죄를 지어서 그랬을까 하는 무의식적인 자기비난이 그 자리를 대신한다. 시간이 지나도 자기 안에 내사한 사람과 내적으로 분리할 수 없고, 그 결과 다른 사람들에게 정서적으로 투자할 수 없다면, 그는 계속해서 자신이 작고, 하찮고, 박탈당했다고 느낄 것이다. 만약 어떤 사람이 불안을 줄이고 자기의 연속성을 유지하기 위해 내사를 주로 사용하면서, 보상을 주지 않는 초기 대상과 심리적 유대를 유지하고 있다면, 그는 성격적으로 '우울한' 사람이라고 할 수 있을 것이다.

우울한 성격 •••

가눌 수 없는 슬픔, 에너지 부족, 일상적인 즐거움을 느끼는 능력의 상실, 생존기능의 장애(예: 섭식, 수면, 자기조절 등의 문제) 등이 만성적으로 작동하여 삶의 경험을 조직한 사람을 우울한 성격을 지닌 자라 한다. 우울한 사람들은 구강기에 고착되어 비만이거나, 먹고, 담배를 피우고, 마시고, 이야기하고, 키스하는 등의 구강적 만족을 좋아하고, 자신들의 정서적 경험을 음식이나 배고픔에 비유해서 마음에 허기가 진다고 한다.

우울한 사람들이 사용하는 가장 강력한 방어는 내사이다. 이들은 오래된 애정 대상의 혐오적 특성을 무의식적으로 내재화시켜 자신이 나쁘다고 믿고, 자신의 욕심, 경쟁심, 허영심, 자만심, 분노, 질투를 한탄한다. 우울 역동은 의존해야 하는 대상과의 분리나 상실, 슬픔을 부인하는 가족 분위기, 정서적이거나 실제적인 유기와 부모 비난의 결합 등에 의해 만들어진다. 예컨대, 엄마로부터 거절, 특히 합당한 인정이나 칭찬을 받지 못해 좌절한 아이라면, 엄마와 분리하지 못하고 계속 집착하고 매달리게 되어 친구들에게 정서적인 투자를 할 수 없어 잘 사귀지 못하게 된다.

⑦ 투사적 동일시

투사적 동일시(projective identification)란 투사와 내사라는 두 과정을 함께 사용하여 유아 자신을 방어하는 심리적 기제이다. 다시 말해, 투사적 동일시란 유아 자신의 내적 세계의 일부를 떼어내어 외적 대상에 쏟아놓은 후, 그 대상을 재 내면화시켜 관계를 계속 유지·통제하려는 복잡한 방어 과정이다. 예컨대, 사탕을 먹고 싶어 하는 만 3세 유아의 투사적 동일시 과정은 다음과 같다.

> "달콤한 사탕을 먹고 싶은데 엄마가 주지 않아 화가 난 유아는 엄마에게 징징거리고 보채게 된다. 엄마는 참다못해 큰소리로 화를 내고, 마침내 아이는 울어버린다."

위 예에서, 유아는 자신이 감당할 수 없다고 느껴지는 자신의 일부, 즉 화를 떼어내어 이것을 징징거리거나 보채는 방식으로 엄마에게 '투사'하고, 그리하여 엄마는 유아의 투사에 따른 압박감을 느껴 이를 밀어내어 유아에게 되돌려 주고자 하는 감정과 충동을 갖게 되어 이를 행동, 예컨대 큰 소리로 화내거나 심지어 회초리까지 들게 되는 행동으로 옮기게 되고, 이런 엄마의 행동을 유아가 '내사'하여 울음을 터뜨리고, 울음을 통해 아이는 후련해지고 불안에서 벗어난다. 이와 같이 사탕을 원하는 아이는 울음을 통해 유아-엄마의 관계를 계속 유지·통제하게 된다.

이러한 투사적 동일시 과정에서 특징적인 것은 유아 자신을 방어하기 위한 이 심리적 기제가 무의식적으로 발생한다는 점과 조종과 통제권이 포함된다는 점이다. 조종과 통제권이란 유아가 징징거리거나 보채어 엄마가 유아 자신에게 화를 내어 공격하도록 부추기고 조종한다는 뜻이며, 이로서 유아자신의 울음은 정당화된다. 만약 유아가 이와 같은 방어기제에 내포된 조종과 통제권, 바꾸어 말해 투사적 유도성에 너무 오랜 동안 집중적으로 매달려 그 관계를 유지하고 통제하려고 한다면, 이는 병리를 가져올 수 있다. 이 방어는 분열과 함께 '경계선' 성격 조직의 핵심적 특징이다(Box 10-1 참조). 여기에 성인 역할의 중요성이 강조된다. 부모나 교사는 투사적 동일시 대신 아이가 현실을 다루는 다른 방법들로 대체하도록 그 방법을 강구해야 한다.

⑧ 분열

분열(splitting)이란 자아의 분열을 말하는데, 이는 한 대상을 좋게만, 혹은 나쁘게만 보는 자아 상태를 말한다. 분열은 유아 자신의 양육자가 좋은 면과 나쁜 면을 모두 가지고 있다는 것을 이해하기 이전의 시기, 즉 언어이전의 시기에 기원을 둔 강력한 대인 과정이다. 이렇게 단순하게 양분된 좋음과 나쁨이라는 분열의 질서는 유아의 불안을 덜어 주어 유아는 안전감을 느낄 수 있다. 그러나 점차 아이는 대상에 대해 좋고 나쁨이라는 상반된 감정인 양가감정을 함께 가질 수 있게 되어 융통적인 건강한 성격의 소유자가 된다(4장 참조).

그런데 이러한 분열은 성인들의 일상생활에서도 혼란스럽고 위협적인 복잡한 경험을 이해하는 방법이 되고 있다. 정치가들이 내부의 좋은 사람들이 외부의 사악한 무리들과 싸우는 구도를 만들어 적대감을 키우는 이분법은 문제와 갈등이 많은 집단에게 매력적인 방법이 된다. 선 대 악, 신 대 악마, 민주주의 대 공산주의 등과 같은 이분법적인 대비에서도 사회를 지탱하는 분열의 이미지를 볼 수 있다.

만약 어떤 사람이 분열에 너무 오랫동안 집중적으로 매달릴 때는 문제가 되어 '경계선' 성격의 일면을 보인다. 분열은 투사적 동일시와 함께 경계선 성격의 핵심적 특징이다(Box 10-1 참조).

⑨ 해리

해리(解離)란 용어 자체는 분해되어 떨어진다는 뜻이다. 심리학적으로 해리(dissociation)는 자기 자신, 시간, 주위 환경에 대한 의식으로부터 분리되어 떨어져서 정서적 고통을 무의식적으로 방어하는 주요 수단을 의미한다. 만약 대처능력을 압도하는 재앙에 직면한다면, 특히 그것이 참을 수 없는 고통과 공포를 포함하고 있다면, 누구든지 해리될 수 있다. 전쟁과 같은 생명을 위협하는 참극을 겪는 사람은 해리될 수 있다. 어린 시절 참혹한 학대를 반복적으로 당한 사람은 스트레스에 대한 습관적 반응으로 해리를 학습할 수 있다. 이런 경우 성인 생존자는 성격적 해리 장애, 혹은 다중성격을 가지고 있다고 할 수 있다.

(2) 성숙한 방어

앞서 소개한 원시적 방어는 삶의 괴로운 현실에 대한 심리적 회피 혹은 급격한 왜곡을 특징으로 하는, 마치 유아가 세상을 단순하게 지각하는 방법이라 했다. 반면에 성숙한 방어는 현실을 좀 더 수용한다는 특징을 가지고 있다. 심리적으로 건강한 사람은 이러한 성숙한 방어를 사용할 뿐만 아니라 다양한 방어과정에 의지하여 불안을 비롯한 여러 정서 상태를 다루게 된다. 다양한 방어과정이란 심리적으로 경직되어 있지 않아서 상황에 따라 상이한 방식으로 대처한다는 것을 의미한다. 영유아의 경우도 점차 성장하면서 성숙한 방어를 때때로 사용하게 된다.

① 억압

억압(抑壓)은 사람들이 가장 많이 사용하는 방어기제의 하나로, 성숙한 방어의 가장 기본이 된다. 억압(repression)이란 내·외부 요인들이 너무 고통스러워 무의식에 밀어 넣는 것을 말한다. 예컨대, 고문이나 강간의 경험을 나중에 생각해 낼 수 없는 경우라든지, 외상 후 스트레스 반응[36]과 같이 기억하고 싶지 않은 끔찍한 경험을 억압함으로써 고통을 잊으려하는 경우이다.

남근기 유아의 경우도 억압을 사용한다. 한쪽 부모를 때려눕히고 다른 부모를 독점하고 싶은 소망을 갖는 발달적으로는 정상이나 실현 불가능하고 공포감을 주는 심리적 투쟁을 억압으로 다룬다. 유아기에는 이러한 부모와의 투쟁이 발달적으로 정상적인 것이며, 점차 성장하면서 결국 가족 밖에서 애정 대상을 찾게 된다.

36) 외상 후 스트레스 반응이란 죽음이나 죽음의 위협, 신체적 상해, 성폭력과 같이 개인에게 심각한 충격을 주는 다양한 사건들(예: 자연재해, 전쟁, 살인, 납치, 교통사고, 화재, 강간, 폭행 등)을 경험하여 커다란 심리적 상처가 되어 오랜 기간 피해자에게 나타나는 반응을 말한다. 그 반응으로는 첫째, 과거 외상 사건에 대한 고통스러운 기억이 자꾸 떠오르거나 꿈에 나타나거나, 외상 사건과 관련된 자극을 접하면 그 사건이 실제로 발생하고 있는 것 같은 재현경험(flashback)을 한다. 둘째, 외상 사건과 관련된 자극을 피한다. 셋째, 외상 사건과 관련된 인지와 감정에 있어서 부정적인 변화, 이를 테면 외상 사건의 중요한 일부를 기억하지 못하거나 회상 사건의 원인이나 결과는 왜곡하여 받아들여 자신이나 타인을 책망한다. 넷째, 늘 과민하여 주의집중을 잘하지 못하고 사소한 자극에 크게 놀란다.

억압은 일상생활 속에서도 어떤 감정이나 상황을 피하기 위해 많이 사용된다. 예컨대, 화가 났는데도 화나지 않은 척 한다든지, 싫은데도 싫다고 표현 못하고 참는다든지, 힘들면서도 힘들다는 것을 느끼지 못하고 계속 애쓰고 있다든지, 부정적인 측면을 보지 않으려하고 항상 긍정적인 생각만 한다든지 등과 같이 자기 안의 어떤 것을 누르고 참는 것이 억압이다.

이렇게 누르고 참는 것은 소화가 되지 않고, 자기를 속이고 있는 것이어서 불안이 발생하고 긴장 상태를 가져오기도 한다. 하지만 억압은 때로 우리 삶에 적응해나가는데 도움이 되는 무의식적인 적응적 방어기제이다. 모든 걸 다 의식하고, 느끼고, 표현하게 된다면 그것에 압도당한 채로 훨씬 더 힘들게 살아가야 하기 때문이다.

그런데 억압이, 다른 무의식적 방어와 마찬가지로, 바람직하고 성공적인 다른 대처방식을 배제하고 독점적으로 작동하게 되면 문제가 된다. 억압은 어떤 문제를 잠재우기도 하지만 과도한 억압은 그 만큼 문제를 만들어내기도 하기 때문이다. 만약 어떤 사람이 억압에 과잉의존하게 되면, 일반적으로 '히스테리적' 성격으로 간주한다.

히스테리적(연극성) 성격 •••

히스테리적인 성격은 타인의 애정과 관심을 끌기 위한 노력과 감정표현이 다소 지나친 것이 주된 특징이다. 이는 마치 좌절감을 느낄 때는 발버둥 치며 울고, 재미있게 해 주면 기쁨에 넘쳐 깔깔거리는 아기처럼, 감정의 변화가 심하고 과민해서 다른 사람들에게 피상적·인위적이고 과장된 인상을 주는데, 그 이면에는 높은 수준의 불안을 가지고 있다.

히스테리적 성격을 가지고 있는 사람들은 억압 방어를 비롯해 성애화(190쪽 참조)나 퇴행을 사용한다. 어머니로부터 반응적인 보살핌을 받지 못한 여아, 특히 성 고정관념을 강조하는 억압적인 양육을 받은 여아의 경우, 강해 보이는 남자들에게 밀착함으로써 안전과 자존감을 얻으려 한다.

② 퇴행

퇴행(退行)이란 용어 자체는 거꾸로 가는 것을 뜻한다. 심리학적으로 퇴행(regression)이란 어려운 문제나 스트레스 상황에서 비교적 단순한 초기의 발달단계로 후퇴하는 무의식적 과정을 말한다. 예컨대, 동생을 둔 아이가 나이에 어울리지 않게 대소변을 실수하거나, 젖병을 빨려고 하는 경우이다.

사회적, 정서적 발달은 직선적으로 진행되지 않고 나선형의 과정을 거치는 출렁거림이 있다. 잘 나아가다가도 다시 예전으로 되돌아갈 때가 있고, 또 나아갔다가 후퇴하는 것과 같은 과정을 거치면서 발달하게 된다. 말러(Mahler)가 분리-개별화 과정의 '재접근 단계' 아이들은 엄마에게 독립을 선언하고 난 뒤에 금방 되돌아와서 치마폭에 숨는다. 이는 어떤 새로운 수준의 유능성을 성취한 후에도 다시 예전으로 돌아가고 싶어 하는 인간 발달의 경향성을 말해준다. 성인들 역시 매우 피곤하고 스트레스를 느끼면 아이처럼 불평하고 싶은 마음이 들게 되는데, 이렇게 가끔씩 퇴행을 하는 것은 정신건강을 지켜주는 긍정적인 면이 있다. 어느 정도 퇴행의 시간을 가지는 것은 이완을 가져오고 다음 단계로 나아갈 힘을 보충하는 활력소가 되기도 한다.

③ 격리

격리(isolation)란 불안이나 고통스러운 마음 상태를 다루기 위해 감정을 차단하는 것을 말한다. 격리는 부모의 특정한 양육방식과 아동의 기질에 의해 핵심방어로 작동될 수 있다. 여기서 특정 양육방식이란 감정을 무시한 의사소통 방식, 예컨대 "무섭긴 뭐가 무섭니!", "울지 말고 얘기해!", "쓸데없이 슬퍼하긴!" 등과 같은 얘기를 자주 듣게 되면 아이는 감정 표현을 하지 않게 되고, 점차 감정을 배제하게 된다. 만약 어떤 사람의 주된 방어가 격리이고, 삶의 패턴 역시 생각을 지나치게 중시하고 감정을 지나치게 무시하는 양상이라면, 그 사람의 성격 구조는 '강박사고적(obsessive)'이라고 말할 수 있다.

강박사고적인 사람의 성격을 조직하는 주된 방어과정은 감정의 격리이고, 강박행동을 보이는 사람의 주된 방어과정은 취소이다.

④ 취소

취소(undoing)란 죄책감이나 수치심 등과 같은 감정을 마술적으로 없애기 위해 무의식적으로 특정한 태도나 행동을 취하는 것을 말한다. 전날 밤에 화를 버럭 냈던 남편이 이를 보상하기 위해 선물을 사가지고 집에 들어온다면 이는 자신의 화에 대한 죄책감이나 이를 속죄하고자 하는 마음이 무의식적으로 작동한 취소의 예가 될 수 있다. 취소가 어떤 사람의 중심 방어일 때, 그리고 과

거의 잘못을 속죄한다는 무의식적 의미를 지닌 행위가 그의 자존감 유지의 주된 수단이 될 때, 우리는 그 사람의 성격을 '강박행동적(compulsive)'이라고 한다.

강박적 성격

- **특징** : 강박적 성격의 사람은 사고와 행동을 과대평가하는 것이 주된 특징이다. 반면에 놀이나 공상이나 예술 등은 덜 이성적이고 이들과의 관련된 감정이란 유치하고 나약하고 통제가 없고 혼란스럽고 불결한 것으로 평가절하한다. 그리하여 이들은 질서정연하고, 고지식하고, 완벽주의적이고, 꼼꼼하고, 경직되고, 순서와 규율을 좋아하고, 높은 윤리적인 가치관을 지니게 있다.
- **양육 경험** : 강박적 성격의 소유자들의 특징들(예: 청결, 고집, 규칙성, 보유 등의 경향성)은 배변훈련 과정에서 두드러지는 주제이다. 너무 일찍, 혹은 너무 엄격하게, 혹은 너무 무서울 정도로 과도한 관심 속에서 배변훈련을 받는 유아는 부모와 힘겨루기를 하지만 패배할 수밖에 없다. 아이는 통제와 판단 속에서 분노감정, 비난 받거나 처벌당하는 것에 대한 두려움, 배변을 여기저기 묻히는 공격환상 등을 가지게 되나, 결국 부모와의 배변 경험들을 자기의 부분, 즉 자신이 나쁘고, 가학적이며(부모의 항문통제 강요의 결과), 더럽고, 수치스러운 자기의 일부분으로 느끼게 된다. 이제 아이는 이들로부터 벗어나려고 하기 보다는 오히려 규칙적이고, 깨끗하며, 이성적이고, 자신을 확실히 통제하는 사람이 되어 정체감과 자존감을 유지하려고 한다. 강박적인 사람들의 무의식 세계에는 불결, 시간, 돈 등에 강박적으로 집착하고, 이들이 감정을 심하게 억압하는 것은 항문기적 주제와 관련된 심리적 과정이 작용하기 때문이다. 그밖에 강박 성향을 가진 사람의 양육자는 높은 행동 기준을 설정하고 아이들이 어릴 때부터 그 기준에 맞출 것을 요구한다. 그런데 터무니없이 엄격하게 통제하거나, 나이에 비해 너무 과도한 요구를 하거나, 부족한 행동과 그에 수반된 감정·생각·환상마저도 가혹하게 비난한다면 심각한 강박장애를 불러올 수 있다.
- **강박사고(obsession)** : 강박사고란 의식에 침투하는 고통스러운 생각, 충동 또는 심상을 말한다. 흔한 예로는 음란하거나 근친상간적인 생각, 공격적이거나 신성 모독적인 생각, 오염에 대한 생각(예: 악수할 때 손에 묻은 병균에 대한 생각), 반복적 의심(예: 현관문 잘 닫았는지에 대한 생각), 물건을 순서대로 정리하려는 충동 등을 들 수 있다. 이러한 생각이 부적절하다는 것을 인식하지만 잘 통제되지 않고 반복적으로 의식에 떠올라 고통스럽게 한다. 따라서 이러한 사고를 없애기 위해 노력을 하게 되는데, 흔히 강박행동으로 나타난다.
- **강박행동(compulsion)** : 강박행동은 불안을 감소시키기 위해서 반복적으로 하는 행동을 말한다. 이러한 강박행동은 씻기, 청소하기, 확인하기와 같이 외현적 행동으로 나타날 수도 있고 숫자세기, 기도하기, 속으로 단어 반복하기와 같이 내현적 활동으로 나타나는 경우도 있다. 강박행동이 지나치고 부적절하다는 것을 잘 알지만, 이러한 행동을 하지 않으면 불안을 느끼기 때문에 반복하게 된다.

④ 합리화

합리화(rationalization)는 우리에게 친숙하고도 편리한 방어기제로, 현실의 좌절 경험에 대한 실망감이나 상처를 줄이기 위해 그럴듯한 구실을 갖다 대는 것을 말한다. 합리화는 '신포도 합리화'와 '단 레몬 합리화'를 그 예로 드는 경우가 많다. '신포도 합리화'는 이솝 우화에서 여우가 맛있어 보이는 포도송이에 손이 닿지 않게 되자 포도가 신 것이니까 차라리 안 먹는 게 낫다고 정당화시키는 합리화를 말한다. '단 레몬 합리화'는 레몬이 원래는 시고 맛이 없는데 내가 가지고 있는 레몬이므로 그 레몬이 달고 맛있다고 여기는 합리화를 말한다. 사람들은 흔히 어떤 일에 실패한 뒤 "그래, 경험을 통해 배운 거야."라는 말을 곧잘 하는데 이것은 '단 레몬 합리화'의 예라 할 수 있다.

합리화는 3세 전에 나타난다. 변기 속 물내려가는 것이 두려워 변기에 앉지 못하고 기저귀에 변을 보는 30개월 유아의 경우, 변기는 아기가 사용하는 거라고 계면쩍은 듯이 웃으며 변명하는 모습에서 합리화를 엿볼 수 있다. 이렇게 합리화는 자기의 상황이나 행동을 포장하고 정당화하여 좋은 쪽으로 여기려는 심리적 방어이다.

유연성이나 융통성을 지닌 사람일수록 합리화를 잘하는 가능성이 많다. 이들은 조그마한 결함이나 실수도 용납하지 않아 피곤한 삶을 사는 완벽주의와 달리, '이정도면 괜찮다.'라고 자기의 결점을 눈감아 주고 고통을 잊어버리게 되어 편안한 마음을 지니게 된다. 합리화가 이러한 장점이 있는 반면, 단점은 자기 자신이나 자기가 처한 상황을 있는 그대로 보지 않게 되어 문제를 정직하게 해결하는 것을 방해하기도 한다. 따라서 적당히 합리화도 하고 꼭 필요할 때는 정직하게 상황을 들여다보고 문제를 해결할 수 있어야 심리적으로 건강하다고 할 수 있다.

⑤ 자기비난

자기비난(turning against the self)이란 외부 대상으로 향하던 부정적인 감정이나 태도를 자기에게로 돌리는 것을 뜻한다. 예를 들어보자. 어린 유아는 자신이 선택할 수 있는 것도 없고, 힘도 없다. 양육자가 까다롭고 성말라도 이에 대한 비판적인 감정은 비싼 대가를 치를 수 있다. 그래서 이 비판적인 감정을

원래의 대상이 아닌 자기 내부로 향하게 하는 자기비난은 안전감을 확보할 수 있게 해준다. 이는 자신의 안녕이 신뢰할 수 없는 힘센 어른에게 달려 있다는 혹독한 현실을 직시하지 않게 해준다. 자기비난의 느낌이 아무리 괴로워도 이는 생존에 대한 현실적 위험을 인정하는 것보다 정서적으로 더 나을 수 있다.

우리 대부분은 부정적인 감정이나 태도나 지각을 자신에게로 돌리는 경향이 얼마간 남아있다. 이 자기비난은 불쾌한 것을 부인하거나 투사하고 싶은 유혹을 의식하고 그에 저항하고자 하는 비교적 건강한 사람들 사이에서 인기 있는 방어이다. 그런데 '우울한' 성격을 가진 사람들과 '피학적' 성격의 일부 사람들은 이 방어를 자동적이고 강박적으로 사용한다.

피학적 성격 •••

피학적 성격이란 더 좋은 무엇인가를 기대하면서 고통과 고난을 견디는 사람들의 성격을 말한다. 과거에 고통(예: 벌, 비판, 외상, 학대 등)을 통해 관심이나 위로를 받았거나, 시련이나 자기희생을 견뎌서 보상을 받았던 경험이 근본 바탕이 된다. 예컨대, 매 맞는 아내, 인도의 마하트마 간디 등을 들 수 있다.

이들은 우울한 사람들과 마찬가지로 내사, 자기비난, 이상화 방어를 사용한다. 피학적인 사람들은 여기에 더하여 행동화에 크게 의존하여, 우울한 사람에 비해 더 활동적이다. 여기서 행동화란 피해를 자초할 방어적 행동화를 말한다. 어린 시절에 가장 고통을 많이 겪었던 사람들이 대개 어른이 되어서도 가장 큰 고통을 겪는 것은 본인이 스스로 그런 고통의 상황을 만들어 반복하기 때문이다. 성격도 팔자라는 말이 여기서 연유한 것일 것이다.

⑥ 치환

치환(displacement)은 어떤 추동, 정서, 집착, 행동의 방향을 원래의 대상으로부터 다른 대상으로 바꾸는 것을 말한다. 이는 원래의 방향이 어떤 이유로 인해서 불안을 유발하기 때문이다. 어떤 남편이 직장 상사에게 싫은 소리를 들은 후 집에 와서 부인에게 고함지르는 것, 그 부인은 아이들을 야단치는 것, 아이들은 개를 발로 차는 것 등과 같은 각각의 예가 치환이라 할 수 있다.

치환은 3세 정도가 되면 나타난다. 연년생 형에게 장난감을 빼앗긴 동생은 만만한 엄마한테 고함지르면서 그 화풀이를 한다. 이러한 욕구나 충동을 보다 안전한 대상을 통해 충족시키는 치환은 흔히 성적 사례에서도 찾을 수 있다.

성욕을 성기로부터 발이나 구두처럼 무의식적 연관성이 있는 성도착물로 방향을 바꾸는 것이나, 성폭력 피해자가 가해자의 남근에 대한 공포로부터 칼이나 옷걸이와 같은 뾰족한 것으로 향하는 것 모두 치환에 해당한다.

⑦ 반동형성

반동형성(reaction formation)이란 자신이 가지고 있는 것과는 반대되는 생각이나 감정을 과장되게 표현함으로써 본래 자신이 가지고 있는 생각이나 감정을 은폐시키려 하는 것이다. 예컨대, 계모가 '미운 애기 떡 하나 더 준다.'는 식으로 전실 자식에 대해 사랑을 베풀거나, 동생을 시기하고 미워하는 아이가 동생에게 정반대의 감정인 지나친 사랑과 친절을 베푸는 것을 말한다. 이들 예처럼 증오나 질투심을 사랑으로 변형시켜 덜 위협적으로 만드는 인간 능력은 매우 흥미롭다.

반동형성의 과정은 3, 4세 정도가 되면 나타난다. 예를 든다면, 남동생에게 자리를 빼앗긴 유치원생 누나는 동생을 너무 세게 껴안거나, 너무 크게 노래를 불러주거나, 너무 거칠게 흔들어 주거나 한다. 대부분 사람들은 동생이 어렸을 때 자기 동생이 비명을 지를 때까지 귀엽다며 볼을 꼬집은 일이나, 해로운 것을 맛있는 것이라며 건네준 일이나, 혹은 이와 유사하게 사랑을 명분으로 행한 여러 일들을 떠올릴 수 있을 것이다.

사람의 본성이나 감정은 그것이 어떤 성질의 것이든 완전히 순수할 수 없다는 것이 정신분석의 기본 가정이다. 사랑하는 사람을 미워할 수도 있고, 고마운 사람에게 화가 날 수도 있다.

⑧ 역할역전

역할역전(reversal)은 자신의 위치를 객체에서 주체로 혹은 주체에서 객체로 바꾸어 심리적 감정을 다루는 것을 말한다. 유아는 역할놀이에서 역할역전을 사용한다. 즉, 유아는 역할놀이에서 그저 반응만 하는 수동의 역할에서 자신이 주도하는 능동의 역할로 바꿔 자율감을 느끼게 된다. 학교폭력의 피해자가 가해자로 바뀌는 것 또한 객체에서 주체로 위치가 역전되어 그 역할이 변형된다. 물론 이러한 경우는 역전된 상황이 부정적이어서 방어가 파괴적으로 작동한다.

흔히 호된 시집살이를 경험했던 며느리가 자신이 시어머니가 되어 자기 며

느리를 호되게 시집살이 시키면서 과거의 어려웠던 경험을 회고하는 것, 어린 시절 의지할 수 없는 부모 밑에서 자기 스스로를 돌보아야 했던 사람이 성인이 되어 타인을 돌보는 역할에서 안전감을 느낄 수 있는 것 모두 역할역전의 예들이다.

⑨ 동일시

동일시(identification)는 불안과 같은 고통스러운 감정을 회피하기 위해 주변의 중요한 사람의 태도와 행동을 닮는 것을 말한다. 예컨대, 친구를 잘 사귀지 못하는 아이가 인기가 많은 친구와 동일시함으로써 불안을 감소시킨다.

프로이트는 동일시를 '비방어적 동일시'와 '방어적 동일시'로 구분하였다. '비방어적 동일시'란 "엄마는 따뜻하고 위안을 줘. 나도 그런 엄마처럼 되고 싶어."와 같은 예처럼 타인에게 좋아 보이는 측면들을 나의 것으로 만들어 가는 과정, 즉 사회학습심리학에서 일컫는 모델링을 말한다. 이러한 비방어적 동일시는 초기 유아기에 다른 사람을 통째로 삼켜버리는 속성을 띠는 내사에서부터, 엄마처럼 되고 싶다는 앞의 예처럼 타인의 측면을 선택적으로 취하기에 이르기까지 자연스러운 발달과정에서 나타나는 건강한 모습이다.

한편, '방어적 동일시'는 불안, 슬픔, 수치심 등의 고통스러운 감정을 회피하려는 동기에서, 또는 위협받은 자존감을 복구하려는 동기에서 무의식적으로 더 강한 누군가를 의지하고 그와 같이 되고자 하는 것을 말한다. 앞서, 친구를 잘 사귀지 못하는 아이가 인기가 많은 친구와 동일시함으로써 불안을 감소시킨다고 했다. 이러한 동일시는 간혹 사용한다면 별 문제가 없다. 그러나 지나친 동일시, 다시 말해 자기를 버리고 남이 되고자 하는 지나친 동일시는 자신의 내면을 취약하게 해서 자신감을 앗아가고, 궁극에는 자기의 것이 없는 공허함을 갖게 한다. 또, '공격자와의 동일시'라는 역기능의 방어적 동일시가 있다. 이는 두려워하는 대상을 그와 같은 사람이 되어 극복하려는 방어적 동일시로, 이는 학대하는 아버지를 둔 아들이 학대자의 특성을 취해서 자기 자식을 학대하는 사례에서 볼 수 있다.

인간은 각자 자신의 고유한 개성을 알고 이를 발휘하고, 아울러 타인에게서 좋아 보이는 모습을 따와서 자기의 정체성에 통합시키면서 살아간다. 이는 적절하게 동일시하는 건강한 모습의 사람이다. 그런데 문제가 되는 것은 지나친 방어적 동일시를 통해 자기의 정체성이 드러나지 못해 자기가 없는 것이다. 이러한 자기가 없는 동일시는 다양한 심리적 증상이나 신경증을 가져온다. 사회적으로 꽤 성공한 사람들이 흔히 겪는 공황장애[37] 같은 것도 그와 같은 증상이라 할 수 있다.

⑩ 행동화

행동화(acting out)란 어떤 욕구나 갈등과 연관된 불안을 다스리려는 무의식적 동기에서 상황에 맞지 않은 과장된 행동을 자동적으로 행사하는 것을 말한다. 화가 나면 참거나 말로 표현하지 않고, 상대방을 때리거나 주먹으로 벽을 치는 행동화의 예를 종종 볼 수 있다. 이런 경우 억압된, 혹은 스스로 의식화하지 못한 부분을 말로 표현하기에는 아직 안전하다고 느끼지 않기 때문에 행동으로 표출한 것이며, 행동을 통해 밖으로 드러냄으로써 내면의 불안이나 긴장감이 덜어지게 된다.

심리적 딜레마를 다루기 위해 주로 행동화에 의지하는 사람들이 있다. 예컨대, 히스테리적인 사람들은 무의식적인 성적 시나리오를 행동화한다. 중독된 사람들은 심리적 의미를 가지고 있는 선호하는 물질(예: 알코올)과의 관계를 반복적으로 행동화한다. 강박행동을 하는 사람들은 특정한 강박행동을 수행해야 한다는 내적 압력에 굴복할 때 이를 행동화한다. 우울이 심한 사람은 자살시도를 통해 행동화한다.

⑪ 성애화

성(sex)은 인간의 기본적 욕구를 수행하고 종족보존 욕구를 경험하는 인간 몸의 본질적인 부분이다. 그런데 인간이 고통을 피하기 위한 수단으로 '성'을 이용할 때도 있는데 이를 성애화(sexualization)라 한다. 예를 들어보자. 자존감이 낮고 인간관계가 어려운 사람이 성적인 관계를 통해 이성과 관계를 유지한다거나, 구체적인 자기정체성을 갖지 못해 삶이 공허한 사람이 유일하게 성적

37) 공황장애(panic disorder)는 예상하지 못한 상황에서 갑작스럽게 밀려드는 극심한 공포를 지닌 강렬한 불안을 말한다. 공황발작(panic attack)이 주요 특징이다. 공황발작이란 극도의 공포심이 느껴지면서 심장이 터지도록 빨리 뛰거나 가슴이 답답하고 숨이 차며 땀이 나는 신체증상이 동반되어 죽음에 이를 것 같은 기분을 자꾸만 느끼는 것을 말한다(권석만, 2014).

접촉으로 살아있음을 느낀다든지, 공포를 주는 무서운 현실을 느끼지 않으려고 성적인 환상이나 감각에 매달리곤 한다.

유아들도 성애화하는 경향이 있다. 주양육자에 대해 의존하고 사랑받고 싶은 욕구를 제대로 채우지 못할 경우, 자신의 신체나 성기에 집착하곤 한다. 또한 유아기에 감당하기 힘들었던 경험(예: 유기, 학대, 재앙 등)으로 인해 성인이 되어 성애화하는 경향이 있다. 즉, 어린 시절 아이로서는 감당할 수 없었던 압도적인 유아기 외상 경험을 성애화하여 유난히 성적 성향이 강하다는 것이다. 예컨대, 유아기에 유기당한 여성이 소위 나쁜 남자들과 늘 반복해서 성관계를 맺는다든지, 어린 시절에 고통스러운 의학적 처치를 받았던 사람이 성적피학증, 즉 성적 만족을 얻기 위해서 고통을 느껴야 하는 성적피학증을 지니고 있는 경우가 많다.

이처럼 극적인 경우가 아니더라도, 우리는 종종 스트레스를 받거나 삶의 즐거움을 더하기 위해 어느 정도 성애화한다. 또, 돈과 권력을 갖고 있는 사람을 성애화의 대상으로 삼기도 한다. 정치적 인물과 같은 유명인사들 주변에 성적으로 접근하려는 사람들이 많고, 또 성적 타락이나 추문이 생기는 예들을 본다. 성애화의 대상에 있어서는 다소간의 성차가 있다. 여성은 의존심을 성애화하고, 남성의 공격성을 성애화하는 경향이 있다. 즉, 여성에게 성은 남성에게 의존하는 수단, 남성에게 성은 자기의 힘을 과시하기 위한 수단으로 이용된다는 것이다.

성애화 역시 다른 방어기제들처럼 그 자체가 본질적으로 나쁜 것은 아니나, 어떤 내외적 문제를 해결하는 수단으로 성을 이용한다는 것은 자기를 파괴하는 방향으로 가게 한다. 자존감은 더욱 낮아지고, 그러면서도 문제는 해결되지 않은 채 상처만 더욱 깊어질 뿐이다. 자존감을 회복하는 방법은 더 이상 성을 이용하지 않고 근본적으로 문제를 해결해가기 위한 능력을 갖추어가는 것이다.

⑫ 승화

승화(sublimation)란 본능적 충동이나 갈등을 사회적으로 용납될 수 있는 유용하거나 창조적인 활동으로 변형시키는 것을 말한다. 공격적인 충동이 강한 사람이 의대에 들어가서 외과 의사가 되는 것도 승화의 일종이다. 프로이트에 의하면, 행위예술가는 노출증을, 변호사는 적을 죽이고 싶은 욕망을 승화하고 있다고 본다. 우리가 열심히 일하고, 취미 활동을 하고, 친구 모임에 나가는 등과 같은 활동들 모두 승화에 해당될 수 있다. 아이의 경우, 자위 충동을 게임이나 공놀이와 같은 활동으로 변형시키는 것 또한 승화이다.

어린 아이건 어른이건 우리 인간은 자기 내면의 충동이나 본능적 성향들을 부인할 수 없다. 하지만 인간은 또한 사회적 동물이기도 하다. 개인적 본능적 충동을 늘 자제하고 다스려야 한다. 따라서 승화는 가장 건강한 방어로 간주될 수 있다. 본능적 충동을 건강한 방식으로 방출하기 때문이다. 승화는 앞서 소개한 '반동형성'과 같이 충동을 다른 것으로 변형시키는 것도 아니고, '부인'이나 '억압'처럼 충동을 그와 반대되는 힘으로 상쇄시키는 일에 정서적 에너지를 낭비하는 것도 아니다. 승화는 본능적 충동이나 갈등을 건강한 방식으로 방출하여 몸과 마음을 적절한 평형상태로 유지시켜주게 된다.

심리적으로 건강하기 위해서는 자기의 원시적 충동과 혼란까지도 이해·수용하면서 자기를 사랑하는 일이다. 이를 다른 사람의 탓으로 돌리거나 상황을 왜곡하는 투사로부터 벗어나야 한다. 인간 내면의 힘을 키우기 위해서는 '승화'가 가장 유용한 도구가 될 수 있다.

이상의 다양한 방어기제들은 불안을 감소시키고자 자기를 보호하고 방어하기 위해 무의식적으로 사용하는 대처전략이다. 지나치게 과도하거나 반복해서 사용하지 않는다면, 정신건강을 유지하기 위한 자기 보호 수단이 될 수 있다.

Chapter

11 영유아 정신건강과 유아교사 대상 집단상담 프로그램

영유아 정신건강을 위해서 양육자가 해야 할 몫은 무엇일까. 우선적으로 양육자 스스로 자기 자신의 내면세계, 특히 자신의 어린 시절 내면의 세계가 어떠했는지 살펴보는 일일 것이다.

11장은 교사 교육을 위해 현대 정신분석 이론들에 기초해서 실시한 유아교사 대상 집단상담 프로그램을 소개하고자 한다. 이 프로그램에 직접 참여한 유아교사는 자신의 어린 시절의 내면세계를 회상·이해하고, 이를 바탕으로 해서 영유아 정신건강을 위해 교사 자신의 역할이 무엇인지를 자각할 수 있는 기회를 가질 것이다.

1 집단상담 프로그램의 목적과 내용

이장에 소개한 유아교사 대상 집단상담 프로그램은 현대 정신분석 접근 이론들에 기초한 다양한 활동들로 구성되어 있다. 활동에 참여한 유아교사는 교사 자신의 양육자와의 관계에 대한 자기 어린 시절을 회상하거나 최근의 생활을 생각하면서 자기 내면을 성찰해보고 이를 발표하는 기회를 가진다. 유아교사는 이러한 기회를 통해 영유아의 내적 세계에 대해 보다 깊고 넓게 이해할 수 있을 것이며, 그리하여 궁극적으로 교육현장에서 영유아 정신건강을 위한 자신이 역할을 깨달아 돌봄의 질을 높일 수 있을 것이다.

이 집단상담 프로그램은 12회기, 주 1회기 2시간 동안 적용되었고, 회기별로 참여한 유아교사들에 대해 프로그램 만족도를 서술하도록 했다. 이장에서는 실제 적용한 프로그램을 그대로 소개하되, 프로그램 절차만을 약간 보완하여 제시하였다.

다음 <표 11-1>은 이 집단상담 프로그램의 목적, 내용, 실시대상 및 인원, 실시 시간과 기간, 프로그램 지도자들에 대한 요약이다.

표 11-1 집단상담 프로그램의 목적, 내용, 실시 대상, 실시기간과 시간, 지도자

집단상담 프로그램	내용
목적	유아교사의 현대 정신분석 접근 이론들에 대한 이해와 실습을 통한 영유아 정신건강 도모
내용	현대 정신분석 접근, 즉 클라인·위니컷·말러의 대상관계이론, 코헛의 자기심리학, 볼비의 애착이론에 대한 이해와 이들 이론에 기초한 활동들
실시 대상, 모둠별 인원 및 리더	프로그램 실시 대상은 20명의 유아교사들이고, 이들을 세 모둠으로 나누어, 각 모둠별 인원을 8명·6명·6명으로 구성하고, 모둠별 리더는 모둠별로 의논해서 정하고 2, 3회기마다 리더를 교체하도록 함
실시기간과 시간	12주 동안, 주 1회 2시간 동안 실시
프로그램 지도자들	각 이론에 대한 강의는 이 책의 필자가 하고, 활동의 진행은 필자와 집단상담자(상담학과 석사학위 소지자 1명) 공동으로 이루어짐

2 집단상담 프로그램의 실제

본 프로그램은 클라인·위니컷·말러의 대상관계이론, 코헛의 자기심리학, 볼비의 애착이론에 기초한 활동들로 구성되어 있다. 이론가들 별로 활동은 2~3개이며, 이들 활동들의 주제, 목표, 주된 활동내용을 소개하면 다음 <표 11-2>와 같다.

표 11-2 집단상담 프로그램 차시별 주제, 목표, 활동내용

회기	주제	목표	활동내용
1	우리 친해 봐요	• 프로그램의 목표를 이해한다. • 프로그램 지도자와 모둠원들 간에 친밀감을 높인다.	프로그램의 목표 알리기, 영유아 정신 건강과 그 기초이론들에 대한 간단한 강의, 별칭 짓고 자기소개하기, 규칙 정하기
2	마음여행을 떠나요	• 클라인 이론을 안다. • 모둠원들과 지도자에 대해 친밀감을 높인다.	『빨간 나무』에서 감정이 누구와 어떤 관계에서 생기고, 어떻게 바뀌고 싶은지 이야기 나누기
3	좋은 감정과 나쁜 감정	• 클라인 이론을 안다. • 모둠원과 지도자에 대해 친밀감과 신뢰감을 높인다.	• 『The Blue Day Book』에서 이야기 만들기 • 태어난 당시 나를 상상하면서 좋은 감정과 나쁜 감정이 무엇인지 이야기 나누기
4	옛날 옛적 내가 태어났을 때	• 위니컷 이론을 안다. • 어린 시절 엄마와의 관계가 중요함을 안다.	• 난화게임 하기(제목: '엄마와 나') • 『가시소년』에서 가시의 좋은 쓰임과 나쁜 쓰임에 대해 나누기
5	충분히 좋은 엄마	• 위니컷 이론에서 '충분히 좋은 엄마', '참 자기'와 '거짓 자기'에 대해 이해한다.	• 엄마에 대한 좋은 감정과 나쁜 감정 표현하기, 충분히 좋은 엄마 기준 정하기, 엄마에게 하고 싶은 말, 듣고 싶은 말 적기 • 가면 만들기를 통해 자신의 거짓 자기와 참 자기에 대해 알아보기
6	나에게 위로가 되는 것들	• 위니컷 이론에서 중간대상에 대해 이해한다. • 어린 시절 엄마의 부재를 견디기 위해 중간대상을 가졌음을 안다.	• 어린 시절 중간대상을 떠올리고 느낌을 나누기 • 현재 나만의 중간대상이 무엇인지 알아보기
7	엄마와 나는 하나	• 말러 이론을 안다. • 말러 이론의 유아 발달과정에서 공생기의 느낌과 중요성을 안다.	• '알 요법', 즉 공생 상태의 느낌 나누기 • 『얄미운 사람들에 관한 책』에서 자신의 얄미운 사람들에 대해 이야기 나누기 • 자주 듣는 말이나 듣고 싶은 말 나누기

회기	주제	목표	활동내용
8	편안한 거리	• 말러 이론을 안다. • 말러의 심리적 탄생(분리-개별화)에 대해 안다.	• 갈등 있는 인물(예: 엄마, 친구 등)에게 불편한 감정 전달하기 및 편안한 거리에서 만나기 • 좋은 글귀에서 마음의 안전기지 찾아보기
9	우주의 중심인 나	• 코헛 이론을 안다. • '자기'는 관계 속에서 만들어진다는 것을 안다.	• 『너는 특별하단다』를 통해 지지자 찾기 • '칭찬샤워'하기
10	나의 관계 패턴	• 코헛 이론을 안다. • 자신의 관계패턴을 안다.	• 자신의 관계 소통에 숨겨진 메타커뮤니케이션 캐릭터들, 즉 징징이, 으뜸이, 쌔끈이, 도움이 등 네 가지 캐릭터 찾아보기 및 'NO'로 반응하기
11	새로운 나로 거듭나기	• 볼비 이론을 안다. • 자신의 애착유형을 안다	• 『두 사람』을 통해 중요한 또는 어려운 관계에 대해 나누기, 버리고 싶은 관계를 풍선에 써서 터트리기 • 'Hot Seat' 활동하기
12	나의 빨간 나무	• 볼비 이론을 안다. • 자신의 변화된 모습을 알고 종결에 대한 감정을 나눈다.	• 2회기 『빨간 나무』에서 그 힘에 대해 얘기 나누고, 나만의 빨간 나무 그려 나누기 • 포트폴리오를 보면서 변화된 모습 얘기 나누고, 종결에 대한 소감나누기

1회기 우리 친해 봐요

목표

- 프로그램의 목표를 이해한다.
- 프로그램 지도자와 모둠원들 간에 친밀감을 높인다.

준비물

- 매 회기마다 준비물이 있고, 집단지도자가 이를 준비한다는 것을 알린다.
- 프로그램 관련 활동들(예: 그리기, 만들기, 동화책 6권 읽기 등)을 소개한다.

도입

- **프로그램 지도자 소개하기** : 프로그램 지도자 두 명의 소개와 함께 각자 맡은 바 역할 또한 소개한다.
- **모둠 정하기** : 프로그램 참여자 20명을 세 모둠(6명, 6명, 8명)으로 나눈다. 매 회기 모둠의 리더가 있어 활동을 원활히 하는데 도움을 주도록 한다.
- **별칭 짓기** : '나에게 중요한 여러 가지 관계'에 대해 생각해본 후 모둠원 각자 불리고 싶은 별칭(감정형용사+동물, 생물, 자연물)을 명찰에 적는다. 그리고 자신만의 별칭을 지은 이유를 발표한다.
- **집단규칙 정하기** : 프로그램이 진행되는 동안 필요하다고 생각하는 규칙을 서로 말해보게 하고 정한다. 이를 전지에 기입하고 꾸민다.

강의

- 영유아 정신건강과 그 이론적 기초(현대 정신분석 이론들)에 대해 간단히 강의한다.

집단상담활동

- **프로그램의 목표 알리기** : 이 프로그램의 목표, 즉 영유아 정신건강 도모를 위한 현대 정신분석 이론에 기초한 활동들을 통해 자기 자신뿐 아니라 영유아를 이해할 수 있게 되고, 궁극적으로 영유아 정신건강을 위한 돌봄의 질을 높인다는 것을 분명하게 밝힌다. 이는 집단상담 활동이 활동으로 그치

지 않고, 활동을 통한 프로그램 원래의 목표 달성을 극대화하기 위함이다.

- 매 회기 프로그램 활동 절차, 즉 도입, 이론 강의, 집단상담활동, 소감 및 정리 등의 순서를 알린다.

소감 및 정리

- 각 모둠원은 모둠별(혹은 전체 집단)에서 활동에 대한 기대나 두려움 같은 소감을 이야기한다.
- 매 회기마다 그 날의 활동에 대한 소감을 평가지에 작성하고, 본인의 성취도를 색깔 천에다 집단지도자가 준비한 포도 알 색지들을 붙이도록 한다. 각 회기를 통해 자기이해와 깨달음이 많을수록 포도 알의 수가 많다는 것을 알린다. 다음 시간 활동을 소개한다.

유의사항

- 집단규칙을 정할 때 모두 참여하도록 유도하여 자발성을 높인다.
- 편안한 분위기가 되도록 집단 안에서는 가벼운 화나 어려움을 표현할 수 있도록 허용한다.
- 집단상담에서 피드백의 중요성에 대해 설명한다(Box 11-1 참조).

2회기 마음여행을 떠나요

목표

- 멜라니 클라인의 이론을 안다.
- 모둠원들과 지도자에 대해 친밀감을 높인다.

준비물

A4용지, 연필, 지우개, 전지, 전지 크기의 천, 색연필, 사인펜, 네임펜, 가위, 딱풀, 명찰, 색상지, 포도 알 그림 색지, 『빨간 나무』 그림책(숀 텐 글·그림, 김경연 옮김, 풀빛 그림아이)

도입

1회기에 대해 정리하면서 프로그램의 목표, 별칭, 규칙 등을 상기하도록 한다. 그리고 1회기 이후 일주일 동안의 생각, 감정, 행동 등의 변화에 대해 이야기하고, 2회기 프로그램을 소개한다.

강의

멜라니 클라인 이론에 대해 강의한다.

집단상담활동

- **워밍업(warming-up) 활동** : 몸의 이완을 위해 간단한 체조를 실시한다(예: 목 돌리기, 서로 등 두드려주기 등).
- 『빨간 나무』 그림책을 보면서 마음이 머무는 그림을 통해 감정을 떠올리고 그 감정이 누구와 어떤 관계에서 생기는 것인지 이야기해보고 집단을 통해 어떻게 바뀌고 싶은지 이야기해 본다.

소감과 정리

이 시간 활동에 대한 소감을 평가 활동지에 작성하고, 이 시간 본인의 성취도를 색깔 천에다 포도 알 색지를 붙인다(이번 회기를 통해 자기이해와 깨달음이 많을수록 포도 알의 수가 많다.). 다음 시간 활동을 소개한다.

유의사항

- 허용적이고 편안한 분위기가 되도록 집단 안에서는 가벼운 욕설이나 화를 표현할 수 있도록 한다.
- 피드백의 역할, 효과, 과정에 대해 설명하고 적절하게 실행할 수 있도록 격려한다. 다음 [Box 11-1]을 참고한다.

[Box 11-1] 피드백의 역할, 효과, 과정

집단상담에서 피드백은 중요한 역할을 한다. 상대방의 감정, 생각, 행동 등에 대해 서로 솔직하게 반응하는 피드백을 통해 나의 모습을 새롭게 지각하게 되고, 점차로 나 자신뿐 아니라 타인에 대한 이해의 폭도 넓힐 수 있게 된다. 회기가 거듭될수록 모둠원들 간에 서로의 관심사나 감정을 터놓고 이야기하게 되면 자신과 타인을 더욱 이해하게 되고, 쉽게 소속감과 동료의식까지도 발전하게 된다. 피드백의 효과를 위해 다음의 과정을 염두에 두고 상황에 따라 적절하게 따르도록 한다.

(1) 지금-여기(here and now)에서 상대방의 주목할 만한 감정, 생각, 행동에 초점을 맞춘다.
(2) 평가나 판단 없이 상대방의 감정, 생각, 행동에 대해 구체적인 상황을 언급하면서 읽어준다.
(3) 상대방에 대한 나의 느낌이나 생각을 표현하며, 내 요구사항이 있으면 솔직하게 요청한다.
(4) 긍정적인 반응을 나타낸다. 특히 상대방의 강점과 장점을 지지·격려해주는 것이 효과적이다.

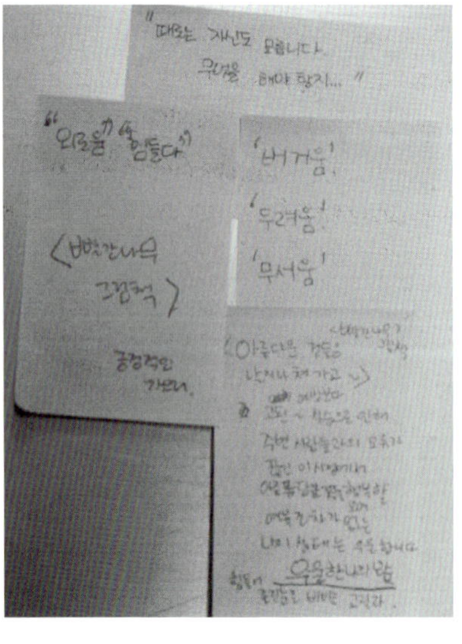

3회기 좋은 감정과 나쁜 감정

목표
- 멜라니 클라인 이론을 안다.
- 모둠원들과 지도자에 대해 친밀감과 신뢰감을 높인다.

준비물
색연필, A4용지, 사인펜, 네임펜, 가위, 색깔 천, 딱풀, 천사점토, 포스트잇, 『The Blue Day Book』 그림책(브래들리 트레버 그리브 글·사진, 신현림 옮김, 바다출판사)

도입
2회기에 대한 간략한 정리와 2회기 이후 일주일 동안의 생각, 감정, 행동의 변화를 이야기한다. 3회기 프로그램을 소개한다.

강의
멜라니 클라인의 이론

집단상담활동
- **워밍업 활동** : 몸의 이완을 위해 간단한 체조를 실시한다(예: 목 돌리기, 서로 등 두드려주기 등).
- 『The Blue Day Book』 그림책을 보고 한 가지 그림을 골라 그것에서 느껴지는 감정을 이야기해보고, 책의 그림이 복사된 그림카드 4장으로 이야기를 이어 만들고 난 후 그림에 대해 이야기 나눈다.
- 천사점토로 상상 속에서 내가 태어난 당시의 내 모습의 아기를 만들면서 그 당시 기억과 감정을 떠올리고 좋은 감정과 나쁜 감정에 대해 이야기 나눈다.

소감과 정리
이 시간 활동에 대한 소감을 평가 활동지에 작성하고 이 시간 본인의 성취도를 색깔 천에 포도 알로 표시한다(이번 회기를 통해 자기이해와 깨달음이 많을수록 포도 알의 수가 많다.). 다음 시간 활동을 소개한다.

유의사항

- 편안하고 신뢰 있는 분위기가 되도록 집단 안에서는 가벼운 화나 어려움을 표현할 수 있도록 허용한다.
- 서로 피드백 하도록 격려한다.

4회기 옛날 옛적 내가 태어났을 때~

목표

- 도널드 위니컷의 이론을 안다.
- 어린 시절 엄마와의 관계가 중요함을 안다.

준비물

포스트잇, 점토, 이쑤시개, 도화지, 색연필, 『가시소년』 그림책(권자경 글, 송하완 그림, 문화체육관광부 우수교양도서, 리틀 씨앤톡)

도입

3회기에 대한 간략한 정리와 3회기 이후 일주일 동안의 생각, 감정, 행동 등의 변화를 이야기하고, 4회기 프로그램을 소개한다.

강의

도널드 위니컷 이론

집단상담활동

- **워밍업 활동** : 몸의 이완을 위한 간단한 체조 실시(예: 목 돌리기, 서로 등 두드려주기 등)
- **난화게임** : 두 명이 한 조를 만들고 도화지에 자유롭게 선을 그은 뒤 서로 바꾸어 그림에서 연상되는 이미지를 색칠하여 표현하고 4개의 모양을 이어 이야기를 만든다(제목: '엄마와 나').
- 『가시소년』 그림책을 보면서 자신이 주는 가시와 남들에게서 받는 가시가 무엇인지 이야기해본다. 가시(공격성)의 좋은 쓰임(적극성)과 나쁜 쓰임(파괴성)에 대해 이야기를 나눈다.

소감과 정리

이 시간 활동에 대한 소감을 평가지에 작성하고, 이 시간 본인의 성취도를 포도 알로 색깔 천에 표시한다. 다음 시간 활동을 소개한다.

❙ 유의사항

- 편하고 신뢰 있는 분위기가 되도록 집단 안에서는 가벼운 화나 어려움을 표현할 수 있도록 허용한다.
- 피드백을 적절히 할 수 있도록 격려한다.

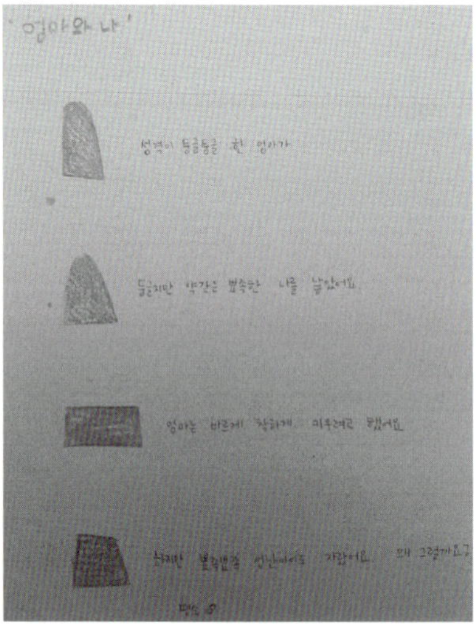

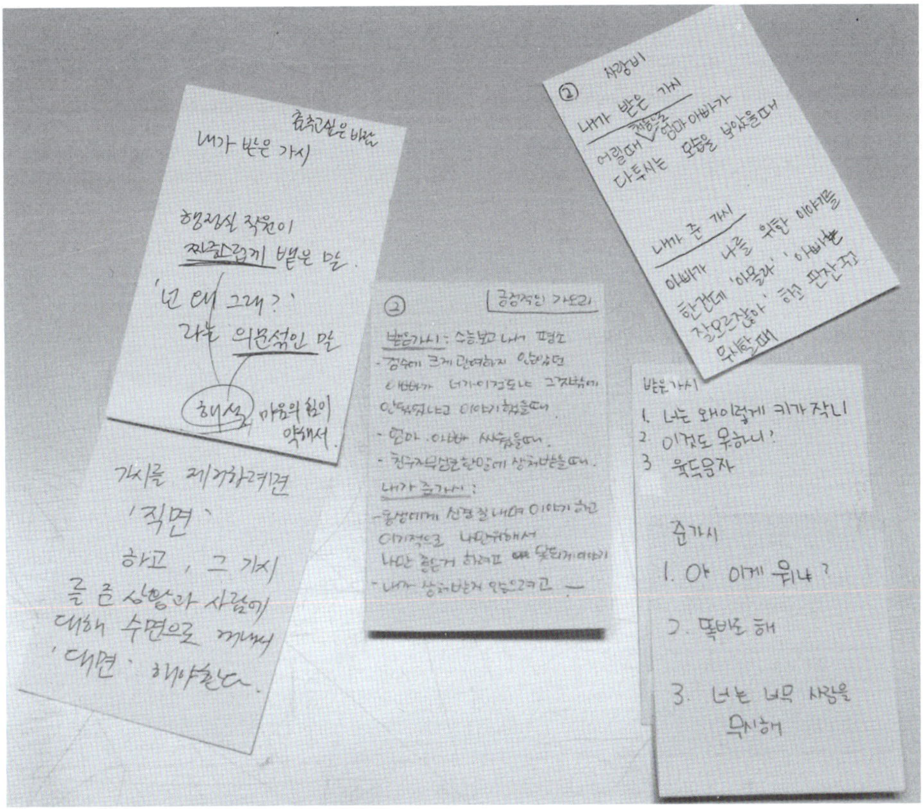
내가 받은 가시
행정실 직원이
'넌 왜 그래?'
라는 의문섞인 말
가시를 제거하려면 '직면' 하고, 그 가시를 준 상황과 사람에 대해 수면으로 꺼내서 '대면' 해야한다.
받은가시
1. 너는 왜이렇게 키가 작니
2. 이것도 못하니?
준가시
1. 야 이게 뭐냐?
2. 똑바로 해
3. 너는 너무 사람을 무시해

5회기 충분히 좋은 엄마

목표

- 도널드 위니컷 이론에서 '충분히 좋은 엄마'의 의미를 안다.
- 도널드 위니컷 이론에서 '참 자기'와 '거짓 자기'에 대해 이해한다.

준비물

도화지, 색연필, 색상지, 카드봉투, 리본, 스티커, 종이가방, 가위, 풀

도입

4회기에 대한 간략한 정리와 4회기 이후 일주일 동안의 생각, 감정, 행동 등의 변화에 대한 이야기를 나누고, 5회기 프로그램을 소개한다.

강의

도널드 위니컷 이론에서 본 회기의 목표 관련내용을 중심으로 강의한다.

집단상담활동

- **워밍업 활동** : 몸 이완을 위한 간단한 체조 실시(예: 목 돌리기, 서로 등 두드려주기 등)
- **충분히 좋은 엄마(혹은 양육자) 활동**
  ① 엄마에 대한 좋은 감정과 나쁜 감정을 그림으로 표현해본다(예: 나의 행복한 모습, 슬픈 모습, 화난 모습 등의 그림). 현재의 감정도 과거의 감정도 어떤 것도 괜찮다.
  ② 충분히 좋은 엄마란 어떤 엄마인지 그 기준을 5가지 정도 정하고 ①활동과 관련지어 이야기 나눈다.
  ③ 엄마에게 하고 싶은 말과 듣고 싶은 말을 카드에 적고 카드를 예쁘게 꾸민다.
- **가면 만들기 활동** : 종이가방 앞면에 남에게 보이는 얼굴(거짓 자기)을 그리고, 뒷면에 속마음(참 자기)을 그려서 가면을 꾸미고, 이를 모둠원들과 이야기 나누어본다.

소감과 정리

이 시간 활동에 대한 소감을 평가지에 작성하고 이 시간 본인의 성취도를 포도 알로 색깔 천에 표시한다. 다음 시간 활동을 소개한다.

유의사항

- 엄마께 보내는 카드는 혼자 보든지 발표를 하든지 자유의사에 맡김을 먼저 알리고 속마음을 진솔하게 적도록 지지한다.

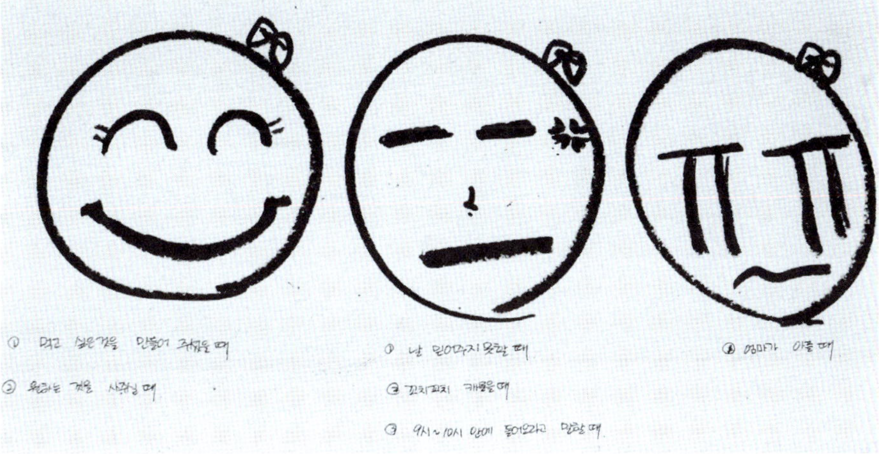

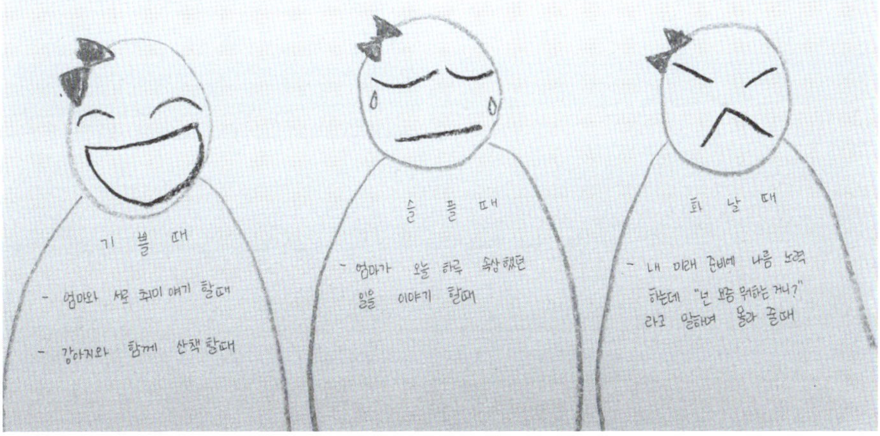

< 충분히 좋은 엄마가 되는 방법 >
힘센 엄마!
· 무조건 내편 들어주는 엄마
· 약속 잘 지키는 엄마
· 내가 아플때 맛있는 음식 해주는 엄마
· 항상 웃는 엄마
· 안 바쁜 엄마 (나와 같이 시간 보내주는 엄마)
· 내 마음을 나보다 먼저 알아주는 엄마
· 엄마 자신을 생각하고 챙길줄 아는 엄마
· 물질적·정서적으로 풍요로운 엄마.

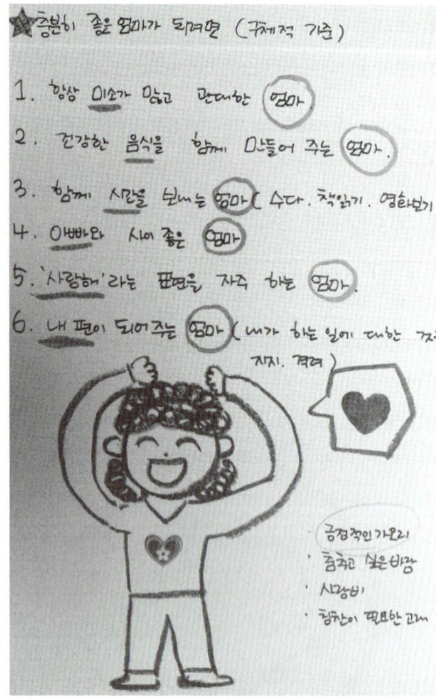
충분히 좋은 엄마가 되려면 (구체적 기준)
1. 항상 미소가 많고 관대한 엄마.
2. 건강한 음식을 함께 만들어 주는 엄마.
3. 함께 시간을 보내는 엄마 (수다. 책읽기. 영화보기)
4. 아빠와 사이 좋은 엄마
5. '사랑해'라는 표현을 자주 하는 엄마.
6. 내 편이 되어주는 엄마 (내가 하는 일에 대한 것을 지지. 격려)

무조건 OK
하하! 꺄르르~
사랑비

멍....
내비둬~
사랑비

6회기 나에게 위로가 되는 것들

목표

- 도널드 위니컷의 이론에서 중간대상에 대해 이해한다.
- 어린 시절 엄마의 부재를 견디기 위해 중간대상을 가졌음을 안다.

준비물

중간대상의 될 수 있는 다양한 놀잇감(예: 인형, 작은 쿠션, 부드러운 손수건 등), A4용지, 필기도구, 클레이점토, 색상지, 색연필, 시 '행복'

도입

5회기에 대한 간략한 정리와 5회기 이후 일주일 동안의 생각, 감정, 행동 등의 변화에 대해 이야기하기, 6회기 프로그램 소개하기

강의

도널드 위니컷 이론에서 본 회기의 목표 관련 내용을 중심으로 강의한다.

집단상담활동

- **워밍업 활동** : 몸의 이완을 위해 간단한 체조 실시(예: 목 돌리기, 서로 등 두드려주기 등)
- 집단지도자가 배포한 다양한 놀잇감들, 즉 중간대상이 될 수 있는 놀잇감들을 만지고 느껴본다. 그리고 자신의 어린 시절 '좋아하는 놀잇감과 아끼는 물건', 즉 중간대상들을 떠올려보고 2, 3개정도 선택하여 클레이점토로 만들어보고 그에 관한 기억과 느낌을 이야기 나눈다(혹은 현재 중간대상, 즉 위로가 될 수 있는 것들<예: 다른 종류의 시, 노래, 물건 등>을 그려보고 나눈다.).
- '행복' 시를 읽고, 어떤 내용이 나에게 위로가 되는 중간대상인지 찾아본다. 그리고 '나의 행복'이라는 주제의 시를 지어보고, 이를 읽고 이야기 나누어 본다.

소감과 정리

이 시간 활동에 대한 소감을 평가지에 작성하고 이 시간 본인의 성취도를 포도 알로 색깔 천에 표시한다. 다음 시간 활동을 소개한다.

유의사항

시간 관계상 피드백을 모두에게 받기 어려우면 포스트잇으로 적어서 피드백을 주고 피드백 요령은 반복하여 설명해준다.

[Box 11-2] 행복

천상병

나는 세계에서
제일 행복한 사나이다.

아내가 찻집을 경영해서
생활의 걱정이 없고
대학을 다녔으니
배움의 부족이 없고
시인이니
명예욕도 충분하고
예쁜 아내니
여자 생각도 없고
아이가 없으니
뒤를 걱정할 필요도 없고

집도 있으니
얼마나 편안한가.

막걸리를 좋아하는데
아내가 다 사주니
무슨 불평이 있겠는가.

더구나
하나님을 굳게 믿으니
이 우주에서
가장 강력한 분이
나의 빽이시니
무슨 불행이 온단 말인가!

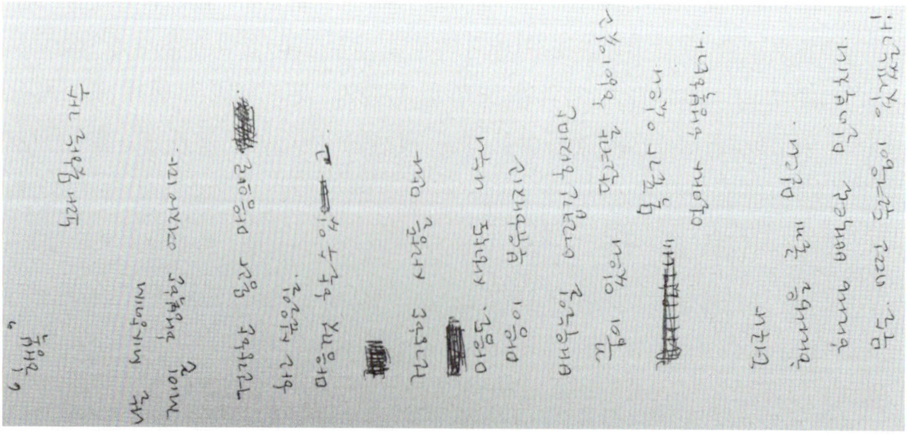

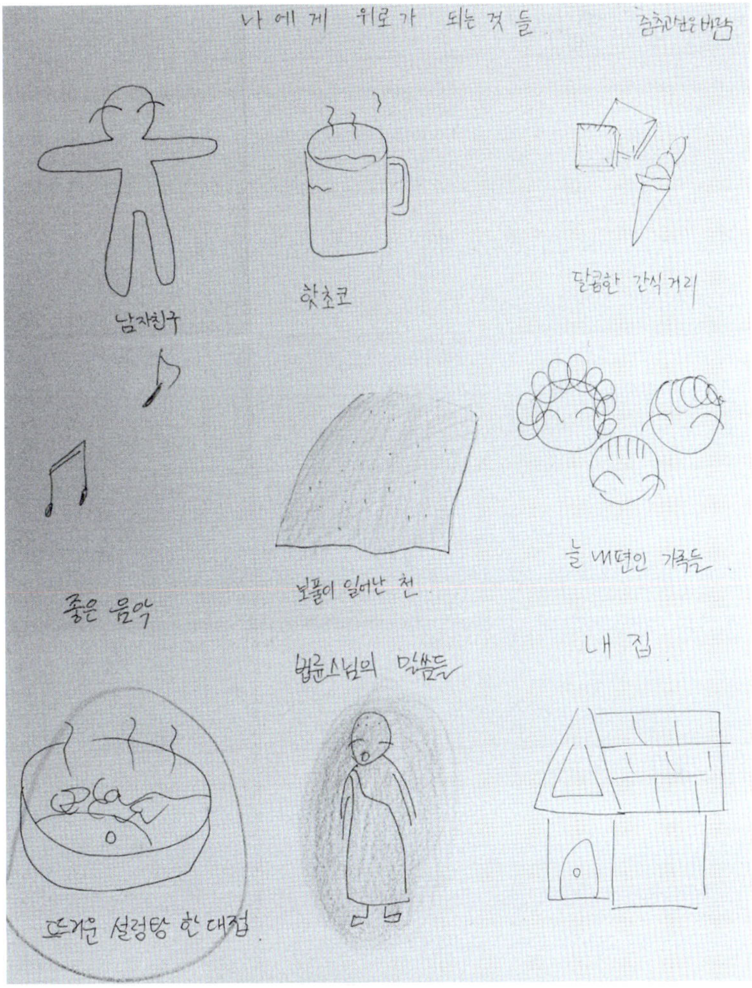
나 에게 위로가 되는 것 들.
남자친구
핫초코
달콤한 간식거리
좋은 음악
보풀이 일어난 천
늘 내편인 가족들
법륜스님의 말씀들
내 집
뜨거운 설렁탕 한 대접.

행복
사람비
행복, 멀리서 찾지 마세요.
복스럽게 우리 다함께 웃어볼까요?
하! 하! 하!
웃는순간, 그때가 행복 입니다

7회기 엄마와 나는 하나

목표

- 마가렛 말러의 이론을 안다.
- 마가렛 말러 이론의 유아 발달과정에서 공생기의 느낌과 중요성을 안다.

준비물

도화지, 색상지, 색연필, 『얄미운 사람들에 관한 책』 그림책(토니 모리슨·슬레이드 모리슨 글, 파스칼 르메트르 그림, 노경실 옮김, 주니어 김영사)

도입

6회기에 대한 간략한 정리와 6회기 이후 일주일 동안의 생각과 감정, 행동의 변화를 이야기하기, 7회기 프로그램에 대해 소개하기

강의

마가렛 말러의 이론

집단상담활동

- **워밍업 활동** : 몸의 이완을 위한 간단한 체조 실시(예: 목 돌리기, 서로 등 두드려주기 등)
- 자신에게 가장 편안한 느낌을 주는 것(예: 색, 냄새, 물건, 상황 등)을 찾아 '알 요법[38]'을 하고, 그림으로 표현해본다.
- 『얄미운 사람들에 관한 책』을 아이의 입장이 되어 읽은 후, 책 내용 중에서 마음 남는 내용을 선정하여 포스트잇을 붙이고, 이와 연관된 자신의 얄미운 사람들에 대해 이야기를 나눈다.
- 내가 자주 듣는 말, 내가 듣고 싶은 말을 적어보고 피드백을 받는다.

---

38) 알 요법이란 아기-엄마의 '양자 단일체'라는 공생적 궤도의 심리적 막 안의 융합 상태, 즉 공생 상태의 느낌과 비슷한 느낌을 느껴보는 것을 말함

❙ 소감과 정리

이 시간 활동에 대한 소감을 평가지에 작성하고 이 시간 본인의 성취도를 포도 알로 색깔 천에 표시한다. 다음 시간 활동을 소개한다.

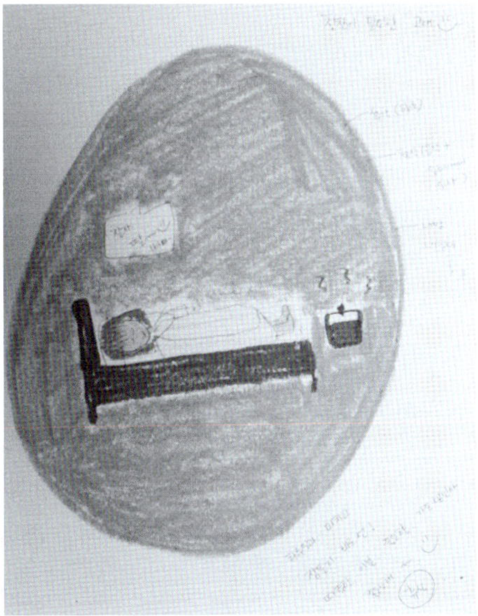

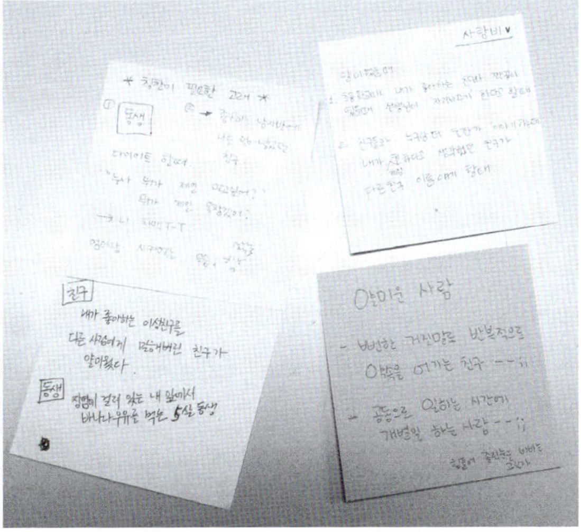

8회기 편안한 거리

목표

- 마가렛 말러의 이론을 안다.
- 마가렛 말러의 심리적 탄생(분리-개별화)에 대해 안다.

준비물

도화지, 색연필, 좋은 글귀모음

도입

7회기에 대한 간략한 정리와 7회기 이후 일주일 동안의 생각과 감정, 행동의 변화 이야기하기, 8회기 프로그램 소개하기

강의

마가렛 말러의 이론에서 본 회기의 목표 관련내용을 중심으로 강의한다.

집단상담활동

- **워밍업 활동** : 몸의 이완을 위한 간단한 체조 실시(예: 목 돌리기, 서로 등 두드려주기 등)
- 나와 갈등이 있어 거리를 두고 있는 인물(예: 엄마, 친구, 동료 등)과 나를 도화지의 양 끝에 그리고, 그 사이에 벽(예: 가시덤불, 강물, 벽돌 등)을 그려 불편한 감정을 표현한다. 그리고 내가 그 인물과 하고 싶은 이야기 속 시원하게 전달한 뒤, 마음이 풀리면 벽을 접어 두 사람이 만나도록 하되 가장 편안한 거리인 '최적의 거리'에서 만나게 한다. 이를 모둠원들과 이야기 나눈다.
- 나의 '안전기지'를 다음의 절차를 밟아 찾도록 한다.
  ① 마음에 드는 좋은 글귀를 고른다(Box 11-3 참조).
  ② 글귀를 A4용지에 적고, 글귀에 해당하는 배경 그림, 즉 '내 마음의 풍경'을 그린다.
  ③ 글과 그림이 담긴 용지를 모둠원들끼리 돌려가며 서로 꾸며준다.

④ 원래의 자기 것이 돌아오면, 이에 대해 이야기를 나눈 후, 핸드폰으로 찍어 보관한다.

⑤ 힘들 때나 외로울 때 꺼내 본다. 이것은 엄마를 대신할 수 있는 내 마음의 안전기지다.

소감과 정리

이 시간 활동에 대한 소감을 평가지에 작성하고 이 시간 본인의 성취도를 포도 알로 색깔 천에 표시한다. 다음 시간 활동을 소개한다.

유의사항

- 모둠원들끼리 가벼운 욕설이나 화를 표현한다면 모둠이 허용적이고 편안한 분위기라는 것을 의미한다.
- 서로 적절하게 피드백 하도록 격려한다.

[Box 11-3] 좋은 글귀 모음

★ 노동에서 건강이, 건강에서 만족이 샘솟는다. 만족은 모든 기쁨의 구원을 열어 준다.
– J.비티[음유 시인] –

★ 불만은 개인이나 국가가 발전하는 첫걸음이다.
– 오스카 와일드 '하찮은 여인' –

★ 오늘 가장 환하게 웃는 자가 최후에 웃을 것이다.
– 니체 '우상의 황혼' –

★ 사랑하는 사람에게는 언제나
사랑의 말을 남겨 놓아야 함을 나는 배웠다
어느 순간이 우리의 마지막이 될지
아는 사람은 아무도 없으므로
– 샤를 드 푸코 '나는 배웠다' –

★ 그냥 그것들이 좋다
그냥이라고 말하는
그 마음들의 물살이
가슴에 닿는 그 느낌이 좋다
– 이승희 '그냥' –

★ 당신, 참 애썼다.
사느라, 살아내느라, 여기까지 오느라 애썼다.
부디, 당신의 가장 행복한 시절이
아직 오지 않았기를 두 손 모아 빈다.
– 정희자 '도시에서 살며 사랑하며 배우며' –

★ 내가 사는 세상은 당신으로 인해 따뜻합니다.
– *** –

★ 꽃은 꽃 그대로가 아름답다.
너도 너 그대로가 아름다움인데,
왜 다른 사람에게서 너를 찾으려고 하는가.
– 틱낫한 –

★ 좀 창피하면 어때?
'실패했다'는 건 '도전했다'는 뜻이니까,
아무 것도 하지 않고 남을 비웃기만 하는 인생보다는 백배 훌륭하지.
– 3월의 라이온 –

★ 사랑하라, 한 번도 상처받지 않은 것처럼
춤춰라, 아무도 보고 있지 않은 것처럼
일하라, 돈이 필요하지 않은 것처럼
살라, 오늘이 마지막 날인 것처럼
– 마크 트웨인 –

★ 인생에서 저지를 수 있는 가장 큰 실수는
실수할까봐 끊임없이 두려워하는 일이다.
– 앨버트 하버드 –

★ 우리는 오로지 사랑을 함으로써 사랑을 배울 수 있다.
– 아이리스 머독 –

★ 더딘 것을 염려하지 말고 멈추는 것을 염려하라.
– 김난도 '아프니까 청춘이다' –

★ 당신은 '특별한' 사람은 아니지만, '세상에서 유일한' 사람,
'아무도 대신할 수 없는 독특한' 사람이다.
– '나는 오늘도 나를 응원한다.' –

★ 사랑은 내가 먼저 다 주지 않으면 아무 것도 주지 않는다.
버리지 않으면 채워지지 않는 물 잔과 같다.
– '지금 사랑하지 않는 자 모두 유죄' –

★ 특별한 일이 생기는 법은 사실 간단해요.
내가 먼저 움직이고 다가가는 것입니다.
– 신준모 '어떤 하루' –

★ 아직도 우리는 한 걸음 한 걸음씩 우연이라는 거인과 싸우고 있다.
– '차라투스트라는 이렇게 말했다.' –

★ 우리는 너무 많이 생각하고, 너무 적게 느낀다.
– 찰리채플린 –

★ 나는 연필이었고 그래서 흑심을 품고 있었지
당신 마음에 '좋아해요'라고 쓰고 싶었지
– 김연수 '세계의 끝 여자친구' –

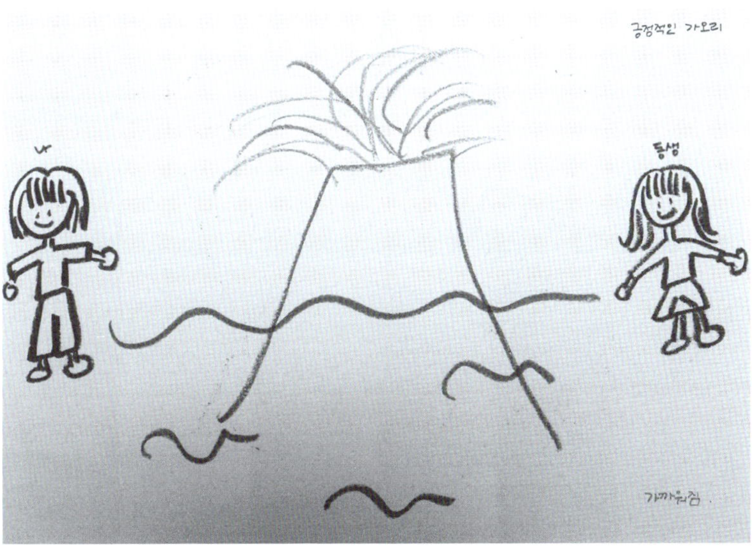

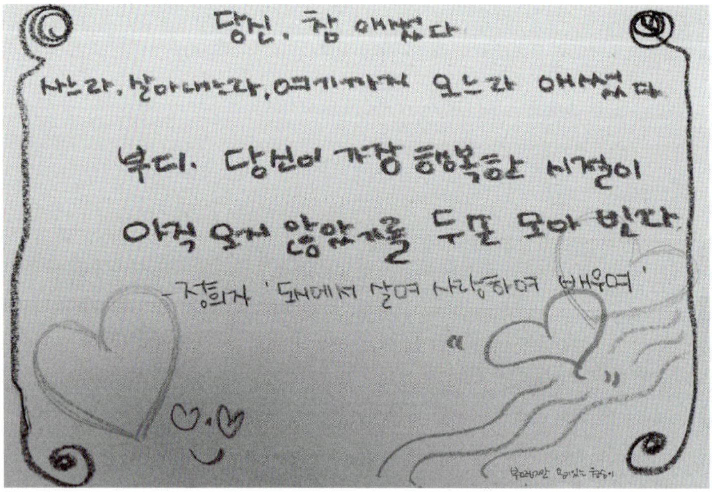
당신, 참 애썼다
사느라, 살아내느라, 여기까지 오느라 애썼다
부디, 당신이 가장 행복한 시절이
아직 오지 않았기를 두 손 모아 빈다
-정희재 '도시에서 살며 사랑하며 배우며'

넌 최고야!
그냥!!
나니까
그냥 그것들이 좋다
그냥이라고 말하는
그 마음들의 물살이
가슴에 닿는 그 느낌이 좋다 -이승희 '그냥-'

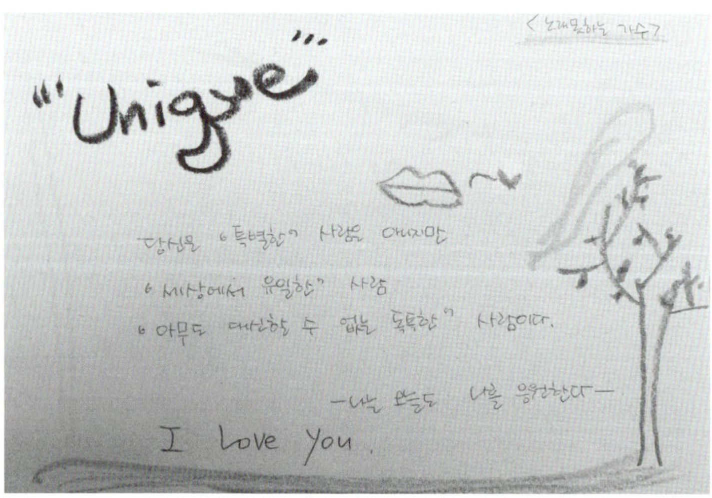
"Unique"
당신은 "특별한" 사람은 아니지만
"세상에서 유일한" 사람
"아무도 대신할 수 없는 독특한" 사람이다.
-나는 오늘도 나를 응원한다-
I Love you.

9회기 우주의 중심인 나

목표

- 하인즈 코헛의 이론을 안다.
- '자기'는 관계 속에서 만들어진다는 것을 안다.

준비물

A4용지, 포스트잇, 필기도구, 색연필, 『너는 특별하단다』 그림책(맥스 루케이도 지음, 세르지오 마르티네즈 그림, 아기장수의 날개 옮김, 고슴도치)

도입

8회기에 대한 간략한 정리와 회기 이후 일주일 동안의 생각과 감정, 행동의 변화 이야기하기, 9회기 프로그램 소개하기

강의

하인즈 코헛의 이론

집단상담활동

- **워밍업 활동** : 몸의 이완을 위한 간단한 체조 실시(예: 목 돌리기, 서로 등 두드려주기 등)
- **그림책 활동** : 『너는 특별하단다』 그림책을 읽고 자신의 점표와 별표를 찾아 그림으로 그려보고 이야기를 나눈다. '관계망검사'(친밀한 지지자, 가까운 지지자, 아는 지지자)를 하고 자신의 인생에서 중요한 지지자, 즉, 자신의 엘르아저씨를 찾는다.
- **'칭찬샤워' 활동** : 한 사람이 일어나면 모둠원들이 돌아가며 한마디씩 칭찬을 한다(포스트잇에 칭찬 글귀를 써서 몸에 붙여준다.). 각자 자신에 대한 칭찬에 매번 '그렇지, 당연하지, 나는 ~~한 사람이야, 칭찬해줘서 고마워'라고 대답을 한다.

소감과 정리

이 시간 활동에 대한 소감을 평가지에 작성하고 이 시간 본인의 성취도를 포도 알로 색깔 천에 표시한다. 다음 시간 활동을 소개한다.

유의사항

칭찬샤워는 아주 자부심이 넘치는 얼굴로, 거만한 태도로 받도록 격려하고, 소심하게 대답하면 다시 하도록 한다.

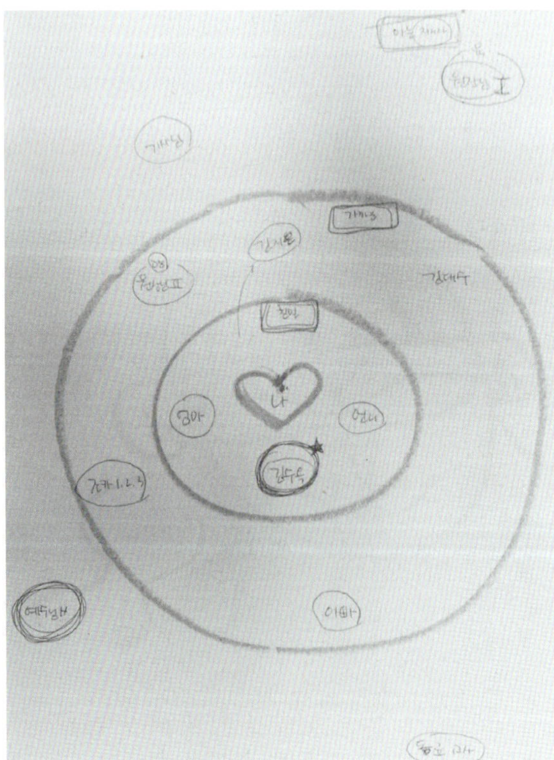

긍정적 이다
자신감이 부족하다
키가 작다
소심하다
피부가 검은편 이다
사랑비

10회기 나의 관계 패턴

목표

- 하인즈 코헛의 이론을 안다.
- 자신의 관계패턴을 안다.

준비물

활동지, 색상지, A4용지, 나무젓가락, 가위, 풀, 스카치테이프, 색연필, 4가지 캐릭터가 자주 쓰는 말들

도입

9회기에 대한 간략한 정리와 회기 이후 일주일 동안의 생각과 감정, 행동의 변화 이야기하기, 10회기 프로그램 소개하기

강의

하인즈 코헛의 이론에서 본 회기의 목표 관련내용을 중심으로 강의한다.

집단상담활동

- **워밍업 활동** : 몸의 이완을 위한 간단한 체조 실시(예: 목 돌리기, 서로 등 두드려주기 등)
- **나의 관계패턴 알아보기** : 자신의 관계소통에서 메타커뮤니케이션의 캐릭터 찾아보기(Box 11-4 참조)
  ① 네 가지 투사적 동일시 유형(의존, 힘, 성, 환심 사기)에 따른 메타커뮤니케이션의 캐릭터, 즉 징징이, 으뜸이, 쌔끈이, 도움이를 만들어보고, 자신과 가까운 캐릭터를 골라 소개 하거나, 혹은 주변 사람들을 소개한다.
  ② 네 가지 메타커뮤니케이션의 캐릭터에 대해 'NO'로 대답한다(이런 대답은 올바른 부모 역할에 해당된다.). 예컨대, 어떤 모둠원이 '징징이' 캐릭터를 연기하면 집단원 모두 부드러운 얼굴로 'NO'라 말하고, 해당 캐릭터의 정상적인 역할을 연기하면 집단원 모두 박수쳐준다.

소감과 정리

이 시간 활동에 대한 소감을 평가지에 작성하고 이 시간 본인의 성취도를 포도 알로 색깔 천에 표시한다. 다음 시간 활동을 소개한다.

유의사항

집단상담 프로그램의 종결이 2주 남았음을 알린다.

[Box 11-4] 네 가지 메타커뮤니케이션

'메타커뮤니케이션'이란 의사소통 속에 숨겨진 비언어적인 메시지를 말한다. 이는 투사적 동일시(방어기제의 일종)와 밀접한 관계가 있다. 우선 투사적 동일시에 대해 살펴보자.

1. 투사적 동일시

투사적 동일시는 한 개인이 특정한 상황에서 다른 사람들의 행동이나 반응을 유발하도록 조종하는 대인관계 행동유형이다(4장, 10장 참조). 예를 들어보자. 자기 내부의 적대감을 인식하지 못하는 남편(이는 대개 어린 시절 부모와의 관계에서 쌓였던 적대감의 결과임)은 아내에게 끊임없이 적대감이나 분노를 일으키도록 아내를 자극할 수 있다. 부부싸움 후에 한 달씩 말을 안 하거나, 늦게 귀가하거나, 약속을 어기는 일로 아내의 화를 부를 수 있다. 한계점에 이른 아내는 남편에 대해 거칠게 대하고 남편은 화를 엄청 내는 식으로 두 사람은 마무리하고, 그 다음에 다시 싸움이 일어나기 전까지 부드럽게 넘어간다. 이렇듯 남편의 투사적 동일시는 아내가 특정 방식으로 반응하도록 조종 역할을 하는 것이다.

이와 같이 투사적 동일시는 개인 내부와 대인관계에 걸쳐 있는 강력한 관계 전략이다. 투사자는 나쁘고 수용할 수 없는 자신의 내적 투쟁을 무의식적으로 외부 존재에 전환, 즉 투사한다. 왜 투사대상자들은 분노와 좌절로 끝나게 되는 조종에서 탈출하지 않고 머물러 있는가? 그 이유는 투사대상자 자신의 죄책감, 의무감, 외로움에 대한 두려움, 혹은 투사자의 위협 때문이다.

2. 네 가지 메타커뮤니케이션의 캐릭터들

투사적 동일시는 대부분 생의 초기에 발생했던 왜곡된 대상관계의 결과이다. 이러한 관계는 본질상 대개 전 언어적이며 무의식적이기 때문에 종종 정확한 특성을 알아내기 어렵지만, 네 가지 중요한 투사적 동일시 유형들(의존, 힘, 성, 환심 사기)이 있고, 유형 각각에 대한 특징적인 의사소통 속에는 숨겨진 비언어적인 메시지인 메타커뮤니케이션이 존재한다. 다음은 네 가지 투사적 동일시 유형에 따른 메타커뮤니케이션의 캐릭터들, 즉 징징이(의존), 으뜸이(힘), 쌔끈이(성), 도움이(환심 사기)와 관계소통의 특징이다.

① 징징이 : 이 캐릭터는 상대방으로부터 '돌봄'을 이끌어내고자 하며, 내가 무력해보여야 사랑받을 수 있다고 생각한다. 메타커뮤니케이션은 '나는 살 수 없다'로 자신의 의존성과 겸손함이 내포되어 있다. 주요 특징적 관계소통은 다음과 같다.
"당신은 어떻게 생각하세요?", "내가 뭘 해야 할까요?", "날 도와줄 수 있어요?", "나는 이것을 혼자 처리할 수 없을 것 같아요" 등이다.

② 으뜸이 : 이 캐릭터는 상대방으로부터 '무능력감'을 이끌어내고자 하며, 내가 상황을 통제하고 복종시켜야 사랑받을 수 있다고 생각한다. 메타커뮤니케이션은 '너는 살 수 없다'이며, 자신의 힘과 지도력이 내포되어 있다. 주요 특징적 관계소통은 다음과 같다.
"내가 말하는 대로 정확하게 해라.", "나를 따르라.", "이렇게 해!", "내 명령에 복종해라." 등이다.

③ 쌔끈이 : 이 캐릭터는 이성으로부터 자신을 향한 '각성'을 이끌어내고자 하며, 내가 성적으로 매력이 있어야 사랑받는다고 생각한다.
메타커뮤니케이션은 '나는 너를 성적으로 완전하게 만들어줄 것이다'이며, 그래서 이성을 의식해서 지나치게 시시덕거리는 행동, 상황에 부적절하게 도발적인 옷차림을 통해 상대방이 부담스러울 정도로 유혹하는 몸짓을 드러낸다.

④ 도움이 : 이 캐릭터는 상대방으로부터 고마움, 즉 자신에 대한 '인정'을 이끌어내고자 하며, 내가 희생을 해야 사랑받는다고 생각한다. 메타커뮤니케이션은 '너는 나에게 빚을 지고 있다'이며, 주요 특징적 관계소통은 다음과 같다.
"나는 너를 편하게 해주려고 매우 애쓰고 있다.", "나는 손이 문드러질 때까지 일한다.", "내가 너를 위해서 얼마나 많은 일을 하는 지 너는 전혀 모른다.", "너는 항상 당연하게 받아들인다." 등이다.

출처: Cashdan (2005)

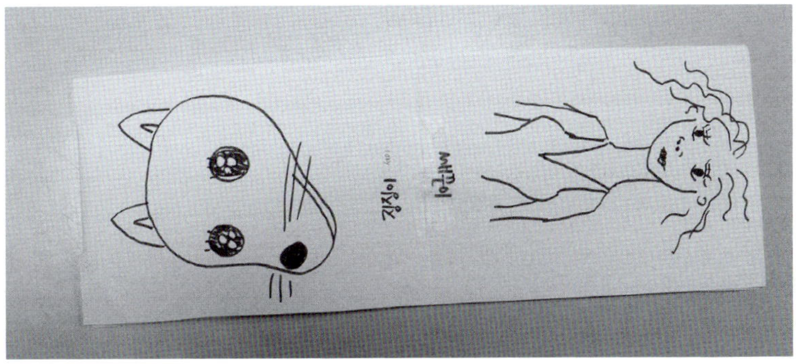

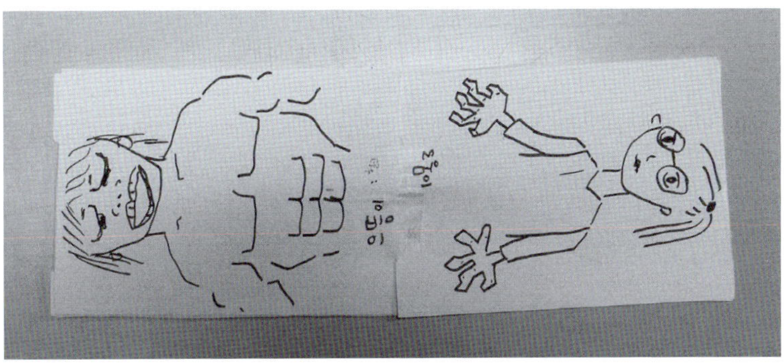

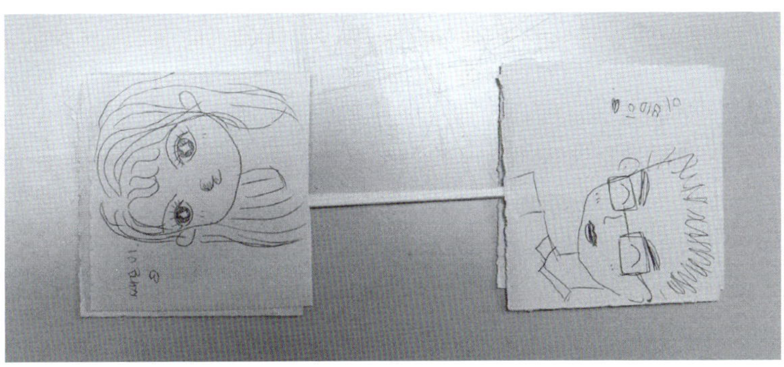

11회기 새로운 나로 거듭나기

목표

- 존 볼비의 이론을 안다.
- 자신의 애착유형을 안다

준비물

'A4용지, 풍선, 네임펜, 의자, 색연필, 『두 사람』 그림책 (이보나 흐미엘레프스카 글·그림, 이지원 옮김, 사계절)

도입

10회기에 대한 간략한 정리와 회기 이후 일주일 동안의 생각과 감정, 행동의 변화 이야기하기, 10회기 프로그램 소개하기

강의

존 볼비의 이론

집단상담활동

- **워밍업 활동** : 몸의 이완을 위해 간단한 체조 실시(예: 목 돌리기, 서로 등 두드려주기 등)
- **그림책 활동**
  ① 『두 사람』 그림책을 읽고, 자신에게 중요한 관계 또는 어려운 관계를 그림으로 나타내고 관련 이야기를 두 줄 정도로 쓰고 서로 나눈다.
  ② 버리고 싶은 관계를 풍선에 써서 터트리고 용서한다고 말한다.
- **'핫 시트(Hot Seat)' 활동** : 빈 의자를 앞에 두고 모둠원 한사람씩 나와 앉아서 이번 집단프로그램을 통해 하고 싶은 말(예: 자신의 목표와 변화된 점, 좋았던 점, 아쉬운 점 등)을 하면 집단원들이 피드백을 해준다. 듣고 싶은 말이나 액션(포옹, 박수, 휘파람)을 주문하면 그대로 해준다.

소감과 정리

이 시간 활동에 대한 소감을 평가지에 작성하고, 이 시간 본인의 성취도를 포도 알로 색깔 천에 표시한다. 다음 시간 활동을 소개한다.

유의사항

다음 회기에 집단상담 프로그램이 종결된다는 것을 알린다.

12회기 나의 빨간 나무

목표

- 존 볼비의 이론을 안다.
- 자신의 변화된 모습을 알고 종결에 대한 감정을 나눈다.

준비물

A4용지, 연필, 색연필, 포트폴리오, 포스트잇, 『빨간 나무』 그림책, 색깔 천, 평가지

도입

11회기에 대한 간략한 정리와 회기 이후 일주일 동안의 생각과 감정, 행동의 변화 이야기하기, 12회기 프로그램 소개하기

강의

존 볼비의 이론

집단상담활동

- **워밍업 활동** : 몸의 이완을 위해 간단한 체조 실시(예: 목 돌리기, 서로 등 두드려주기 등)
- 2회기 활동에 사용했던 『빨간 나무』 그림책을 다시 보고, 힘들고 어려운 환경 속에서도 자신을 지킬 수 있었던 빨간 나무의 힘에 대해 이야기 나눈다. 그리고 나만의 빨간 나무를 그리고 이야기 나눈다.
- 자신의 포트폴리오를 보고 집단 활동을 통해 변화된 모습과 종결에 대한 마음을 나누고, 색종이에 자신과 대상(예: 자신에게 중요한 사람, 모둠원, 자신을 힘들게 한 사람 등)에게 해주고 싶은 말들을 적어 색깔 천에 붙이고 인증 샷을 찍는다.

소감과 정리

이 시간 활동에 대한 소감을 평가지에 작성하고 이 시간 본인의 성취도를 포도 알로 색깔 천에 표시한다.

❙ 유의사항

- 집단상담 프로그램 지도자는 지금까지 각자 활동했던 모습들 담은 개인별 포트폴리오를 나누어준다.
- 모둠원들 간의 마지막 피드백은 칭찬이나 따뜻한 위로, 격려의 말을 하도록 먼저 설명한다.

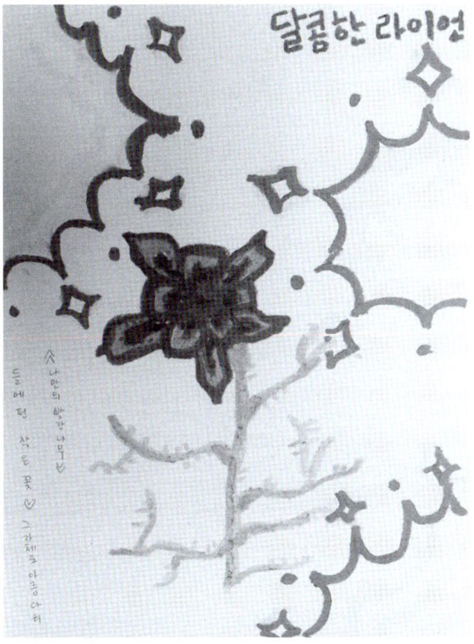

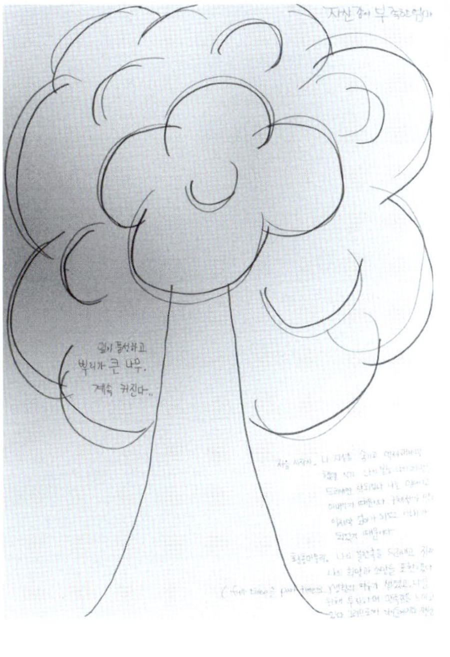

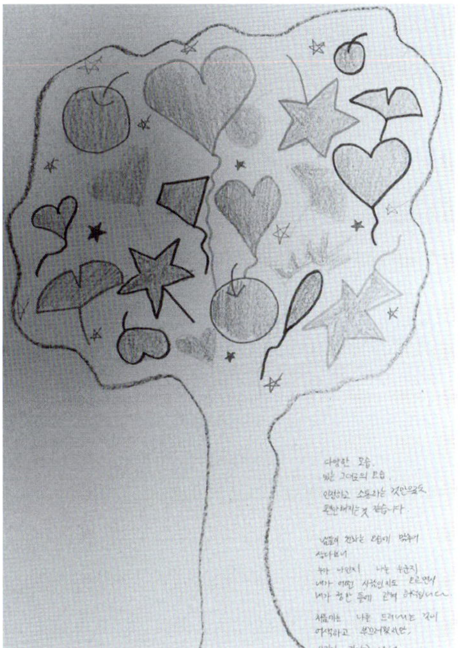

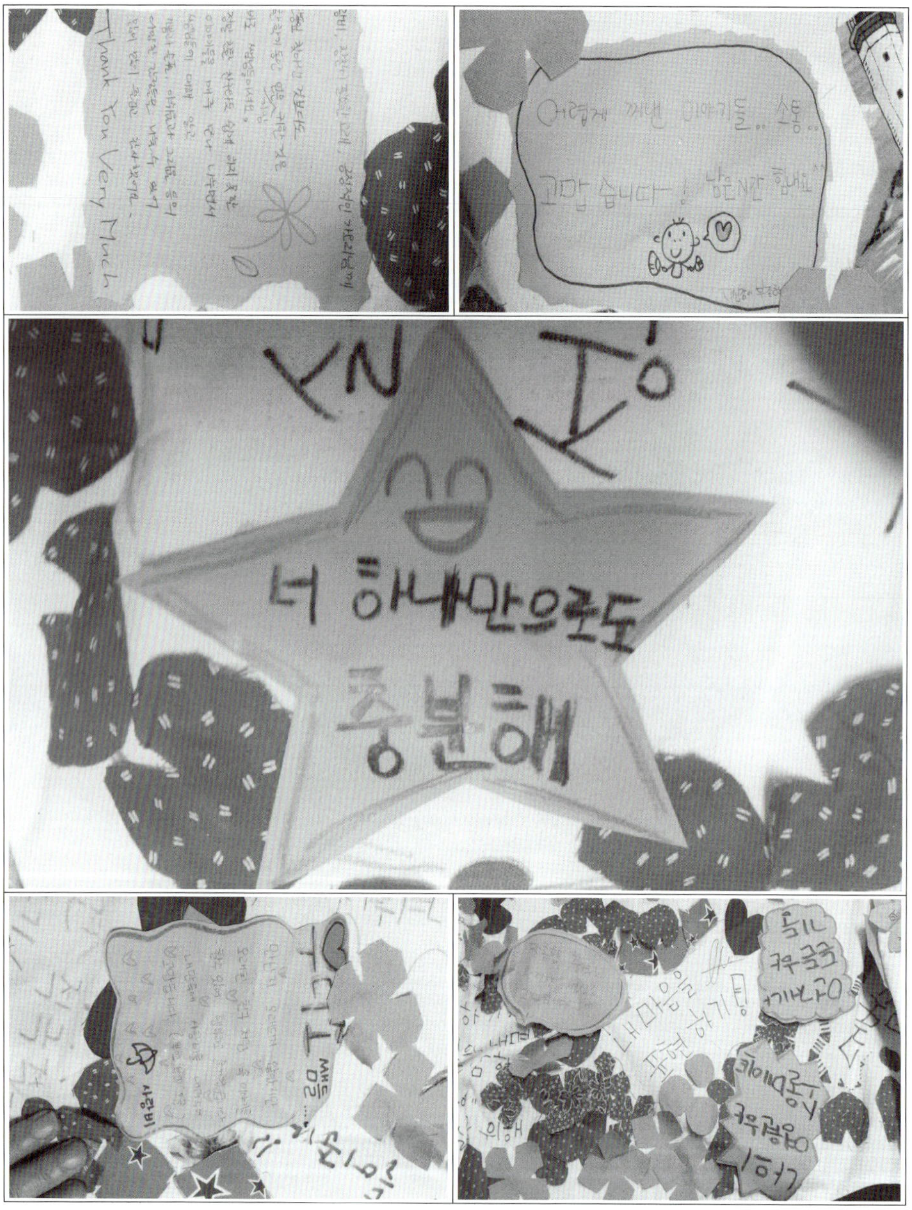
Thank You Very Much
너 하나만으로도
충분해
내 마음을
표현하기

3 집단상담 프로그램에 대한 소감

이 집단상담 프로그램은 12회기, 주 1회기 2시간 동안 적용되었고, 회기별로 참여한 유아교사들에 대해 프로그램 만족도를 서술하도록 했다. 그 결과 회기마다 다소간의 차이는 있었지만 매우 긍정적인 반응을 보였다. 마지막 회기 소감 하나만 소개하면 다음과 같다.

> "(이 집단상담 프로그램을 통해) 내가 아이들에게 어떤 영향을 미치게 될지 알고 고민하고 결심하는 계기가 되었다. 나 자신에게는 그동안 사람들에게 받았던 상처로 혹은 삶에서 발생한 사건들에 의해 작아지고 주눅 들어 있던 자신을 발견했지만, 다시 한 번 나는 귀한 존재이고 다른 사람과 좋은 관계를 맺을 만한 사람임을 깨닫게 되었다. 또한 조원들과의 나눔을 통해, 타인도 나와 같은 약함이 있다는 점과 동시에 같은 것을 해도 집중하는 것이 다를 수 있다는 차이점을 이해하게 되었다. 나 자신의 변화가 나의 사회관계의 변화로 나타나고 더 나아가 영아들에게 바른 사회성을 모델링할 수 있는 교사가 되고 싶다."(달콤한 라이언)

앞으로 유아교사나 예비유아교사들은 이와 같은 프로그램의 참여를 통해 자기 자신을 이해하고 영유아를 위해 해야 할 일을 곰곰이 생각하고 자각할 수 있는 기회를 가지기 바란다.

참고문헌

권석만(2014). **이상심리학의 기초: 이상행동과 정신장애의 이해.** 학지사.

김종순(1989). **영아의 애착, 자아인식 및 사물영속성 보존능력과 가정환경의 상호관련성에 관한 연구.** 중앙대학교 대학원 박사학위 청구논문.

김학룡, 서현아(2000). **알기 쉬운 소아정신건강.** 양서원.

박응임(1994). **영아-어머니 간의 애착유형과 그 관련 변인.** 이화여자대학교 대학원 박사학위 청구논문.

박혜주(2004). **낯선 상황에서 영아들의 애착과 정서조절.** 이화여자대학교 대학원 석사학위 청구논문.

신지연, 최석란(2005). 2세 영아의 어머니와 보육교사에 대한 복합 애착과 사회, 정서적 행동. **아동학회지, 26,** 137-154.

양연숙(2000). **영아의 타인양육경험에 따른 어머니에 대한 애착과 정서조절.** 경희대학교 대학원 박사학위 청구논문.

윤순임(1995). 정신분석치료. **현대상담·심리치료의 이론과 실제**(장혁표 외 14인). 중앙적성출판사.

이명조(2005). **영유아 발달과 교육.** 양서원.

이보연(2010). **애착의 심리학.** 웅진웰북.

이영환(1992). **'낯선 상황'에서 영아의 아버지에 대한 애착 유형.** 경희대학교 대학원 박사학위 청구논문.

이장호(2005). **상담심리학.** 박영사.

이죽내(1995). 분석심리학적 정신치료. **현대상담·심리치료의 이론과 실제**(장혁표 외 14인). 중앙적성출판사.

장미자, 조복희(1999). 애착의 세대 간 전이-어머니의 내적 실행모델과 영아의 애착유형. **아동학회지. 20**(1). 147-164.

전효정(2003). 어머니-유아의 세대 간 전이의 매커니즘: 어머니의 내적 실행모델과 자녀양육행동이 유아의 애착유형에 미치는 영향. **열린유아교육연구, 8**(3), 159-174.

정옥분, 정순화, 황현주(2009). **애착과 발달.** 학지사.

정혜자(2008). **어린이 마음 치료.** 교양인.

최영희(1990). **아동의 기질이 모자 상호작용과 아동의 문제 행동에 미치는 영향에 관한 연구.** 숙명여자대학교 대학원 박사학위 청구논문.

최해운, 이경숙, 김태련(1998). 영아의 애착유형과 성인의 애착표상 유형에 관한 연구. **한국심리학회지, 11,** 131-142.

최현영, 서영석(2005). 대학생이 지각한 부모애착과 역기능적 진로사고의 관계. **한국심리학회지: 상담 및 심리치료, 17**(3). 671-684.

하지현, 신동민(2012). **청소년을 위한 정신의학 에세이.** 해냄.

홍계옥, 정옥분(1995). 유아의 기질 및 어머니의 양육행동과 모자 애착행동 간의 관계. **아동학회지, 16**(1). 99-112.

Ainsworth, M. D. S. (1969). Object relations, dependency and attachment: A theoretical review of the infant-mother relationship. *Child Development, 40*, 969-1025.

__________________ (1973). The development of infant-mother attachment. In B. M. Caldwell, & H. N. Ricciuti(Eds.), *Review of child development research* (Vol 3, pp. 21-94). *Child development and social policy*. CA: University of Chicago Press.

Ainsworth, M. D. S., Blehar, M. C., Waters, E., & Wall, S. (1978). *Patterns of attachment: A psychological study of the Strange Situation*. Hillsdale, NJ: Erlbaum.

Armsden, G. C., & Greenberg, M. T. (1987). The inventory of parent and peer attachment: Individual differences and their relationship to psychological well-being in adolescence. *Journal of Youth and Adolescence, 16*(5), 427-454.

Bartholomew, K., & Horowitz, L. M. (1991). Attachment styles among young adults: A test of a four-category model. *Journal of Personality and Social Psychology, 61*, 226-244.

Bates, J. E., Masline, C. A., & Frankel, K. A. (1985). Attachment security, mother-child interaction, and temperament as predictors of behavior problem ratings at age three years. In I. Bretherton, & E. Waters(Eds.), Growing points of attachment theory and research. *Monographs of the Society for Research in Child Development, 50*(pp. 167-193). Chicago: University of Chicago Press.

Belsky, J. (1984). The determinations of parenting: A process model. *Child*

Development, 55, 83-96.

________ (1996). Parent, infant and social-contextual antecedents of father-son attachment security. *Developmental Psychology, 32*, 905-913.

Belsky, J., & Rovine, M. J. (1988). Nonmaternal care in the first year of life and the security of infant-parent attachment. *Child Development, 59*(1), 157-167.

Belsky, J., Rosenberger, K., & Crinic, K. (2000). The origins of attachment security. In S. Goldberg, R. Muir, & J. Kerr(Eds.), *Attachment theory: Social, developmental, and clinical perspectives*(pp. 153-183). Hillsdale, NJ: The Analytic Press.

Bowlby, J. (1956). The effects of mother-child separation: A follow-up study, *British Journal of Medical Psychology, 29*, 211-247.

________ (1969). *Attachment and loss(Vol. 1): Attachment*. New York: Basic Books.

________ (1973). *Attachment and loss(Vol. 2): Separation*. New York: Basic Books.

________ (1989). *A secure base*. New York: Basic Books.

Bretherton, I. (1973). Young children in stressful situations: The supporting role of attachment figures and unfamiliar caregivers. In G. V. Coehlo, & P. I. Ahmed(Eds.), *Uprooting and Development*(pp. 179-210). New York : Plenum.

Bretherton, I., Prentiss, C., & Ridgeway, D. (1990). Family relationships as represented in a story-completion task at thirty-seven and fifty-four months of age. *New Direction for Child Development, 48*, 85-105.

Calkins, S. D., & Fox, N.A. (1992). The relations among infant temperament, security of attachment and behavioral inhibition at twenty-four months. *Child Development, 63*, 1456-1472.

Cashdan, S. (2005). **대상관계치료**[*Object Relations Therapy*](이영희 외 3인 공역). 학지사.

Cassidy, J. (1999). The nature of the child's ties. In J. Cassidy, & P. R. Shaver (Eds.), *The handbook of attachment: Theory, research, and clinical applications* (pp. 3-20). New York: Guilford.

Clair, M. S., & Wigren, J. (2009). **대상관계이론과 자기심리학**[*Object relations and self psychology : an introduction*](안석모 옮김). Cengage Learning.

Collins, N. L. (1996). Working models of attachment: Implications for explanation, emotion and behaviour. *Journal of Personality and Social Psychology, 71*, 810-832.

Cox, M. J., Owen, M. T., Henderson, V. K., & Margand, N. A. (1992). Prediction of infant-father and infant-mother attachment. *Development Psychology, 28*, 474-483.

Cox, M. J., Owen, M. T., Lewis, J. M., & Henderson, V. K. (1989). Marriage, adult adjustment, and early parenting. *Child Development, 60*, 1015-1024.

Crowell, J. A., & Feldman, S. S. (1991). Mother's working models of attachment relationships and mother and child behavior during separation and reunion. *Developmental Psychology, 27*, 597-605.

De Wolff, M. S., & van IJzendoors, M. H. (1997). Sensitivity and attachment: A meta-analysis on parental antecedents of infant attachment. *Child Development, 68*(4), 571-591.

Feeney, J. A., & Noller, P. (1990). Attachment styles as a predictor of adult romantic relationships. *Journal of Personality and Social Psychology, 58*(2), 281-291.

Fonagy, P. (2001). **애착이론과 정신분석**[*Attachment theory and psychoanalysis*](반건호 역). 도시출판 빈센트.

Fonagy, P., Steele, G., & Steele, M. (1991). Maternal representations of attachment during pregnancy predict infant-mother attachment patterns at one year. *Child Development, 62*, 891-905.

Fraley, R. C., & Spieker, S. J. (2003). What are the differences between dimensional and categorical models of individual differences in attachment? Reply to Cassidy(2003), Cummings(2003), Sroufe(2003), and Waters and Beauchaine (2003). *Developmental Psychology, 39*, 423-429.

George, C., Kaplan, N., & Main, M. (1985). *Adult Attachment Interview Protocol* (2nd ed.). Unpublished manuscript, University of California at Berkely.

Goldberg, S. (2000). *Attachment and development*. London: Arnold.

Goldsmith, H. H., & Harman, C. (1994). Temperament and attachment: Individuals and relationships. *Current Directions in Psychological Science, 3*, 53-57.

Gomez, L. (2008). **대상관계이론 입문**[*An Introduction to Object Relations*](김창대 외 3인 공역). 학지사.

Hamilton, C. E. (2000). Continuity and discontinuity of attachment from infancy through adolescence. *Child Development, 71*, 690-694.

Hazan, C., & Shaver, P. (1987). Romantic love conceptualized as an attachment process. *Journal of Personality and Social Psychology, 52*(3). 511-524.

Holmes, J. (1995). *John Bowlby and attachment theory*. London: Routledge.

Howes, C., Hamilton, C. E., & Althusen, V. (1999). Using the attachment Q-sort to describe non-familial attachments. In B. Vaughn & Waters(Eds.), *Attachment*. Hillsdale, NJ: Erlbaum.

Howes, C., Rodning, C., Galluzzo, D. C., & Myers, L. (1988). Attachment and child care: Relationships with mother and caregiver. *Early Childhood Research Quarterly, 3*, 403-416.

Howes, P., & Markman, H. J. (1989). Marital quality and child functioning: A longitudinal investigation. *Child Development, 60*, 1044-1051.

Isabella, R. A. (1994). Origins of maternal role satisfaction and its influence upon maternal interactive behavior and infant-mother attachment. *Infant Behavior and Development, 17*, 381-387.

Kagan, J. (1994). *Galen's prophecy: Temperament in human nature*. New York: Basic Books.

Kenny, M. E. (1987). The extent and function of parental attachment among first-year college students. *Journal of Youth and Adolescence, 16*(1), 17-29.

Kerns, K. A., Tomich, P. L., & Kim, P. (2003). *Normative trends in perceptions of availability and utilization of attachment figures in middle childhood.* Unpublished manuscript.

Kobak, R. R., & Duemmler, S. (1994). Attachment and conversation: Toward a discourse analysis of adolescent and adult security. In K. Bartholomew & D. Perlman(Eds.), *Attachment processes in adulthood*. London: Kingsley.

Mahler, M. S., Pine, F., & Bergman, A. (1975). *The psychological birth of the human infant*. New York: Basic Books.

Main, M., & Goldwyn, R. (1998). *Adult attachment scoring and classification systems*. New York: Cambridge University Press.

Main, M., & Solomon, J. (1990). Procedures for identifying infants as disorganized/disoriented during the Ainsworth Strange Situation. In M. T. Greenberg, D. Cicchetti, & E. M. Cummings(Eds.), *Attachment in the preschool years: Theory, research, and intervention*(pp. 161-182). Chicago: The University of

Chicago Press.

Main, M., & Weston, D. (1981). The quality of the toddler's relationship to mother and father: Related to conflict behaviour and the readiness to establish new relationships. *Child Development, 52*, 932-940.

Main, M., Kaplan, N., & Cassidy, J. (1985). Security in infancy, childhood, and adulthood: A move to the level of representation. In I. Bretherton, & E. Waters(Eds.), Growing points of attachment theory and research. *Monographs of the Society for Research in Child Development, 50*, 66-104.

Marrone, M. (1998). *Attachment and interaction*. London: Jessica Kingsley.

McWilliams, N. (2008). **정신분석적 진단: 성격구조의 이해**[*Psychoanalytic diagnosis: Understanding personality structure in the clinical process*](정남운, 이기련 공역). 학지사.

NICHD Early Child Care Research Network (1997). The effects of infant child care on mother-infant attachment security: Result of the NICHD study of early child care. *Child Development 68*, 860-879.

Oppenheim, D., Sagi, A., & Lamb, M. (1998). Infant-adult attachments on the Kibbutz and their relation to socioemotional development 4 years later. *Developmental Psychology, 24*, 197-233.

Paterson, J. E., Field, J., & Pryor, J. (1994). Adolescent attachment to parents and friends in relation to aspects of self-esteem. *Journal of Youth and Adolescence, 24*(3), 365-376.

Posada, G., Waters, E., Crowell, J. A., & Lay, K. (1995). Is it easier to use a secure mother as a secure base? Attachment Q-sort correlates of the Adult Attachment Interview. In E. Waters, B. E. Vaughn, G. Posada, & K. Kondo-Ikemura(Eds.), Caregiving, cultural and cognitive perspectives on secure-base behavior and working models. *Monographs of the Society for Research in Child Development, 60*(2-3, serial No. 244).

Roopnarine, J. L., Talukder, E., Jain, D., Joshi, P., & Srivastave, P. (1990). Characteristics of holding, patterns of play and social behaviors between parents and infants in New Delhi, India. *Developmental Psychology, 26*, 667-673.

Rutter, M. (1997). Clinical implications of attachment concepts: Retrospect and prospect. In L. Atkinson, & K. Zucker(Eds.), *Attachment and psychopathology* (pp. 17-46). New York: Guilford.

Sagi, A., Lamb, M. E., Lewkowicz, K., Shoham, R., Dvir, R., & Estes, D. (1985). Security of infant-mother, -father, and -metapelet attachments among Kibbutz-reared Israeli children. *Monographs of the Society for Research in Child Development, 50*, 257-275(1-2serial No. 209). Chicago: University of Chicago Press.

Schaffer, H. R., & Emerson, P. E. (1964). The development of social attachments in infancy. *Monographs of the Society for Research in Child Development, 29*(3), 1-77.

Shaffer, D. R. (2000). *Social and personality development*(4th ed.). Belmont, CA: Wadsworth.

Shaver, P. R., & Hazen, C. (1988). A biased overview of the study of love. *Journal of Social and Personality Relationships, 5*, 473-501.

Solomon, J., & George, C.(Eds.) (1999). *Attachment disorganization*. New York: Guilford.

Stroufe, L. A., Egeland, B., Carlson, E., & Collins, W. A. (2005). Placing early attachment experiences in developmental context: The Minnesota longitudinal study. In K. E. Grossmann, K. Grossmann, & E. Waters(Eds.), *Attachment from infancy to adulthood: The major longitudinal studies*. New York: Guilford.

Thomas, A., & Chess, S. (1977). *Temperament and development*. New York: Brunner/Mazel.

Tyson, P., & Tyson, R. L. (2013) **정신분석적 발달이론의 통합**[*Psychoanalytic theories of development : An integration*](박영수, 장대식 역). 산지니.

van den Boom, D. C. (1995). Do first-year intervention effects endure? Following up during toddlerhood of a sample of Dutch irritable infants. *Child Development, 66*, 1798-1816.

van IJzendoorn, M. H. (1992). Intergenerational transmission of parenting: A review of studies in nonclinical populations. *Developmental Review, 12*, 76-99.

van IJzendoorn, M. H. (1995). Adult attachment representations, parental responsiveness, and infant attachment: A meta-analysis on the predictive validity of the Adult Attachment Interview. *Psychological Bulletin, 117*, 387-403.

van IJzendoorn, M. H., & De Wolff, M. S. (1997). In search of the absent father-Meta-Analyses of infant-father attachment: A rejoinder to our discussants. *Child Development, 68*, 604-609.

Waters, E., & Deane, K. E. (1985). Defining and assessing individual differences in attachment relationships: Q-methodology and the organization of behavior in infancy and early childhood. In I. Bretherton, & E. Waters(Eds.), Growing points of attachment theory and research. *Monographs of the Society for Research in Child Development, 50*, 41-65. CA: University of Chicago Press.

Waters, E., Merrick, S. K., Treboux, D., Crowell, J., & Albersheim, L. (2000). Attachment security in infancy and early adulthood: A twenty-year longitudinal study. *Child Development, 71*, 684-689.

Weinfield, N. S., Sroufe, L. A., & Egeland, B. (2000). Attachment from infancy to early adulthood in a high-risk sample: Continuity, discontinuity, and their correlates. *Child development, 71*, 695-702.

Winnicott, D. (1997). **놀이와 현실**[*Playing and reality*](이재훈 역). 한국심리치료연구소.

Winnicott, D. (2001). **박탈과 비행**[*Deprivation and Delinquency*](이재훈, 박경애, 고승자 공역). 한국심리치료연구소.

World Health Organization (2005). *Promoting mental health: Concepts, emerging evidence, and practice*. Geneva, Switzerland: Author.

찾아보기

저자 약력

이명조

- 한국외국어대학교 영어 전공(문학사)
- 서울대학교 대학원 교육심리 전공(교육학 석사)
- 미국 University of Arkansas 유아교육 전공(교육학 박사)

(전) 한국외국어대학교 사범대학 학장
(현) 한국외국어대학교 사범대학 교수
한국외국어대학교 학생상담센터장

최근 주요 저서 및 논문

학교폭력의 예방과 대책(교문사, 2014), 청년심리학: 일과 사랑(HUFS Books, 2012), 영유아프로젝트 수업(동문사, 2010), 교육심리학(교문사, 2009), 행복한 임신과 출산(양서원, 2008), 유아교육현장에 쉽게 적용할 수 있는 프로젝트 접근법(동문사, 2007), 영유아발달과 교육(양서원, 2005), 한국 유아의 조기교육(집문당, 2003) 등

대학생이 지각한 모의 양육태도와 심리적 안녕감의 관계에서 자기위로능력의 매개효과(한국심리학회지, 2013), 대학생이 지각한 어머니 양육태도와 정서명확성이 심리적 안녕감에 미치는 영향(한국상담학회지, 2012), 한국 유아교육의 현황과 과제(미래유아교육학회지, 2010) 등

저 자
인 지

영유아 정신건강

초판 1쇄 발행 / 2015년 2월 27일
초판 2쇄 발행 / 2018년 8월 30일

저 자 / 이 명 조
발행인 / 이 중 수
발행처 / **동 문 사**

서울특별시 서대문구 홍제원 1길 12
(홍제동 137-8)
Tel : 02)736-3718(대), 736-3710, 3720
Fax : 02)736-3719
등록번호 : 제9-17호
등록일자 : 1974년 4월 27일
가격 : 16,000원

ISBN : 978-89-8251-740-2(93370)
E-mail : dong736@naver.com
Homepage : www.dongmunsa.com